权威·前沿·原创

皮书系列为
"十二五""十三五""十四五"时期国家重点出版物出版专项规划项目

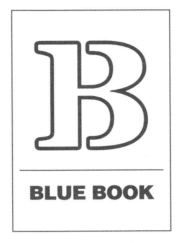

BLUE BOOK

智 库 成 果 出 版 与 传 播 平 台

吉林蓝皮书

BLUE BOOK OF JILIN

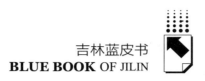

2023 年吉林经济社会形势分析与预测

ANALYSIS AND FORECAST ON ECONOMY AND SOCIETY OF JILIN (2023)

主　编／王　颖

副主编／丁晓燕　张丽娜

社会科学文献出版社

SOCIAL SCIENCES ACADEMIC PRESS (CHINA)

图书在版编目(CIP)数据

2023年吉林经济社会形势分析与预测／王颖主编
.--北京：社会科学文献出版社，2023.2
（吉林蓝皮书）
ISBN 978-7-5228-1462-9

Ⅰ.①2… Ⅱ.①王… Ⅲ.①区域经济-经济分析-
吉林-2023②社会分析-吉林-2023③区域经济-经济预
测-吉林-2023④社会预测-吉林-2023 Ⅳ.
①F127.34

中国国家版本馆CIP数据核字(2023)第030099号

吉林蓝皮书
2023年吉林经济社会形势分析与预测

主　　编／王　颖
副 主 编／丁晓燕　张丽娜

出 版 人／王利民
组稿编辑／任文武
责任编辑／刘如东
责任印制／王京美

出　　版／社会科学文献出版社·城市和绿色发展分社（010）59367143
　　　　　　地址：北京市北三环中路甲29号院华龙大厦　邮编：100029
　　　　　　网址：www.ssap.com.cn
发　　行／社会科学文献出版社（010）59367028
印　　装／天津千鹤文化传播有限公司

规　　格／开　本：787mm×1092mm　1/16
　　　　　　印　张：23.5　字　数：350千字
版　　次／2023年2月第1版　2023年2月第1次印刷
书　　号／ISBN 978-7-5228-1462-9
定　　价／128.00元

读者服务电话：4008918866

编委会

主　编　王　颖

副主编　丁晓燕　张丽娜

编　委　崔岳春　陈姝宏　赵光远　邢宜哲

主要编撰者简介

王　颖　吉林省社会科学界联合会专职副主席，吉林省社会科学院院长，研究员，经济学博士，应用经济学博士后。主要研究方向为经济学、文化学。

丁晓燕　吉林省社会科学院副院长，研究员，吉林省委省政府决策咨询委员。国务院政府特殊津贴专家、吉林省有突出贡献的中青年专业技术人才、吉林省拔尖创新人才。长期从事区域经济、产业经济、文旅经济研究，是全国城市经济学会常务理事。主持、承担各级各类课题上百项，发表论文和研究报告百余篇，主编出版专著多部。

张丽娜　吉林省社会科学院软科学开发研究所所长，研究员，管理学博士。国家社科基金评审专家。主要研究方向为宏观经济学、产业经济学。主持各类项目20余项，出版专著、编著6部，公开发表学术论文30余篇，多篇报告获省部级以上领导批示。

摘　要

2022 年国际环境更趋复杂严峻，乌克兰危机深化演变、美联储加息、多国汇率持续波动、全球通胀压力加大，国内疫情出现多发散发情况，突发因素超出预期。受市场预期弱态势影响，大宗商品、服务性消费回补和潜力释放难度加大，投融资困难加剧，吉林省经济发展也面临着诸多挑战。"吉林蓝皮书"以党的二十大报告为指引，以高质量发展战略为统领，客观描述了吉林省经济社会发展的现状，科学剖析了发展中存在的突出问题和深层次原因，深刻研判了吉林省发展所面临的内外部环境和新发展格局，并对2023 年吉林省经济发展趋势进行了分析与预测，深入探讨了吉林省实现高质量发展的路径和对策。

报告指出，2022 年，吉林省新一轮疫情骤然加大经济下行压力，省委省政府落实中央政策要求制定出台"稳增长 43 条""促进消费回补和潜力释放 29 条""金融支持疫情防控和经济社会发展 10 条"等一系列政策措施，全面精准稳定经济发展，保障基本民生。前三季度，政策效果逐步显现，稳的基础不断加固，新的动能不断累积，全省经济运行稳定恢复、持续向好。2022 年，吉林省农业生产稳中提质，粮食生产再获丰收，预计产量超上年。截至 10 月末，全省粮食收获近九成。

报告指出，2023 年国际经济形势虽不容乐观，但中国接续部署落实稳经济一揽子政策，企业生产经营将回稳向好，消费复苏将继续成为经济增长的主要拉动力，经济复苏趋势将逐步边际落实，中国仍将是世界上最大的增长引擎，新发展格局将逐步形成。吉林省经济社会发展机遇与挑战并存，重

点需不断挖掘消费潜力，优化投资结构，稳定产业链供应链，优化营商环境，增强市场主体活力，推动吉林省经济高质量发展，增强国内大循环内生动力和可靠性。

关键词：经济形势　社会发展　吉林省

目 录 ⟪⟫

Ⅰ 总报告

Ⅱ 经济运行篇

Ⅲ 产业升级篇

皮书数据库阅读**使用指南**

总 报 告

General Report

B.1

2022~2023年吉林省经济社会形势
分析与预测

张丽娜　徐卓顺*

摘　要： 2022年以来，吉林省新一轮疫情骤然加大经济下行压力，省委省政府落实中央政策要求制定出台"稳增长43条""促进消费回补和潜力释放29条""金融支持疫情防控和经济社会发展10条"等一系列政策措施，全面精准稳定经济发展，保障基本民生。1~9月份，政策效果逐步显现，稳的基础不断加固，新的动能正在累积，全省经济运行稳定恢复、持续向好。但经济发展环境的复杂性、严峻性、不确定性明显上升，"稳增长"仍面临诸多挑战。疫情防控政策优化调整背景下吉林省应进一步释放政策合力，不断挖掘消费潜力，优化投资结构，稳定产业链供应链，增强市场主体活力，推动吉林省经济高质量发展，增强国内大循环内生动力和可靠性。

---

* 张丽娜，吉林省社会科学院软科学开发研究所所长，研究员，管理学博士，研究方向为宏观经济学、产业经济学；徐卓顺，吉林省社会科学院软科学开发研究所副所长，研究员，数量经济学博士，研究方向为数量经济、宏观经济。

关键词: 经济形势 经济运行 稳增长 吉林省

一 2022年前三季度吉林省经济运行的主要特征

2022年,吉林省上下深入贯彻习近平总书记"疫情要防住、经济要稳住、发展要安全"重要指示精神,统筹推进"稳经济"一揽子政策落实到位,1~9月份,全省经济出现"止跌回升"趋势,实现快速增长。

(一)经济运行呈现稳步增长态势

1~9月份吉林省经济运行轨迹。前2个月全省经济开局良好,3月初突发疫情促使经济社会正常运转按下"暂停键",经济下行压力陡然增大。吉林省坚决贯彻落实党中央、国务院决策部署,高效统筹疫情防控和经济社会发展,加快实施"稳增长"各项政策,取得初步成效,5、6月份经济快速恢复,呈现"止跌回升"势头。上半年,全省GDP实现5697亿元,同比下降6%,降幅比第一季度收窄1.9个百分点,居全国第31位。1~9月份,全省GDP达9433亿元,增速为-1.6%,虽然在全国仍处于后位,但下降幅度较第一季度、上半年分别收窄6.3个和4.4个百分点。第三季度当季经济增速已经转正,达到6%,处于全国前列。

(二)三大产业快速恢复

1. 农业生产稳中提质

粮食生产稳步提升。2022年吉林省气象条件较为有利,粮食生产再获丰收,预计产量超过上年,截至10月末,全省粮食收获近九成。畜牧业产量快速增长。在"秸秆变肉""千万头肉牛"等重大工程的引导下,1~9月份全省猪、牛、羊分别发展到2448.4万头、574.8万头和1147.8万只,同比分别增长4%、12%和10.2%。实施千头以上肉牛产业化大项目201个,已建成60个。棚膜经济蓬勃发展。新建各类棚室2.8万亩,园艺特产作物总产量达 1866 万吨，总产值达 1300 亿元，同比增长 4.1% 和 4.2%。渔业生产恢复较快。水产品产量达 17.04 万吨，产值 34.11 亿元，同比分别增长 0.56% 和 10.9%。

2. 工业发展快速恢复

3 月份以来，全省疫情防控形势严峻，工业企业基本停摆。5 月份，工业部门进一步加大生产组织力度，从推动企业复工复产到推动企业提高生产负荷、推动项目投产达产，制定并落实了一系列稳增长的政策措施，工业运行逐步向好，企稳回升。上半年，规模以上工业增加值同比下降 11.5%，虽然增速仍是下降，但降幅与 1~5 月份相比进一步收窄，6 月份当月实现由负转正，同比增长 6.3%，高于全国平均水平 2.4 个百分点。1~9 月份，全省规模以上工业增加值下降 2.5%，降幅较上半年收窄 9 个百分点。从第三季度指标看，规模以上工业增加值 7、8、9 月份增速分别达到 17.9%、27.2% 和 12.3%，分别居于全国第 2 位、第 1 位和第 4 位。第三季度规上工业增加值同比增长 18.4%，高于全国平均水平 13.6 个百分点。

3. 服务业加速回暖

散点多发的疫情形势对服务业的恢复带来不利影响。1~9 月份，全省服务业增加值同比下降 1.6%，降幅较上半年收窄 2.2 个百分点。服务业占地区生产总值的比重为 55.8%。传统服务业是受疫情影响最为严重的行业。1~9 月份，批发和零售业增加值同比下降 6.5%，住宿和餐饮业增加值同比下降 12.9%。现代服务业受疫情影响有限，发展保持较高速度。1~9 月份，金融服务业增加值同比增长 5.1%，新电商已成为引领新经济发展的重要内容。7、8、9 月份网络零售额分别增长 11.4%、11.6%、11.3%，增速均排全国前三位；农村网络零售额分别增长 15.9%、11.9%、10.1%，分别高于全国 8.7 个、9.2 个、9.2 个百分点。1~8 月份，软件和信息技术服务业同比增长 33.5%，科学研究和技术服务业同比增长 26.7%，文化、体育和娱乐业同比增长 15.1%。

（三）三大需求反弹回升

1. 消费市场持续复苏

2022年吉林省突发疫情对消费影响最为直接，省委省政府出台"促进消费回补和潜力释放29条"等一列政策促进消费回升。通过发放消费券、举办购物节等措施激发消费潜能，加速需求释放。累计发放消费券6.23亿元，拉动销售额126.93亿元。从总体情况上看，1~9月份社会消费品零售总额同比下降8.1%，降幅较上半年收窄3.6个百分点。从销售地区看，城镇、乡村社会消费品零售额处于上行通道，1~9月份分别下降8.2%和6.6%，降幅较上半年分别收窄3.7个和3.1个百分点。从消费形态看，商品零售额降幅较上半年收窄3.1个百分点，餐饮收入实现正增长，1~9月份同比增长1.1%。从规模来看，限额以上、限额以下社会消费品零售总额分别下降5.6%和9.6%，降幅较上半年分别收窄8.9个和0.3个百分点。尤其是第三季度，全省限额以上社会消费品零售总额同比增长达到10.7%。从消费品类型看，1~9月份，饮料类、烟酒类、中西医药类、文化办公用品类以及日用品类商品零售额恢复较为明显，分别增长3%、13.2%、8.7%、6.2%和6.7%。汽车类零售额同比下降12.1%，但随着5月份全省静默模式逐步解除，6月份旗下汽车类消费同比增长10.5%，9月份继续提升，同比增长13.2%。

2. 固定资产投资快速提升

2022年，吉林省高度重视招商引资工作，以增加有效投资促进经济发展。1~9月份，全省固定资产投资额同比下降6.9%，降幅较上半年收窄7.4个百分点。第三季度，全省固定资产投资实现转正，同比增长1.5%。在"双千工程"和高标准农田等项目推动下，第一产业投资同比增长103.2%，第二产业投资同比增长8.3%。大项目投资建设成为主要拉动力。1~9月份亿元及以上项目投资同比增长11.6%，第三季度项目投资增长19.3%；新开工项目919个。奥迪一汽新能源汽车、吉林碳纤维领域系列项目等重大项目、重大工程相继开工。通过全球吉商大会、中国新电商大会、长春航空展、人参产业高质量发展大会等平台载体签约项目 111 个，合同引资额 917.06 亿元。

3. 对外贸易逐步向好

吉林省进出口贸易受疫情以及地缘冲突影响较小，而且随着疫情防控形势的好转以及稳外贸政策措施的起效，1~9 月份全省进出口总值降幅进一步收窄，下降 1.9%，较上半年收窄 4.2 个百分点。而且出口实现大幅增长，1~9 月份出口总值为 365.8 亿元，同比增长 48%，较上半年提高 11 个百分点，高出全国 34.2 个百分点。7、8、9 月份出口总值分别增长 72.9%、63.2%、78.1%，分别高于全国 49.9 个、51.4 个、67.4 个百分点。进口由俄乌战争导致的渠道不畅、订单减少等原因出现下降，1~9 月份进口总值为 787.3 亿元，同比下降 15.2%，降幅较上半年收窄 2.2 个百分点。

（四）重点产业表现良好

1. 传统产业拉动作用明显

随着疫情防控形势的好转，传统产业加快恢复，汽车产业、石化产业恢复快速，对全省经济发展起到了重要的支撑作用。6 月份，汽车制造业拉动全省工业增加值 6.6 个百分点。在国家和省里相继出台促进汽车消费等政策的引导下，疫情期间受抑制的汽车消费需求被有效激发，一汽产能得到充分释放。第二季度，一汽大众三条生产线设备开动率稳定保持在 99% 以上，累计完成产量超过 17 万辆，最高日产突破 3600 台。车联会公布的数据显示，上半年一汽-大众累计终端销售新车 886147 辆（含奥迪进口车），6 月单月终端销售新车达 214255 辆（含奥迪进口车），环比增长 39.8%，同比增长 45.5%，居全国第 1 位。6 月份，一汽红旗销量 26121 辆，同比增长 76.25%。前三季度吉林省整车产量同比增长 0.2%，增速由负转正，其中红旗品牌产量超过 20 万辆。6 月份开始汽车产业保持两位数增长势头，第三季度汽车产业增加值同比增长 32.5%，其中 7、8、9 月份分别同比增长 28.4%、63.2% 和 17.3%。通过减税退税、金融支持等政策引导重点企业复

工复产，稳定生产，吉化等百亿级企业增速稳步提高，前三季度全省500户重点企业产值增速实现由负转正，其中石油化工产业同比增长1.7%。

2.新动能不断累积

吉林省根据省情特色推进产业链优化升级，围绕工业领域组建8个产业链专项工作组，及时解决疫情和市场造成的困难，推动惠企政策落实到位，有效促进了新兴产业的加快恢复。前三季度装备制造业增加值同比增长18%，信息产业增加值增长98.5%。全省工业战略性新兴产业产值同比增长9.8%，占规上工业比重为16.5%，比上年同期提高1.0个百分点。其中，新能源汽车、节能环保、新材料产业产值分别增长63.9%、35.0%和11.2%。一汽奥迪新能源汽车、一汽氟迪新能源动力电池项目顺利开工建设。长光卫星成为东北唯一"独角兽"企业，"吉林一号"卫星星座组网工程已有70颗卫星在轨运行，成为我国最大的商业遥感卫星星座。2022年前三季度，"陆上风光三峡"工程并网装机1265万千瓦，同比增长32.7%。其中风电占70%左右，太阳能发电占30%左右。"山水蓄能三峡"工程建成和在建装机290万千瓦。新能源装备制造产业链进一步延伸。风电产业链已涵盖风电整机、叶片等主要部件。前三季度全省风力发电设备产量同比增长12倍。

（五）消费和生产价格指数温和上涨

1.居民消费价格小幅上扬

1~9月份，吉林省居民消费价格指数（CPI）受食品价格指数回升影响，略有上涨，同比上涨2.2%，较全国平均水平高0.2个百分点，较1~8月份高0.1个百分点，涨幅比上半年扩大0.3个百分点。9月份当月同比上涨3%，较全国平均水平高0.2个百分点，环比上涨0.5%。2022年吉林省突发的新冠疫情对物价走势影响明显。1~2月份物价基本保持平稳，3月份由于疫情封城物品供应不畅，物价开始上涨，4月份达到顶峰，之后随着疫情防控形势的好转以及本地蔬菜的上市，物价有一定回落，但下降幅度不大。其中，食品烟酒价格上涨导致物价指数的上扬。9月份，食品烟酒价格上涨了7%，比全国高出0.2个百分点。此外，交通和通信价格涨幅较大，9月份交通通信价格上涨3.9%，但较6月份下降了4.1个百分点。

2. 工业品价格涨幅有所扩大

2022年以来，俄乌地缘冲突导致市场大宗物资价格上涨较快，而国内工业生产需求稳定恢复，工业品价格剪刀差持续扩大。1~9月份，吉林省工业生产者出厂价格同比上涨2.7%，较1~8月份下降了0.3个百分点，较全国平均水平低3.2个百分点。工业生产者购进价格同比上涨5.1%，较1~8月份扩大0.1个百分点，较全国平均水平低3.2个百分点。工业生产者购进价格与出厂价格指数相差2.4个百分点。9月当月，吉林省工业生产者出厂价格同比上涨0.7%，较全国平均水平低了0.2个百分点，涨幅比8月份缩小0.5个百分点；吉林省工业生产者购进价格同比上涨5.5%，较全国平均水平高2.9个百分点，涨幅比8月份扩大1.3个百分点。工业生产者价格的上涨主要是由燃料动力类物资、建筑材料和非金属矿类产品价格的大幅上扬引起。1~9月份，吉林省燃料动力类物资、建筑材料和非金属矿类产品价格分别较上年上涨19%和20.1%。

（六）社会民生大力推进

1. 医疗保障覆盖范围更广

2022年吉林省制定多项制度举措构建多层次、宽领域、广覆盖的医疗保障体系，逐步扩大保障范围，增强城乡居民的获得感。逐步扩大重特大疾病医疗保险的覆盖面，部分罕见病药品被纳入城乡居民大病保险支付范围；满足城乡居民慢病治疗需求，5种降糖谈判药品被纳入"两病"门诊用药范围；健全癌症晚期患者舒缓疗护机制，满足疾病终末期患者治疗和生活基本需求；基本医保医疗机构制剂目录有效调整，胰岛素、人工关节等药品及诊疗耗材价格大幅下降；动态调整大病保险基本政策标准，人均筹资标准调整为每人每年90元，起付线普通居民调整为1.2万元，困难人群调整为6000元。[①] 同

[①] 《让民生答卷写满获得感和幸福感——吉林省医疗保障局便民惠民工作纪实》，《吉林日报》2022年11月3日。

时推进"智慧医疗"建设，完成了与全国医保系统核心业务的融入对接，成为东北三省一区首家切换上线国家医保信息平台全域上线省份，实现基本医保参保信息变更等 6 项政务服务事项"跨省通办"；全省已有 1652.9 万参保人员激活了医保电子凭证，实现了一网通办。

2. 养老保障模式创新发展

吉林省积极应对老龄化社会形势，解决老年人、特殊群体以及家属的养老护理方面的需求，率先推进长期护理保险探索工作。全省已有长春市、吉林市、松原市、通化市、梅河口市、省直和珲春市 7 个统筹区（城市）开展了长期护理保险试点，将参加吉林省基本医疗保险的城镇在职职工、退休人员、灵活就业人员、城乡居民均纳入长期护理保险范围，政策范围内报销比例为 70% 左右。截至 2022 年第二季度末，全省长期护理保险参保人数 1443 万人，享受待遇人数 12107 人，医保定点机构 342 家。① 满足老年人物质与文化需求，大力推进老年友好社区建设，2022 年吉林省 26 个社区入选全国示范性老年友好型社区。

3. 城市更新全面开展

为进一步改善城乡居民的居住环境与住房条件，吉林省针对城镇"老、破、小"居民小区水、电、热、气等基础设施进行改造与升级，增加美化绿化面积，有效推进城市更新行动计划。2022 年，吉林省 1142 个城镇老旧小区将得到全面改造和完善。大力推进管网建设，实施智能化管理，全省新建改造污水管网 400 公里，新建燃气管网 300 公里，更新改造老旧燃气管网 900 公里，建成燃气地下管网智能监测系统 10 家，改造供热管网 1000 公里。② 通过建设生活垃圾焚烧厂等市政设施净化社区生活环境，营造生态环保氛围，2022 年城市生活垃圾资源化利用率达到 55%。

4. 就业形势保持稳定

吉林省积极应对复杂的外部环境，通过制定政策、组织活动以及简化流

---

① 《让民生答卷写满获得感和幸福感——吉林省医疗保障局便民惠民工作纪实》，《吉林日报》2022 年 11 月 3 日。
② 《2022 年吉林省开工改造城镇老旧小区 1142 个》，《城市晚报》2022 年 2 月 25 日。

程、点对点服务等多种方式增加就业机会，拓宽就业渠道。1~9月份，全省城镇新增就业、农村劳动力转移就业已分别完成年度计划的79.4%和102.8%。利用网络平台进行各类人员培训与招聘工作，开发"96885吉人在线"云平台，精准靶向解决就业难题。举办"春风行动""就业援助月""民营企业招聘月""百日千万网络招聘专项活动"等活动，实现就业3789人。促进农村劳动力转移就业和脱贫人口就业，开展务工增收行动，推出10条农村劳动力务工增收举措。创建就业帮扶载体173个，带动脱贫人口就业1000余人。大力推进高校毕业生就业创业，密集出台高校毕业生就业创业服务专项行动实施意见等指导性文件16个，建成"高校毕业生就业创业实训中心"试点14个。[①]

二　当前经济发展需要关注的问题

从实地走访、座谈会交流的结果和调查问卷反馈的情况看，此次突发疫情对吉林省消费提升、工业生产、企业发展以及劳动就业等领域均产生了不同程度的损伤，叠加外部环境的复杂表现以及内部经济发展的新旧问题，经济稳步增长的趋势将受一定程度的扭曲，需要密切关注。

（一）消费增长动力较为疲软

问卷调查结果显示，疫情缓解后居民的消费需求更多地集中于蔬菜、肉类原材料消费以及食品外卖消费，衣帽鞋包、护肤彩妆、美容美发等消费需求均有所增加。受消费场景限制、就业和收入预期下降的影响，奢侈品、外出旅游及娱乐消费的需求降低。从统计数据看，2020年的新冠疫情导致吉林省社会消费品零售总额降至2016年的水平，受一系列消费政策刺激，2021年恢复至2019年的水平。疫情防控的常态化使得居民对经济、就业、

---

① 《吉林：上半年就业形势稳中有升》，中国发展网，http：//www.chinadevelopment.com.cn/news/cj/2022/07/1787272.shtml。

收入的预期不断走弱，消费的报复式增长并未出现。特别是 2022 年 3 月以来的省内疫情超出预想，经济平稳增长的不确定性加大，加之近年来吉林省居民收入增长缓慢，消费者信心和预期进一步转弱，消费更趋保守。从数据看，1~9 月份吉林省居民人均可支配收入为 19740 元，较全国平均水平低 7910 元，同比下降 0.87%，是全国唯一一个负增长的省份（见表1）；城镇居民和农村居民人均消费支出分别下降 11.1% 和 2%。收入的减少会进一步抑制消费需求。

表1　31 个省（区、市）居民人均可支配收入及全国平均情况

单位：元，%

排序	省（区、市）	2022 年前三季度	2021 年前三季度	名义增长率
1	上　海	59472	58907	0.96
2	北　京	58597	56498	3.72
3	浙　江	47023	44712	5.17
4	天　津	38935	37572	3.63
5	江　苏	38114	36227	5.21
6	广　东	37533	35694	5.15
7	福　建	33707	31781	6.06
8	山　东	28768	27313	5.33
9	重　庆	27826	26133	6.48
全国平均		27650	26250	5.33
10	辽　宁	27125	26499	2.36
11	内蒙古	26683	25132	6.17
12	安　徽	24862	23361	6.43
13	湖　南	24282	22763	6.67
14	湖　北	23847	22271	7.08
15	江　西	23279	21883	6.38
16	四　川	23040	21701	6.17
17	海　南	22886	22735	0.66
18	陕　西	22806	21665	5.27
19	河　北	22783	21643	5.27
20	山　西	21299	19945	6.79
21	广　西	20746	19855	4.49
22	宁　夏	20671	19424	6.42

排序	省（区、市）	2022年前三季度	2021年前三季度	名义增长率
23	河　南	20174	19094	5.66
24	吉　林	19740	19914	-0.87
25	黑龙江	19651	18865	4.17
26	云　南	19339	18420	4.99
27	青　海	19111	18247	4.74
28	贵　州	18702	17428	7.31
29	西　藏	18646	17081	9.16
30	甘　肃	16732	15819	5.77
31	新　疆	16554	15684	5.55

（二）产业链供应链仍不稳固

当前工业生产仍受到供给需求双向冲击的影响。在供给方面，国际大宗商品价格高位波动，输入性价格上涨压力较大导致全省工业企业经营成本上升，效益下降。1~9月份全省工业生产者出厂价格和购进价格之间的剪刀差为2.4%，较上半年扩大了0.7个百分点，说明工业企业的经营压力上升，利润率受损。由于吉林汽车产业的本省配套率较低，尤其是在电机（微电机）、半导体、智能网联控件等领域产业链条相对较弱。同时芯片等"卡脖子"问题并未完全解决，汽车产业芯片供应链并不稳固。

（三）新产业支撑作用有限

吉林省第十二次代表大会提出加快构建现代产业体系，以发展新能源、新装备、新材料、新农业、新旅游、新电商"六新产业"为方向。总体来看，六新产业仍处于快速发展阶段，速度加快，但规模总量不足，占GDP比重小。目前来看，吉林省新经济发展主要是传统支柱产业"有中生新"，"无中生有"产生的新产业较少。除了传统的一汽、长客、吉林化纤等外，新成长起来的像长光卫星这样的领军企业少，新产业尚未连点成线，没有形

成产业集群进而释放规模效应。而且创新投入规模不足。2021年全省R&D经费投入183.7亿元，比上年增长15.2%，R&D经费投入强度为1.39%，居全国第20位。从投入结构上看，主要是一汽和中科院光机所、应化所的投入，其占70%以上。从科技企业孵化器看，融资和投入较少，产出有限。装备制造业受近年来市场需求减少影响，动车组、城市轨道车辆产量有所下降，发展进入下行周期。电子商务规模有限，2021年，全省有电子商务交易活动的四上企业613个，占比5.6%，低于全国平均水平5.6个百分点（全国为11.2%）。实现电子商务销售额587.1亿元，占全国的0.3%。新能源产业发展处于投产阶段，尚未进入经济效益回收期。

（四）房地产投资动能持续减弱

吉林省房地产市场从2021年开始进入低迷期，投资开发的动能减弱，房价下降明显。2022年1~9月份，吉林省房地产开发投资879.72亿元，同比下降32%，低于全国平均水平24个百分点，差距巨大。1~9月份吉林省商品房销售面积764.68万平方米，同比下降41.7%，较全国平均水平低19.5个百分点。6月份，全省地级以上城市的房价环比处于下跌态势，全省10个地级以上城市（含梅河口）上涨的只有白城和通化市2个，其余8个城市房价下跌。1~9月份，房地产业增加值同比下降7.3%，虽然"稳增长43条"里有促进房地产发展的利好政策，但短期内收效不明显。

（五）中小企业承压较重

受近三年疫情形势变化的持续影响，中小企业发展困难较大，9月份全省小微企业PMI为47.2%，较8月份回落3.4个百分点，处于荣枯线以下。中小企业受市场、订单等因素影响生产经营困难，降幅较大，尤其是服务型企业受损严重。从调研的长春市38个现代服务业集聚区看，近三年营业收入下降20%~30%的占59.4%，收入下降31%~50%的占20.31%，营业收入下降50%以上的占12.5%。尤其是2022年的突发疫情对于中小企业来说更是雪上加霜。多数商贸综合体门店空置率达50%，远东等老牌批发市场受疫情及电商的冲击影响营业收入显著下滑。从中小企业的主要诉求来看，主要集中在以下三个方面。一是营商环境需要继续改善。民营经济特别是中小企业在服务措施针对性、平等待遇保护等方面还存在一定差距。民营企业在市场准入方面仍存在门槛高、审批流程长等痛点。二是政府服务职能需要强化。基层政府部门缺乏服务观念，在推进政策实施的过程中简单粗暴，只为完成个人任务，没有充分考虑到企业的需要，极大地影响了政策的实施效果。三是要素资源供给不充分。企业在发展过程中资金、土地以及人才等方面要素仍成为制约。贷款利率高、中介费用高、"过桥"资金成本高等问题没有得到有效缓解，银行对中小微企业不敢贷、不愿贷、不能贷的情况依然普遍。而人才短缺、用工困难更是中小企业长期存在的压力。

（六）地区差距日益扩大

吉林省区域发展不平衡的问题长期存在，长春首位城市的辐射带动作用发挥有限。区域性结构问题导致抵御外界环境风险的能力较差，带来整个地区发展速度以及总量规模的降低。2022年长春、吉林两市受新冠疫情冲击较为严重，1~9月份，长春GDP为4925亿元，跌破了5000亿元，同比下降3.69%；吉林市GDP为1133亿元，同比下降3.03%。虽然延边、松原、通化等地区保持了较快的增长速度，但体量较小，两个特大城市的经济下滑影响了全省经济的增长（见表2）。

表2　吉林省各地区GDP情况

单位：亿元，%

	地　区	2022年前三季度	2021年前三季度	增量	名义增长率
1	长春市	4925.14	5113.95	−188.81	−3.69
2	吉林市	1132.92	1168.36	−35.44	−3.03
3	延边朝鲜族自治州	638.79	598.03	40.76	6.82
4	松原市	623.89	590.64	33.25	5.63
5	四平市	427.55	416.92	10.63	2.55
6	通化市	422.13	404.51	17.62	4.36

续表

地　区		2022 年 前三季度	2021 年 前三季度	增量	名义 增长率
7	白城市	395.36	389.77	5.59	1.43
8	辽源市	359.23	352.61	6.62	1.88
9	白山市	341.06	341.65	-0.59	-0.17
10	梅河口市	155.14	147.66	7.48	5.07
11	长白山	11.86	—	—	—
合　计	吉林省	9433.06	9536.61	-103.55	-1.09

三　2023年吉林省经济发展形势预测

（一）国内外环境分析

1. 国内经济长期复苏态势明显

2022 年以来，面对复杂多变的国际环境、国内疫情多点散发的影响，以及我国经济稳增长的客观需求，我国政府有效实施稳经济一揽子政策，经济筑底复苏迹象明显。前三季度 GDP 同比增长 3.0%，虽较第一季度低 1.8 个百分点，但较上半年提升了 0.5 个百分点。第三季度当季增速达 3.9%，较第二季度提升了 3.5 个百分点，扭转了第二季度的下行态势，经济延续了复苏向好趋势。其中，消费对经济复苏的作用显著。前三季度，消费对经济增长的贡献率由第二季度末的 32.1% 增长至 41.3%，增加了 9.2 个百分点，拉动 GDP 增长 1.2 个百分点。相对而言，投资和出口的经济贡献率略有下降。前三季度投资对经济增长的贡献率仅为 26.7%，较上半年下降 5.4 个百分点，对 GDP 的拉动作用仅为 0.8 个百分点。前三季度净出口对经济的贡献率达到了 32.0%，较上半年下降了 3.8 个百分点，对 GDP 的拉动作用仅为 1.0 个百分点。第四季度开局国内经济虽短期呈现波动加剧态势，制造业 PMI、非制造业 PMI 和综合 PMI 产出指数分别为 49.2%、48.7% 和 49.0%，均处于荣枯线以下，但随着国务院 10 月 26 日会议接续部署落实稳经济一揽子政策，在重大项目建设、设备更新改造、加大中小微企业退税力度等方面政策效应有望持续发力，企业生产经营将回稳向好，消费复苏将继续成为经济增长的主要拉动力，经济复苏趋势将逐步边际落实。IMF 10 月预计中国经济增长在 2022 年有望达到 3.2%，2023 年增长 4.4%，IMF 认为，中国将是为数不多的几个在 2023 年实现 GDP 增长超过 2022 年的国家，中国仍然是世界上最大的增长引擎。

2. 国际经济形势不容乐观

受持续不断的乌克兰危机、多国持续加息等因素的影响，2022 年全球经济下行压力和风险挑战不断增多。其中，美国经济显示了韧性，前三季度美国名义 GDP 季调后同比增长 9.78%，实际 GDP 同比增长 2.41%。而欧洲经济随着欧盟追随美国对俄罗斯实施多轮制裁，反噬效应也愈加凸显。能源供应短缺、物价飙升，企业经营和民众生活困顿，经济进一步承压。第三季度欧元区 GDP 同比增长 2.1%，欧盟 GDP 同比增长 2.4%，环比均增长 0.2%，分别比第二季度下降 0.6 个和 0.5 个百分点。日本由于一直坚持宽松的货币政策，将利率维持在 -0.1%，并将 10 年期日本国债收益率目标维持在 0 左右，日元大幅贬值，2022 年初至 11 月，日元对美元贬值幅度已经达到约 30%。受此影响，日本进口商品价格大幅上涨，通胀压力加大，加之出口商品贬值，日本贸易逆差随之扩大，走弱的日元给日本经济带来较大影响，上半年日本经济仅增长 0.09%。俄罗斯因与乌克兰间的冲突不断持续，加之美欧制裁导致的供应短缺，经济陷入典型滞胀，通胀居高不下，而经济在第二季度同比下降 4.13%，较第一季度下降了 7.68 个百分点。IMF 在 10 月份预计，2022 年全球经济将增长 2.4%，2023 年为 2.7%，而发达国家的整体经济增速将会下滑到 1.1%。

（二）吉林省经济发展面临的机遇与挑战

1. 发展机遇

（1）新发展格局正在形成

习近平总书记在党的二十大报告中提出"必须完整、准确、全面贯彻

新发展理念，坚持社会主义市场经济改革方向，坚持高水平对外开放，加快
构建以国内大循环为主体、国内国际双循环相互促进的新发展格局"，强调
"要坚持以推动高质量发展为主题，把实施扩大内需战略同深化供给侧结构
性改革有机结合起来，增强国内大循环内生动力和可靠性，提升国际循环质
量和水平，加快建设现代化经济体系，着力提高全要素生产率，着力提升产
业链供应链韧性和安全水平，着力推进城乡融合和区域协调发展，推动经济
实现质的有效提升和量的合理增长"。在新发展格局下，抢抓经济发展的大
好机遇，补齐短板，重塑优势，实现经济新一轮振兴，对于吉林省而言，显
得尤为迫切。

（2）RCEP 为经济发展提供新机遇

2022 年 RCEP 正式生效，促使我国整体关税水平下降，既有利于大量
优质的零关税商品进入吉林市场，更好地满足吉林省居民日益增长的对美
好生活的追求，又有利于吉林省企业出口，更好地开拓国际市场，零部
件、原材料进口成本降低。同时，RCEP 的全面实施将进一步升级区域贸
易网络，其成员国还总体上承诺开放超过 100 个服务贸易部门，这将为吉
林省进出口和投资打开更大的空间，在跨境电商、旅游、互联网金融、在
线医疗上发挥自身产业优势，开拓国际市场，吸引外资企业落户吉林创造
条件。

2. 发展挑战

（1）通胀飙升

俄乌冲突引发的能源和粮食价格持续上涨、供应链中断后恢复迟缓、运
输成本提升等因素导致全球通胀不断加剧。2022 年 10 月份欧盟通胀率按年
率计算已达 10.7%，再创历史新高。美国 10 月份 CPI 同比增幅放缓至
8.0%，增速较此前虽回落 0.2 个百分点，核心 CPI 同比增长 6.5%，但服务
性通胀的黏性特征令其增速仅回落 0.1 个百分点。日本 9 月份核心消费者通
胀率上涨至 3.0%，创 1991 年 8 月份以来的最高水平。发展中国家通胀形势
更加严峻，拉美地区或将经历 20 世纪 80 年代后最严重的通胀，非洲开发
银行预计 2022 年该地区平均通胀率将达 13.5%。多国为应对通胀持续加

息，导致大量热钱回流，使得国内流动性短期收缩，大宗商品进口成本增加，影响吉林省消费回补和潜力释放。此外，高通胀在导致食品和能源价格上涨的同时，也导致实际工资下降、不平等加剧、发展中国家债务增加，并深刻影响了全球劳动力市场，导致我国外部需求减少，出口受限，从我国连续多月的出口下降可见一斑。吉林省的生产、消费和对外贸易均将受到影响。

（2）制造业面临的下行压力增大

中国物流与采购联合会公布的数据显示，2022年10月份全球制造业采购经理指数为49.4%，较上月下降0.9个百分点，连续5个月环比下降，是2020年7月份以来首次降至50%以下。其中，欧洲制造业持续收缩，成为全球制造业持续下行的主要影响因素，美洲制造业采购经理指数虽仍在50%以上，但近期也呈现持续下降的趋势。作为经济运行的先行指标，PMI指数回落不容小觑，意味着上游原材料不断涨价，企业成本增加，下游需求提振不足，消费回补困难，经济持续稳定复苏的基础不牢固，经济收缩压力加大。吉林省制造业也必将受到影响，地区经济恢复承压。

（三）2023年吉林省主要经济指标预测

2022年以来，国际环境更趋复杂严峻，乌克兰危机深化演变、美联储加息、多国汇率持续波动、全球通胀压力加大，国内疫情出现多发散发情况，突发因素超出预期。受市场预期弱态势影响，大宗商品、服务性消费回补和潜力释放难度加大，投资难度也进一步加大。在此环境下，亚行9月预计2022年中国经济增速将温和回落至3.3%，IMF 10月预计中国经济在2022年有望达到3.2%。可以看出，吉林省面对的内外部挑战明显增多，经济下行压力依然较大。综合考虑这些因素，并利用2003年第一季度至2022年第三季度数据构建的吉林省联立方程模型，对2023年吉林省主要经济发展指标进行预测，结果如表3所示。

表3　吉林省主要经济指标增长速度预测

单位：%

项　目	2022年	2023年
地区生产总值	0.4	5.0~6.0
其中：第一产业增加值	3.2	3.0
第二产业增加值	0.3	5.9
第三产业增加值	0.9	6.1
社会固定资产投资	-3.2	6.2
社会消费品零售总额	-0.7	7.3
居民消费价格指数(CPI)	3.2	2.4
城镇常住居民人均可支配收入	1.3	5.6
农村常住居民人均可支配收入	2.4	6.9
外贸进出口	-2.6	1.7
其中：出口	14.1	10.3

1. 地区生产总值预测

当前，俄乌间的紧张局势已经通过推高能源价格在世界经济中引发震动，美联储加息的全球负面外溢效应持续释放，人民币汇率变化造成的大宗商品进口成本提升，加之受与新冠疫情有关的限制性措施和不温不火的居民需求影响，以及境况不佳的房地产行业对投资的抑制，吉林省宏观经济供需两端恢复承压，增长压力较大，但出口的"替代性"增长有望持续，出口将保持高速增长，受三大需求影响，预计2022年吉林省经济增长在0.4%左右。党的二十大报告提出"坚持把发展经济的着力点放在实体经济上，推进新型工业化"，2023年吉林省稳增长政策效应将会进一步显现，出口、制造业升级、新兴领域产业等将会继续表现亮丽，预计全年经济增长在5.5%左右。

2. 消费预测

2022年吉林省房地产市场销售遇冷、金融信用政策收紧、投资下行、居民收入降低，以及上游大宗商品成本上涨对下游的挤压，消费复苏的进展严重受挫。但随着国务院《政府工作报告》提出的"推动线上线下消费深度融合，促进生活服务消费恢复，发展消费新业态新模式"，吉林省政府落实中央政策要求制定出台提出的"促进消费回补和潜力释放 29 条"，以及党的二十大报告提出的"着力扩大内需，增强消费对经济发展的基础性作用和投资对优化供给结构的关键作用""倡导绿色消费，推动形成绿色低碳的生产方式和生活方式"等为消费品行业的发展指明了方向，整体上消费升级的大趋势不会改变，与此同时，追求品质化、个性化的新型消费将会在2023 年持续增加。在相关政策驱动下，预计 2023 年消费市场有望扭转当前形势，呈现出平稳恢复势头，加之 2022 年的低基点，增速预计在 7.3%左右。

3. 投资预测

2022 年以来，固定资产投资、房地产投资、制造业投资、基建投资无一例外都在下行，其中房地产市场的变局尤为突出，即使吉林省提出化解房地产库存的 20 条意见，房地产投资和销售依然未能大幅提升，"金九银十"呈现不足，造成开发商资金链的紧张，也带来了地方大量土地的流拍，未来房地产投资也将面临继续下滑的压力，但本轮地产行业的下行周期始于2021 年初开始的三条红线和贷款集中度考核要求，这个影响不是趋势性的，预计投资端企稳的时间大概在 2023 年第三季度，在行业企稳后，地产投资增速也会调整到一个新的中枢之上。加之吉林省新基建将按照"'761'工程实施方案"继续加快推进，按照新型工业化发展要求吉林省制造业投资也有望在 2023 年提升，综合上述因素，预计 2023 年固定资产投资增速有望达到 6.2%。

4. CPI 预测

2022 年，受国际能源价格、大宗商品价格上涨以及主要经济体普遍出现高通胀的影响，第四季度进一步在"猪周期"重启的驱动下，第四季度CPI 会继续上涨。但 2023 年受我国保供稳价政策的继续推行、国内产业链的完备、消费内需的相对疲软令国内终端消费价格上涨不多等因素影响，加之以能源为代表的国际大宗商品价格预计在 2023 年上半年将达到高点，未来CPI 上游输入压力可望边际缓解，2023 年 CPI 增速预计将在 2.4% 左右。

5.出口预测

2022年，俄乌冲突不断升级，国际供应链修复缓慢，为中国出口的替代性增长提供了延续的窗口，吉林省出口增速也相对较高。但随着全球产业链继续修复、高通胀侵蚀发达国家居民购买力、发达经济体货币政策紧缩酝酿衰退风险、海外高通胀触顶后"名义增长"贡献减少以及高基数等因素叠加，出口增速预计略有回调。与此同时，同样受疫情冲击所致的开工减少、收入缩减和消费受损影响，进口增长显著弱于预期。预计2023年出口增速回调至10.3%左右，贸易增速在1.7%左右。

四　推动吉林省经济高质量发展的对策建议

党的二十大报告指出，贯彻新发展理念、推动高质量发展，是关系现代化建设全局的一场深刻变革，生产总值增长率不再是唯一评价发展的指标，创新发展成为第一动力，协调发展成为内生特点，绿色发展成为普遍形态，开放发展成为必由之路，共享发展成为根本目的。可见，党的二十大报告把发展质量摆在更加突出的位置。吉林省要在高度统筹疫情防控和经济发展的基础上，坚持以推动高质量发展为主题，集聚政策合力促消费、扩投资，稳产业链、供应链，优化营商环境，增强市场主体活力，把实施扩大内需战略同深化供给侧结构性改革有机结合起来，增强国内大循环内生动力和可靠性。

（一）实施更为丰富的消费刺激政策，积极有效促进消费回补

一是制定更为丰富有效的消费刺激政策。进一步加大各级财政对消费券的资金支持力度，支持鼓励各地区配套安排促消费资金，联合银联、各大银行、平台企业，进一步放大资金的政策效应。扩大消费券的投放范围，重点选择汽车、家电、家具及建材、百货、旅游、餐饮等领域发放消费券。关注困难人群，为受疫情影响较大的中低收入群体、老年群体适时定向精准投放消费券，弥补由疫情影响导致的收入下滑和消费低迷。适当提高相关人群医

保、低保、失业保障待遇，保障低收入群体消费支出。

二是稳步提高汽车和住房大宗消费活跃度。汽车消费上，继续落实新能源汽车购置税政策支持，加大购置乘用车补贴力度。进一步扩大汽博会的规模和影响力，用好线上直播、云端平台等新媒体，开展多渠道营销促销。加大新能源汽车消费支持力度，为新能源汽车销售提供更多补贴，出台新能源汽车下乡支持政策。支持老旧城区、学校、医院等重点场所通过改造、新建等方式，加大新能源汽车充电设施建设力度，实现全省高速公路服务区充电设施全覆盖。探索建立汽车改装行业管理机制，加快发展汽车后市场。开发旅居车（房车）市场，统筹规划建设旅居车停车设施和营地，完善汽车租赁市场，鼓励发展多种租赁模式，优化二手车一体化交易平台，提升汽车后服务质量，构建多元化汽车消费体系。房地产消费上，要从单一开发转向多元经营。随着居民消费观念的升级，房地产业发展也应由单一的地产开发向城市运营、生活服务、产业引导进行战略转型，主动转换发展定位，更好地满足居民需求，实现"住有宜居"。扩大保障性租赁住房供给，简化利用存量土地和房屋改建保障性租赁住房调整规划的手续，盘活存量资源。加大对智慧物业硬件、软件建设投入，为居民提供一站式智能化、多元化居住服务。

三是对受疫情影响较大的服务行业提供政策支持。鼓励互联网平台加大服务费优惠力度。引导美团外卖等互联网平台企业对餐饮住宿业商户服务费标准给予一定的下调支持，尤其对处于疫情中高风险区域的餐饮住宿商户，实施阶段性商户服务费下调政策。有效提升餐饮业食品安全。为消费者提供安心卡、无接触点取餐、无接触配送等多样化服务，保证堂食环境的干净卫生。加强对零售业批发业的金融支持。对各市（州）应急保供、重点培育、便民生活圈建设等批发零售业企业，加大金融机构信贷支持力度，适当降低企业贷款利率。大力促进文旅消费。依托吉林旅游资源和品牌效应，开发文化、游乐、体验、餐饮新产品，延伸旅游消费链条。借鉴深圳市做法，鼓励旅游景区进行门票优惠，除周末及法定节假日外，省、市属国有 A 级旅游景区首道门票全部免费。鼓励其他 A 级旅游景区首道门票实施折扣优惠，财政给予一定补助。政府可组织发放实名制的文惠卡，用于文艺演出、电

影、图书等文化消费，对文惠卡充值并消费的金额进行比例配套。

四是加大支持线下行业开展数字化平台建设。加快企业数字化平台建设。对购置数字化设备实施减税、贴息或将其列入技改资金支持政策，引导线下行业加快数字化改造步伐，实现线下转线上服务相结合（O2O）方式，定位消费者差异化需求，关注互联网直播等新型服务业态，推动新零售业发展。出台中小制造企业购买数字化设备、业务流程升级、建设无人工厂等扶持政策。拓展公共服务消费领域数字化水平。运用大数据、AI等技术对老年人和残障人士的服务进行适应性改造，推进公共服务"数字无障碍"。建设适老化数字化平台。通过数字化平台不断收集老年消费群体的消费体验和优化意见，推出语音搜索功能，降低互联网产品对老年消费者的使用门槛。加快建设一批集餐饮、家政、托幼、老人看护等服务于一体的城乡便民消费服务中心，对现有城乡便民消费服务中心进行适老化改造，优化智能服务方式，营造便捷智能消费环境。

五是打造"夜经济""地摊经济"等消费热点。鼓励各地区充分发挥本地资源优势，合理规划美食街、商业街、流通市场建设，打造具有吉林特色、风格各异的特色街区。建立商务、市场监管、城管部门联动机制，适当放宽临时外摆限制，合理规划指定区域，制定外摆摊位的申报和管理制度，简化办事流程，利用消费者喜闻乐见的夜市、早市、主题集市等形式，打造满足不同消费群体需求的消费场景。

（二）优化投资结构，进一步提升有效投资

一是积极推动重大项目开工建设。贯彻中央经济工作会议精神，围绕实施"一主六双"高质量发展战略，重点吸引海洋、网络、太空、能源、生物、人工智能等新兴领域优势资本、优势企业进入。重点建设长春经开CMOS相机技术与应用技术产业园、中韩（长春）国际合作示范区医疗器械产业园，推动"陆上风光三峡"重大项目建设，推动一汽新能源智能网联创新试验基地建设，推动长光卫星参与低轨互联网通信卫星项目建设，加快推进轨道客车大型铝合金型材及汽车轻量化零部件生产项目、中国黑土地保护农机产业创新示范基地项目，通过重点项目拉动投资效益。

二是统筹传统基建和新基建。基础设施投资是推动经济持续增长的主要动力之一，更是重大危机发生后拉动经济回升、稳定经济社会运行秩序的"强心剂"和"压舱石"。吉林省应考虑新基建与传统基建共同发力，加大传统基建和新基建投资作为稳定经济运行秩序、畅通国内经济循环的重要抓手。在继续完善交通、能源、电信、水、电、气等方面的基础设施建设的基础上，加强5G基础设施、人工智能、工业互联网、物联网、区块链等新兴基础设施建设，加快基础设施网络数字化改造。利用国家推进县城城镇化的契机，引导资金向县城的水利、交通、通信、能源等关键基础设施建设，市政以及县城智慧化改造领域投入。

三是稳步推动房地产投资。在经济下行压力较大的情况下，叠加疫情冲击，稳经济的前提仍然是要保持地产投资的稳定。坚持"房子是用来住的、不是用来炒的"定位，满足城乡居民刚性和改善性住房需求，不断优化房地产政策。面对人口转移、"三孩家庭"等形势变化，进一步研究制定外地人购房、多孩家庭购房、卖旧买新、首付比例和增值税免征年限等购房政策及商业、公积金贷款等金融政策，进一步提升购房需求。利用线上平台以及线下展会等形式进行房交会、推介会活动，活跃房地产市场。

四是多元保障投资资金供给。做好有效投资，资金是关键。要以多元化理念构建资金供给渠道，通过优化财政支出、申报专项债资金、深化融资对接，全力确保吉林省政府投资项目资金需求。一方面，要优化财政供给，加快项目前期进度。整合各部门工作合力，积极做好政府投资项目遴选及资金审核，保障重大项目前期经费，实现由"资金等项目"向"项目要资金"转变。另一方面，要紧盯政策导向，精准申报专债资金。吃透国家新增重大战略支持领域导向，加大向上对接力度，提前掌握债券支持领域和申报要点，提升项目入选率。保持地方政府新增专项债发行规模基本稳定，为地方有一定收益的基础设施和公共服务项目提供稳定可靠的建设资金来源。此外，还要深化融资对接，做大项目推进资金池。深入实施融资畅通工程"升级版"，通过上门服务排摸、召开政银企融资对接会等方式，全面梳理

项目资金需求，提升融资成功率。进一步鼓励、支持和引导民间投资发展，着力营造良好的投资环境，切实保护民间投资者合法权益，保障民间投资者能够公平获取项目信息、投资机会、申请政府投资资金以及投资建设运营所需的各类资源要素。调动银行等各类金融资本的积极性，保持流动性合理充裕，适度放宽对小微企业项目贷款风险监管的容忍度，公平、公正对待各类民间投资主体。

（三）提升产业链及供应链韧性和稳定性，夯实稳增长基础

一是增强创新能力，围绕产业链部署创新链。引导企业加大研发投入。为高质量发展筑造战略支撑，最根本的是要增强自主创新能力，提升发展独立性、自主性、安全性。吉林省要加大研发投入，提升科技创新水平，掌握竞争和发展的主动权。对企业年度研发投入增量部分按照一定比例予以奖励，推动企业将更多的利润资金投入研发创新。要推动市场、企业、政府在创新过程中的良性互动，形成有效的创新激励机制，增强创新主体的创新动力，提升创新的供给质量。同时加强技术市场建设，改进科研成果转移、转化的模式，提高成果的落地率和转化率，加速科研成果转化为现实生产力。围绕产业链部署创新链。鼓励"链主"企业联合上下游企业组建创新联合体，带动上下游中小企业创新发展，鼓励企业、高校、科研院所开展联合攻关。依托企业建设国家技术创新中心，开展关键核心技术、前沿引领技术、现代工程技术和颠覆性技术创新。

二是培育龙头企业，形成上下游产业链协作配套的产业体系。加大培育吉林省龙头企业力度。通过兼并重组、整合优化、强势联合，以现有优质企业为龙头，以资产、资源、技术、人才为纽带，培育一批具有良好示范和带动效应的龙头企业，发挥龙头企业的带动作用，引进一批产业链上下游和产前、产中、产后配套项目，形成以龙头企业为依托的产业生态体系，推动产业链攀升和价值链提升。加快培育中小企业。要鼓励中小企业走"专、精、特、新"的道路，加快培育壮大一批细分行业特色领域隐形冠军，形成大中小企业结构合理、产业链上下游协作配套的产业组织体系。

三是加快培育新动能，提升产业链和供应链控制力。加快培育新兴领域产业。当前，吉林省在新能源汽车、航空航天、生物医药、生物化学等新兴领域具有产业优势，要继续努力掌握更多核心关键技术，提升产业竞争力。还要瞄准技术发展前沿，加强前瞻性基础研究，抢占新兴产业发展的制高点。建立自主可控供应体系。如吉林省汽车产业，面对疫情的全球蔓延可能导致的汽车供应链的收缩，应加快推进汽车产业一体化进度，按照国际汽车城建设规划要求抓紧进行产业布局，通过引进、培育、国际合作等多种方式，在汽车城内布局一批新的零部件企业，配合一汽的配套体系调整，提高本地化配套率。同时创新采购方式，争取在国际市场中获得稳定供应。

（四）优化营商环境，增强市场主体活力

一是提供优质的政务环境。加快转变政府职能，将政府服务落到解决企业实际问题上，以"店小二"精神做好企业服务。针对企业不了解、不会用政策的问题，应当加强政策宣讲解读，完善政策落实情况通报制度，及时发现和解决政策贯彻落实不到位、执行不彻底等问题。加强政府管理协同机制建设，强化政府部门间管理工作的沟通、互联、配合，避免政府管理内部的不协调影响服务。

二是创新惠企减负政策。强化减税降费、减租降息政策的落地实施，确保各项纾困措施直达基层、直接惠及市场主体，推动惠企政策应享快享。梳理餐饮住宿、批发零售、文化旅游、物流交通等领域重点困难企业，指导银行机构对接企业融资需求，鼓励金融机构拓宽贷款抵押范围，依托纳税、缴纳电费、银行账户流水等大数据信息，开发设计无抵押、无担保的纯信用类贷款等多种方式为企业服务。组织新经济企业防疫纾困投融资专场对接会，对受疫情影响较大的企业进行精准投融资扶持，邀请投资机构、银行、担保机构等参与，提高企业融资机会。

经济运行篇
Economic Operation

B.2
2022年吉林省农业农村经济形势
分析与预测

赵光远*

摘　要： 2022 年以来，吉林省农业农村经济稳字当头、稳中求进，顶住了多种不确定性冲击，国家农高区、千亿斤粮食工程、千万头肉牛工程等重大项目启动或顺利推进，农业经济总量有望达到3100 亿元，粮食总产量可望达到 850 亿斤，为国家粮食安全和东北地区"五个安全"提供更加强大的保障，也为吉林省中长期农业农村发展奠定了良好基础。在此基础上，本文针对粮丰业强民富的结构性矛盾、农业农村要素支撑不容乐观、气候变化等不确定因素频繁显现、区域经济带动农业农村作用有限、农业农村经济发展规律亟待关注等问题，提出了相应的对策建议：加快全面振兴步伐，提升对农业农村现代化的带动作用；强化科技支

---

* 赵光远，吉林省社会科学院农村发展研究所副所长，研究员，研究方向为科技创新与"三农"发展。

撑能力，把农业生产力跃升放在重要位置；实施重大特大工程，突出保障国家粮食安全核心地位；融入全国统一市场，全力增强农业农村要素保障能力；深化农村综合改革，激活资源资产资本资金转换能力；坚持绿水青山发展，着力展现农业农村发展生态价值。

关键词： 农业农村现代化　粮食安全　气候变化　农民收入

2022年以来，吉林省农业农村经济稳字当头、稳中求进，顶住了多种不确定性冲击，启动和推进了多项重大项目实施，不仅为全年农业农村发展目标的实现提供了保障，也为中长期农业农村发展奠定了良好的基础。

一　2022年吉林省农业农村经济运行分析

从2022年上半年及前三季度数据看，吉林省农业农村经济运行平稳，农业农村用电量稳中有升，粮食保障水平处于安全区间，农村居民收入消费态势良好，千亿斤粮食工程、千万头肉牛工程等重大项目进展顺利。

（一）农业经济运行平稳有序

2022年前三季度，吉林省农林牧渔业总产值1409.94亿元，农业、林业、牧业、渔业总产值分别为301.28亿元、39.66亿元、1010.38亿元和34.11亿元，与2021年前三季度相比现价增速分别为-0.9%、20.7%、-3.5%、-6.3%和12.6%，其中农业全部产值、农业（种植业）、畜牧业同比分别增长3.3%、3.5%和3.1%。考虑到农业发展特点，从较长周期看，农林牧渔业及农业、林业、牧业、渔业四个子行业2022年前三季度产值相比2018年前三季度的年均现价增速分别为9.5%、12.7%、0.3%、9.2%和8.7%。剔除疫情、价格等相关因素影响，农业经济运行保持在合理区间。

从分行业情况看，农业（种植业）仍是受季节影响最显著的行业，2018～2022年第三季度农业产值分别是第一季度的24.2倍、26.2倍、30.4倍、29.5倍、36.2倍，2018～2021年第四季度农业产值分别是第一季度的136.9倍、138.6倍、174.0倍、156.3倍，预计2022年第四季度产值将达到第一季度的180倍左右，亦即2022年末农业（种植业）总产值将达到1530亿元，比上年可增长17.6%左右。牧业是受季节影响最不显著的行业。按第四季度牧业产值相当于前三季度平均值（约337亿元）保守估计，到2022年底吉林省牧业产值将达到1350亿元，与上年相比下降0.7%。林业、渔业以及其他等占比相对较小，同时其总和受季节影响也较为明显。2018～2022年第三季度产值分别是第一季度的2.17倍、2.45倍、2.94倍、3.10倍和3.50倍，2018～2021年第四季度产值分别是第一季度的3.53倍、3.73倍、4.08倍、4.83倍，相关倍数均呈上升趋势，考虑到2022年第一季度受疫情影响，预计2022年第四季度产值可能达第一季度的5.3倍左右。按此计算，2022年林业、渔业等其他行业产值将达到260亿元，与上年相比增长约2.3%。将上述数据加总计算，预计2022年吉林省农林牧渔业总产值能够达到3140亿元，与2021年相比增长4.3%（含价格因素）。从农业用电量看，2022年上半年第一产业用电量9.91亿千瓦时（同比增长6.5%），到10月末第一产业用电量累计为15.92亿千瓦时（同比增长7.0%），这也反映了吉林省农业发展平稳有序。固定资产投资增速也反映了这一态势，2022年上半年第一产业固定资产投资增速达到45.2%，1～10月份累计增速为66.5%，均远高于第二产业（分别为3.0%和13.1%）、第三产业（分别为−21.6%和−12.3%）固定资产投资增速水平，为全年农业经济发展目标的实现奠定了良好基础。

（二）农村经济发展稳中有升

农村经济发展主要体现在农民收入、消费以及农村居民用电量变化三个方面。从可支配收入看，根据国家统计局数据，2022年前三季度吉林省农民人均可支配收入为11516元，与2021年前三季度的11436元相比增长了

80 元，增幅为 0.7%，同期城镇居民可支配收入仍呈下降态势（降幅为 1.9%）；农村居民人均可支配收入与城镇居民人均可支配收入的差距由 2021 年第三季度的 15130 元缩小到 14545 元。2022 年前三季度，吉林省农村居民人均可支配收入在我国大陆 31 个省级行政区中居于第 22 位，显著高于城镇居民人均可支配收入的位次（第 30 位）。

从居民消费水平看，根据国家统计局数据，2022 年前三季度吉林省农民人均消费 8993 元，与 2021 年前三季度的 9180 元相比下降了 187 元，降幅为 2.04%，这一降幅比城镇居民人均消费降幅（11.10%）低 9.06 个百分点；农村居民人均消费与城镇居民人均消费的差距由 2021 年第三季度的 8331 元缩小到 6574 元。2022 年前三季度吉林省农村居民人均消费水平在我国大陆 31 个省级行政区中居于第 27 位，高于城镇居民人均消费水平的位次（第 31 位）。

利用可支配收入和人均消费之间的差值看农村居民的可储蓄情况，2022 年前三季度吉林省农村居民人均可储蓄 2523 元，与 2021 年前三季度的 2256 元相比增加了 267 元，增幅为 11.84%，同期城镇居民人均可储蓄水平上升了 15.89%；农村居民与城镇居民人均可储蓄水平的差距由 6799 元扩大到 7971 元。2022 年前三季度，吉林省农村居民人均可储蓄水平在我国大陆 31 个省级行政区中居于第 14 位，显著高于城镇居民的位次（第 25 位）。

从居民用电量看，2022 年上半年乡村居民用电量达 26.43 亿千瓦时（同比增长 8.5%），到 10 月末乡村居民用电量累计为 42.87 亿千瓦时（同比增长 7.3%），增速均高于第一产业用电量，这也反映出吉林省农村发展稳中有升的态势。

（三）粮食生产可望达到850亿斤

2022 年，吉林省粮食播种面积达到 8677.65 万亩，比 2021 年增加了 95.65 万亩，增幅达 1.11%。2022 年全省粮食总产量达到 4080.8 万吨，即 816.16 亿斤水平，增幅达到 1.0%。其中，水稻种植面积 1270 万亩

（与上年相当），总产量预计在 140 亿斤左右；玉米种植面积约 6650 万亩，总产量预计在 640 亿斤左右；豆类、薯类以及其他作物种植面积约 757.65 万亩，折粮后总产量预计在 38 亿斤左右（见表 1）。

表 1　吉林省粮食产量情况

年度	指标	合计	玉米	水稻	其他
2021	种植面积（万亩）	8582.0	6601.8	1256.0	724.2
	产量（亿斤）	807.8	639.7	136.9	31.2
	单产（斤/亩）	941.3	969.0	1090.3	431.2
2022 预计值	种植面积（万亩）	8677.65	6650.00	1270.00	757.65
	产量（亿斤）	816.16	638.40	139.70	38.06
	单产（斤/亩）	940.53	960.00	1100.00	502.30

资料来源：根据吉林省统计公报以及有关新闻报道数据整理，2022 年玉米、水稻、其他三类数据为预计值。

（四）重大工程项目加速推进

2022 年以来，吉林省千亿斤粮食工程、千万头肉牛工程、黑土粮仓"科技会战"等深入推进，国家农高区建设、"大水网"工程启动实施，食用菌、奶牛、人参产业高质量发展政策全面出台，相关重大项目谋划和落地速度不断加快。千万头肉牛工程方面，截至 2022 年 9 月，当年已从国外引进基础母牛 19380 头（通榆吉运 10300 头、长春城开农投 5080 头、大安市政府 4000 头），自工程实施以来累计进口 24261 头，预计 2022 年底前还将引进 11000 头基础母牛；有关数据显示，截至 2022 年 9 月底全省肉牛已经达到 574.8 万头，同比增长 12.0%，初步预计年底肉牛可望达到 650 万头左右。长春现代农业城以及长春国家农高区建设全面加速，有关资料显示，长春市已汇聚国家级龙头企业 21 家、省级龙头企业 141 家、市级以上农业产业化重点龙头企业 331 家；长春国家农高区新建在建亿元以上农业产业项目 51 个，总投资 4 亿元的鸿翔种业高新技术产业园有望成为全国最大、最先进的玉米种子生产基地，国家现代种业产业园、特优玉米生产基地、智能农机装备制造及技术推广基地等正在合力打造国家粮食生产高效提质先导区。2022 年 8 月 31 日，吉林省"大水网"建设动员大会在吉林省中西部供水工程梨树县龙湾支洞施工现场举行，标志着吉林省"大水网"工程全面启动。该工程匡算总投资 1295 亿元，受水区域覆盖 9 个市（州）的 28 个县（市、区），受益人口 1764 万，骨干工程输水主干线全长 1240 公里，该工程将为加快农业农村现代化进程发挥重大助力作用。

（五）科技支撑能力不断提升

现代农业产业技术体系建设是我国农业科技领域的一项重大管理创新，是促进科研与产业发展紧密结合的有效途径。吉林省省级现代农业产业技术体系是国家体系在吉林省的延伸与补充，已持续建设 14 年，在全国起步最早、影响力较大，集聚了省内农业领域顶级专家团队，建立了多部门协作、产学研联动的工作机制，示范推广了一大批优质特色、高产高效新品种选育及节本增效、绿色安全新技术新模式，为吉林省粮食总产量迈上 800 亿斤新台阶和乡村振兴加速推进提供了坚强的科技支撑。2022 年 7 月，吉林省农业农村厅开展的农业科技工作成就主题宣传月活动，展示了省级现代农业产业技术体系 10 个团队、18 名专家科技助农先进事迹，体现了农业农村现代化进程中的科技支撑力量（见表 2）。

表 2　吉林省科技助力农业农村现代化的 10 个团队和 18 名专家

序号	团队情况	专家情况
1	吉林省玉米产业技术体系创新团队	王立春、刘慧涛
2	吉林省玉米主导品种鉴评及示范推广团队	苏义臣、
3	吉林省水稻体系团队	邵玺文、严永峰
4	吉林省大豆产业技术体系团队	王丕武、张伟
5	吉林省经济作物体系团队	周紫阳、何中国
6	吉林省薯类作物体系团队	刘峰、张胜利
7	吉林省人参产业体系团队	王英平、李刚
8	吉林省果树体系团队	张冰冰
9	吉林省蔬菜产业技术体系团队	王学国、梁国生
10	吉林省渔业体系团队	高春山、杜晓燕

二 吉林省农业农村经济发展主要影响因素

党的二十大报告中明确指出，中国化时代化马克思主义必须坚持人民至上、必须坚持自信自立、必须坚持守正创新、必须坚持问题导向、必须坚持系统观念、必须坚持胸怀天下。吉林省推进农业农村经济发展，要在中国化时代化马克思主义指导下，按照"六个必须坚持"的重大原则对影响因素进行分析，按照农业农村发展规律来明确深层次问题所在和关键风险所在。

（一）粮丰业强民富间仍存在结构性矛盾

从 2011 年到 2021 年的 10 年间，吉林省粮食产量从 646.4 亿斤增长到807.8 亿斤，年均增长 2.26%，按农村常住人口计算人均粮食产量每年增加420 斤，粮食持续丰收态势明显。但是，10 年间每吨粮食实现的种植业产值仅从 2817.1 元增长到 3225.6 元，年均增长只有 40.9 元；每吨粮食支撑的农村居民可支配收入仅从 1550.7 元增长到 1744.6 元，年均增长只有 19.4元。可以说，粮食增产对于推动农业单位产值增长和农村居民增收作用并不明显。图 1 展示了 2011~2021 年 10 年间从粮食产量、粮食质量、粮食价格到农业（种植业）产值之间的关系，这也在一定程度上能够体现出粮丰业强民富三者之间的结构性矛盾。特别是在 2015 年之后，粮食质量水平持续上升，但粮食价格却持续下行，成为影响粮食生产促进产业质量提升和居民收入增长的重要因素。

（二）农业农村要素支撑情况不容乐观

老龄化导致农村劳动力要素不足。第七次全国人口普查数据显示，899.44 万吉林省乡村人口中，60 岁以上人口数 242.49 万人，占比 26.96%；50 岁以上人口数 449.62 万人，占比 49.99%。伴随着全省乡村人口到 2021年末下降到 870 万人，50 岁、60 岁以上人口比重将进一步增加，未来吉林

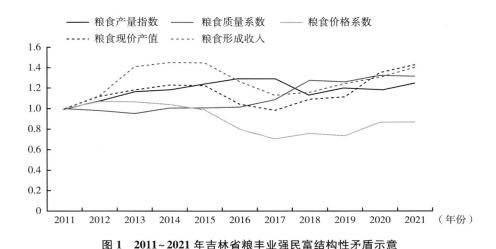

图1 2011~2021年吉林省粮丰业强民富结构性矛盾示意

注：以2011年基期为1。

省乡村劳动力总量减少态势依旧难以改变。财政涉农投入缺少稳定支撑，从2016年到2021年吉林省财政农林水支出依次为550.50亿元、554.77亿元、537.55亿元、564.35亿元、577.76亿元、462.3亿元，2022年1~8月财政农林水支出352.4亿元，同比增长13.4%，总体呈现增长不稳定状态。长期耕种导致土地要素质量下降，尽管"梨树模式"以及"黑土粮仓科技会战"等正在竭力扭转土地要素下降的趋势，但这一工作仍任重道远。

（三）气候变化等不确定因素频繁显现

农业生产季节中大风、洪涝、干旱等气候变化因素影响越来越频繁。气象部门数据显示，2022年6月1日至7月28日，吉林省降水量为397.6毫米，比常年偏多71%。此外，近年来秋冬季节出现霜冻、暴雪等情况也将影响粮食收获以及牧业生产，2021年吉林省西部地区出现暴雪天气导致秸秆发霉等情况，对肉牛养殖业产生了一定的间接影响。2022年在全省肉牛养殖大提速等情况下，全省冬季在气候变化等背景下，畜牧业饲草储备不足问题应引起高度重视。

（四）区域经济带动农业农村作用有限

农业农村发展总体上还处于弱势地位，其能否加速发展，很大程度上还依赖于区域宏观经济的整体水平和发展质量，依赖于一定区域内城市经济以及非农产业的带动水平。一般而言，一个区域只有人均 GDP 达到 1 万美元以上，区域经济才能形成带动农业农村发展的能力，2021 年吉林省人均 GDP 只有 55720 元，按当年平均汇率计算相当于 8637 美元，还没有进入区域经济带动农业农村发展的阶段。同时，吉林省 2021 年常住人口城镇化水平达到 63.37%，但城镇人口规模只有 1505 万人，与发达地区有关城市城区人口水平相当。这样的人口规模在吉林省 18.7 万平方公里的土地上还相对分散，很难对农业农村发展起到更大的带动作用。从非农产业发展看，2021 年吉林省第二、第三产业比重达到 88.3%，但是非农产业增加值规模仅有 1.17 万亿元，其规模也与发达地区个别城市相当；且除长春市外的其他城市第二、第三产业比重仅有 83%，规模上只有 0.51 万亿元，很难形成带动农业农村发展的能力。

（五）农业农村经济发展规律亟待关注

随着经济社会总体发展水平的上升，农业农村经济发展规律也在发生一定的变化。图 2 显示了 2021 年我国 28 个省区的人均 GDP 与农业生产率水平、农村居民收入水平之间的关系。以 1 万美元人均 GDP 为分界线进行了分析，随着人均 GDP 超过 1 万美元，农业生产率出现下降态势，斜率从 0.1618 下降到 0.0986；但农村居民收入水平出现上升态势，斜率从 0.1426 上升到 0.1764。吉林省人均 GDP 为 8637 美元，目前处于更加有利于提升农业生产率的区间，尚未进入更加有利于提高农村居民收入水平的发展阶段。亦即吉林省应统筹考虑农业生产率提升和农民收入增加之间的关系，要推动农业生产率和农民收入之间形成互补效应而非替代效应。

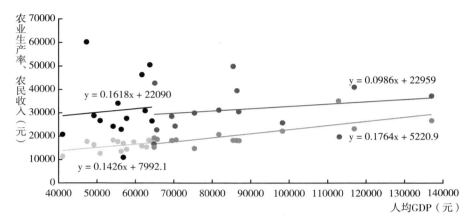

图2　2021年我国28个省区的人均GDP与农业生产率水平、
农村居民收入水平之间的关系

三　吉林省农业农村经济发展的对策建议

中共吉林省委十二届二次全会将"加快农业农村现代化，全面推进乡村振兴，推动区域城乡协调发展"纳入"坚持以高质量发展为统领"的任务中。在此基础上，考虑到区域经济发展水平与农业农村现代化的关系，考虑到农业生产农村生活与生产要素供给方面的关系等，对吉林省农业农村经济发展提出如下对策建议。

（一）加快全面振兴步伐，提升对农业农村现代化的带动作用

坚定不移实施"一主六双"高质量发展战略，推动全省人均GDP在较短的时间内达到1万美元以上，全力争取未来3年全省经济发展平均增速达到5.0%以上。努力提高城镇居民收入和城镇化水平，实现城镇居民收入高于GDP增速，城镇化水平稳中有升，增强本地城镇市场对本地农产品的购买力。加强现代化都市圈建设，筛选一批人均GDP达到1万美元以上的城区，开展城乡融合互动试点，加强农产品市场建设，带动农业农村现代化水平提升。加强各级各类项目谋划，兼顾基础设施项目投资和产业项目投资，

促进产业发展提质升级，确保经济总量不断提升。优化财政、金融投资结构，确保更多的资金用在刀刃上，投入产业发展中，快速形成生产力。加大对农业关联产业的关注和扶持力度，包括但不限于农资农机产业、农业科技服务产业、农产品一般加工和深加工产业、农产品电子商务产业、特色资源开发产业、乡村旅游产业等，努力形成农业产业链、创新链、价值链、服务链全面发展的新格局。

（二）强化科技支撑能力，把农业生产力跃升放在重要位置

加强科技对农业发展的支撑能力，用科技让农业更赚钱，只有让农业的利润率更高，农业农村发展才会更有希望。要坚持"良田良种良机良技"同步发展，坚持用科学技术保护好耕地的生态力，提高种子的支撑力，强化机械的辅助力，增进农技的应用力，打造一批融合性科技创新团队，积极推进"大科技"和"大农业"深度融合，让所有的现代科学技术在农业农村现代化领域发挥更多的作用，让更多的科技创新人才和科技成果转化人才投入农业农村发展。要利用好涉农相关实验室平台、国家农高区平台、现代农业产业园、国家农业科技园等各类平台，联动域内外相关科技发展网络，全面提升科技支撑农业农村发展的能力和水平。加强科技对农村发展的支撑能力，用科技让农村更宜居，以宜居农村留住更多有乡村情结、生态情结的科技人才，全面夯实科技发展的人才基础。支持在具有合适条件的地区建立生态发展实验室、科研基地等平台，不仅让论文写在祖国大地上，还要让实验做在祖国大地上，要组织好科技人才吉林行、省级人才吉林行等活动，让在吉林省的各类人才全面了解吉林省农业农村发展的广泛需求，实现人才和农业农村发展更加精准的对接。

（三）实施重大特大工程，突出保障国家粮食安全核心地位

重大特大工程在农业农村发展中具有引领性、示范性、样板性作用。要进一步围绕农业农村发展需要，同步谋划和推进各类重大特大项目。要围绕应对气候变化、增强农业韧性等目标，从水地数空天等多个领域、针对肉粮

菜蛋奶等多个品种，在"千亿斤粮食工程""千万头肉牛工程"加速推进的基础上，按照产业链节点推进和谋划新的重大特大项目，包括一批千亿元粮食流通工程、千亿元食用菌产业工程、千亿元参茸提升工程以及一批百亿级以上工程；要统筹国家、省、市等多级资源，推进大路网、大水网、大电网建设，加快省道以下各级道路的整修和维护，加强村屯与乡镇之间道路的连接与安全，确保农业生产不缺水、农村发展不缺电、农产品运输有好路；统筹大规模水利工程与水网微循环沟渠的连接与畅通，确保涝能蓄水、旱能放水；统筹重大发电项目与分散式发电项目，兼顾农业用电和农村用电，加强风电、水电、光伏发电等新能源的保障能力，强化面向农村油气煤等方面的能源运送、储运以及清洁化利用工程。提升单位产品的产值实现能力，完善相关产业链、价值链，增强重大特大农业工程项目实施的群众获得感。

（四）融入全国统一市场，全力增强农业农村要素保障能力

吉林省农业农村要素支撑问题，仅靠吉林省的力量很难取得实质性突破，只有深度融入全国统一大市场才能得到更好解决。为此，建议按四个层面分类推进农业农村经济融入全国统一大市场进程。政策制度层面，进一步对标全国最高标准的农业农村治理政策、补贴政策、开放政策、市场政策等，特别是联动发达地区进行机制创新，加快搭建具有最先进运营能力的"吉字号"农产品市场，打造"吉字号"直抵消费者终端的特色农产品物流网络。产品品牌层面，由于人参等传统特色产品品牌再造与提升难度极大，在继续推动此项工作的同时还要特别注意抓一批新的特色产品，如小冰麦以及长白山区特色林果、食用菌等，按照"提质提价不放量、政企合作塑品牌"的原则推动特色领域高质量发展，通过品牌力量融入全国统一大市场。经营管理层面，要切实加强对农业农村创业者经营管理水平提升的培训，解决大多数农业农村的创业者"只会搞产品不会搞市场"的问题，要加强现代企业治理体系建设，塑造互信、法治的微观营商环境，提升经营管理能力。资本运作层面，要兼顾市场和法治两个原则，既要规模又防垄断，既提能力又增活力，设置科学的底线和比例，引入国内具有品牌力的农业农村资

本运营商开发吉林省特色农产品，特别是引入"国字号""央字号"企业带动整个农业农村经济网络提升。

（五）深化农村综合改革，激活资源资产资本资金转换能力

深化农村综合改革，是落实"以人民为中心"的发展理念的关键，只有通过改革，让在农村生活的人强大了，农业农村发展才会充满希望。吉林省的农村综合改革，要针对三个核心问题，加大力度进行突破。一是要针对老龄化问题进行综合改革，要对农村基层干部特别是 60 岁以上农村基层干部、特殊地域乡村老龄人口予以特殊的居住、医疗、休假等保障政策，要适度控制各部门向农村基层下放各种事项，推动农村有关事项由乡镇干部完成，不要给最基层的村级单位特别是干部老龄化严重的村级单位过大压力。二是要针对以粮为主的特征进行综合改革，要加大对粮食生产大乡大镇基础设施、公共服务的治理力度，在这些乡镇设置粮食生产、粮食流通方面的省级、市级联合审批事项服务点，推动相关重要事项审批不出乡镇。三是要针对空心村等问题进行综合改革，要进一步推动村屯合并、乡镇合并以及社区化管理改革，加快公共事务合并步伐，支持设立乡村公共服务大部门、大窗口、大网格，根据实际人口提供更加有效、更加有力的公共服务产品。

（六）坚持绿水青山发展，着力展现农业农村发展生态价值

绿水青山发展，是当前这个时代的主题，更是农业农村发展的底线，当前的核心是如何把握"绿水青山就是金山银山"的准确内涵，如何推动绿水青山向金山银山转化。一是要大力推动践行"两山"理念试验区建设，推动长白山、松花江、鸭绿江旅游差异化协同发展，推动长白山菌菇小镇等重点项目建设，用特色餐饮、特色文化强化特色旅游，实现区域品牌整体提升，形成绿水青山向金山银山转化的全域全方位推进模式。二是要大力推动三个三峡建设，把"陆上风光三峡""山水蓄能三峡""全域地热三峡"和农业农村现代化发展紧密结合起来，打造一批"亮丽乡村""温暖乡村"，形成新能源驱动吉林农业农村发展的新样板。三是要持续性强化农田以及

村庄生态环境治理，巩固现有治理基础，在黑土地保护、千万头肉牛工程等项目实施过程中采用超前科技手段确保生态环境向更好更优发展。四是要加强生态文明研究，并不断提升农业农村生态品牌效应，在全省突出并持续打造一批生态品牌村，坚持自然生态和经济生态一起抓，用超前的生态、特色的场景聚人留人，让生态文明赋予农业农村发展更厚的底蕴和更大的能量。

B.3

2022年吉林省工业运行形势分析与展望

张春凤*

摘　要： 2022年1~9月，受复杂形势影响，吉林省工业运行受到严重拖累，6月以来工业增速降幅整体逐月收窄，呈企稳回升态势。8个重点产业发挥重要支撑作用，工业投资维持在低增长水平，占全省投资比重有所下降。在31种主要工业产品中，15种产品产量实现正增长，主要工业产品销售率逐月提高，工业企业主营业务收入与利润增速较上年同期均有所下降。整体来看，吉林省重工业下滑明显，产业波动较大；工业投资增长乏力，有效支撑不够；重点产业喜忧参半，工业新动能积蓄不足；小微企业增长明显下滑，生存压力剧增。综观当今全球局势，世界经济金融逆全球化风险上升，制造业产业链供应链加速重构；制造业数字化、绿色化、可持续已成发展趋势；我国工业增长总体稳中放缓；吉林省全年工业运行有望实现正增长。面对复杂严峻的国际国内局势，立足自身发展基础，吉林省应千方百计扩大有效投资并优化投资结构，抓好重点产业和新兴产业并夯实工业转型升级的根基，扩大开放并加强区域合作以协同推动产业生态创新发展，持续优化营商环境，切实落实纾困政策，为小微市场主体排忧解难。

关键词： 工业经济　投资　营商环境　吉林省

---

* 张春凤，吉林省社会科学院经济研究所副研究员，研究方向为产业政策、产业经济。

一 工业运行基本情况

（一）工业经济增长情况

2022年以来，尤其是上半年，受严峻复杂的国际国内形势及疫情影响，吉林省工业经济运行受到严重拖累，规模以上工业增加值同比下降11.5%，增速在全国排名垫底。5月疫情结束以来，吉林省工业经济迅速止跌，6月规模以上工业增加值转正，达6.3%，比5月高11.2个百分点；7、8、9月均保持两位数快速增长，累计降幅持续收窄。1~9月，吉林省规模以上工业增加值增速下降2.5%，降幅整体逐月收窄，呈现快速回升态势。尤其是7、8、9三个月，吉林省规模以上工业增加值同比分别增长17.9%、27.2%、12.3%，分别居于全国第2位、第1位、第4位。分地区来看，1~9月，吉林省共有7个市州规模以上工业增加值实现正增长，从高到低依次为白城市（14.8%）、延边州（12.9%）、辽源市（10.7%）、四平市（5.0%）、通化市（2.5%）、松原市（2.0%）、吉林市（0.5%）。总体来看，吉林省工业经济运行延续恢复发展态势，企稳回暖、稳中加固、稳中向好态势得到进一步巩固（见表1）。

表1　2022年1~9月吉林省及分地区规模以上工业增加值增速

单位：%

地　区	1~2月	1~3月	1~4月	1~5月	1~6月	1~7月	1~8月	1~9月
吉林省	6.3	-10.5	-18.1	-15.4	-11.5	-8.1	-4.5	-2.5
长春市	8.0	-15.6	-26.5	-22.6	-16.5	-12.6	-7.3	-4.4
吉林市	-6.3	-15.7	-17.2	-13.7	-6.1	0.5	0.8	0.5
四平市	3.8	7.3	1.6	2.9	1.0	1.2	1.7	5.0
辽源市	25.0	28.6	20.5	15.9	15.3	11.2	9.7	10.7
通化市	22.1	19.7	11.1	9.6	8.7	5.0	1.6	2.5
白山市	5.8	-3.1	-11.8	-10.7	-7.7	-3.9	-4.5	-4.4
松原市	14.9	-4.8	-4.0	-1.1	-0.3	-0.3	0.3	2.0
白城市	30.2	27.6	18.6	18.2	14.2	14.3	14.3	14.8
延边州	6.2	7.3	6.9	9.9	7.1	8.7	12.0	12.9

资料来源：吉林省统计局。

（二）重点产业与部分企业情况

2022年上半年，汽车、石化、装备制造及信息等产业均实现较快回升，汽车制造业上拉作用明显。2022年8月，吉林省汽车制造业同比增长63.2%，增速比7月份高34.8个百分点，对全省当月规模以上工业增加值增长的贡献率超过七成，拉动全省当月工业增长19.7%。与此同时，食品、信息、医药、纺织及装备制造产业在8月的增加值均实现两位数增长，同比增长分别达到17.9%、108.1%、18.5%、24.5%和46.7%。2022年5月，长光卫星技术股份有限公司自主研发的"吉林一号"宽幅01C卫星、高分03D27-33等8颗卫星发射升空；6月，奥迪一汽新能源汽车项目正式开工，一汽集团当月生产整车24.5万辆，增长36.3%；7月，国家碳纤维高新技术产业化基地吉林化纤6万吨碳纤维项目在吉林市启动；1~8月，国家级农业产业化龙头企业长春皓月集团吉林中心工厂实现产值76亿元，同比增长超过20%；1~8月，吉林石化公司炼油厂共实行35项提质增效项目及24项炼油乙烯联合攻关项目，通过结构调整和技术升级，实现炼化效益最大化。2022年1~9月吉林省8个重点产业规模以上工业增加值增速如表2所示。

表2　2022年1~9月吉林省8个重点产业规模以上工业增加值增速

单位：%

项　目	1~2月	1~3月	1~4月	1~5月	1~6月	1~7月	1~8月	1~9月
重点产业合计	6.7	-10.6	-19.2	-16.2	-11.9	-7.9	-4.2	-2.4
汽车制造	7.1	-19.4	-33	-29.2	-21.7	-15.6	-10.2	-7.0
石油化工	-3.0	-9.7	-10.9	-10.5	-5.5	3.4	2.4	1.7
食品	3.3	-0.7	-3.4	0.3	-1.0	0.9	2.7	4.0
信息	159.3	118.8	62.9	47.1	107.3	54.9	102.7	98.5
医药	1.2	-9.5	-10.4	-5.8	-9	-2.5	-0.6	-0.8
冶金建材	4.4	-1.0	-11.2	-13.2	-14.7	-13.2	-13.2	-10.7
能源	2.2	-0.6	-1.6	-4.1	-6.2	-6.8	-5.0	-4.9
纺织	9.0	2.5	1.4	9.6	5.2	9.3	10.5	8.6

资料来源：吉林省统计局。

（三）工业内部结构情况

2022年1~9月，从轻、重工业情况来看，吉林省轻工业增速下降幅度小于重工业增速下降幅度，增速逐月回升情况也好于重工业，为稳定吉林省工业基本面提供了重要支撑。从不同所有制类型工业情况来看，国有企业、股份制合作企业、股份制企业、外商及港澳台企业等类型企业增速均有不同程度下降，只有集体企业1~9月实现增速80.8%，表现较为突出。从国有、民营工业情况来看，国有企业所受影响较大，1~2月增长27.6%，1~9月增速下降8.4%；民营工业5月以来降幅逐月收窄，增速下降幅度也整体小于国有企业幅度，表明吉林省规模以上民营工业抗波动能力相对较好，发展韧性在增强。从不同规模企业情况来看，5月以来吉林省大、中、小、微型企业增速下降幅度均逐月收窄，大中型工业企业下降幅度要小于小微型企业下降幅度，吉林省小微企业抗风险能力有待进一步提高。从中央、地方企业情况来看，吉林省地方企业增长恢复情况不及中央企业（见表3）。

表3　2022年1~9月不同划分标准下吉林省规模以上工业增加值增速情况

单位：%

项　　目	1~2月	1~3月	1~4月	1~5月	1~6月	1~7月	1~8月	1~9月
吉林省	6.3	-10.5	-18.1	-15.4	-11.5	-8.1	-4.5	-2.5
总计中：轻工业	1.0	-6.2	-8.3	-4.0	-6.2	-1.4	-1.1	-0.3
重工业	8.0	-11.8	-20.9	-18.2	-11.8	-8.8	-5.5	-3.1
总计中：国有企业	27.6	-10.3	-27.1	-20.2	-18.7	-17.6	-13.7	-8.4
集体企业	50.5	34.9	33.8	42.3	59.2	83.5	79.2	80.8
股份制合作企业	-100.0	—	-97.7	-92.3	-81.1	-72.6	-69.5	-57.9
股份制企业	-1.3	-10.2	-14.1	-11.6	-9.9	-7.7	-6.6	-5.0
外商及港澳台企业	17.8	-11.0	-23.6	-20.4	10.1	-3.8	1.2	3.5
其他经济类型	-20.1	-28.4	-32.4	-24.4	-26.7	-36.2	-41.8	-33.0
总计中：国有企业	27.6	-10.3	-27.1	-20.2	-18.7	-17.6	-13.7	-8.4
民营工业	8.3	-5.8	-11.6	-7.9	-7.3	-6.1	-4.5	-3.3
总计中：大型企业	7.8	-11.0	-19.5	-16.0	-9.1	-5.5	-2.2	0.0
中型企业	8.7	-4.7	-12.1	-11.2	-11.0	-8.3	-6.8	-6.0

项　　目	1~2月	1~3月	1~4月	1~5月	1~6月	1~7月	1~8月	1~9月
小型企业	-0.6	-15.2	-19.9	-15.9	-14.3	-11.6	-10.5	-8.0
微型企业	-8.6	-17.8	-15.1	-15.0	-15.0	-10.2	-9.0	-6.8
总计中:中央企业	5.4	-12.6	-21.1	-19.3	-13.6	-7.9	-4.3	-1.8
地方企业	7.5	-7.9	-14.3	-10.1	-6.9	-6.0	-4.8	-3.2

资料来源:吉林省统计局。

2022年1~9月,吉林省装备制造业产业增加值增长18.0%,比全省规模以上工业增加值增速高20.5个百分点。1~9月,高技术制造业产业增加值增长1.5%,扭转了1~7月增速下降的局面;1~6月,战略性新兴产业比重大幅提升,实现产业增加值1002.54亿元,占全省规模以上工业比重达到15.9%,较上年同期高1.1个百分点;1~9月,战略性新兴产业产业增加值增长9.8%,比全省规模以上工业增加值增速高12.3个百分点(见表4)。数据表明,吉林省工业结构持续调整优化、转型升级,工业增长新动能持续增强。

表4　2022年1~9月吉林省规模以上装备制造业、高技术制造业、
战略性新兴产业增加值增速情况

单位:%

项　　目	1~2月	1~3月	1~4月	1~5月	1~6月	1~7月	1~8月	1~9月
吉林省	6.3	-10.5	-18.1	-15.4	-11.5	-8.1	-4.5	-2.5
装备制造业	30.0	0.5	-8.9	-3.0	14.2	1.9	13.8	18.0
高技术制造业	4.0	-8.0	-11.4	-6.0	-5.9	-0.9	1.8	1.5
战略性新兴产业	14.3	-1.7	-6.7	-1.1	-0.3	4.5	7.1	9.8

资料来源:吉林省统计局。

(四)工业投资情况

近年来,随着吉林省投资结构的不断变化,第三产业投资占比不断上

升，以工业投资为主的第二产业投资比重不断下降。2022年5月以来，吉林省工业投资增速由负转正且整体呈上升趋势，1~9月吉林省工业投资增长7.6%，工业投资占全省投资比重为26.4%。第三季度，工业投资持续恢复，同比增长14.2%。尽管吉林省工业投资总额占全省投资比重逐月下降，但随着吉林省工业投资增速由负转正，支撑全省规模以上工业增加值降幅不断收窄，为稳定工业运行发挥了重要支撑作用（见表5）。

表5　2022年1~9月吉林省规模以上工业增加值增速、工业投资
增速及占全省投资比重情况

单位：%

项　目	1~3月	1~4月	1~5月	1~6月	1~7月	1~8月	1~9月
吉林省规模以上工业增加值增速	-10.5	-18.1	-15.4	-11.5	-8.1	-4.5	-2.5
吉林省工业投资增速	-19.2	-15.0	3.1	2.5	5.6	5.8	7.6
工业投资占全省投资比重	44.0	40.5	31.9	28.9	27.5	26.8	26.4

资料来源：吉林省统计局。

（五）工业主要产品生产销售与营收利润情况

从吉林省工业主要产品生产情况来看，2022年1~9月，在31种工业主要产品中，产量实现增长的有15种，好于1~8月的12种，包括原煤、洗精煤、原油、原油加工、汽油、柴油、鲜冷藏肉、卷烟、服装、乙烯、化学纤维、初级形态塑料、化学药品原药、平板玻璃、光学仪器，其中，柴油、光学仪器产品产量增速相对较高，分别达38.2%、24.8%；产量增速下降的产品有16种，其中，汽车产量下降0.2%，铁路客车和动车组产品产量降幅较大，分别下降79.3%和56.6%（见表6）。值得注意的是，虽然1~9月全省综合发电量增速为负，但其中太阳能发电量增长48.3%，风力发电量增长18.9%，水力发电量增长3.4%，只有火力发电量下降7.7%，表明吉林省电力工业正在走向绿色低碳转型。

表6 2022年1~9月吉林省工业主要产品产量增速情况

单位：%

工业主要产品	增速	工业主要产品	增速
原煤	21.3	化学纤维	18.4
洗精煤	11.1	初级形态塑料	6.9
原油	4.0	化学药品原药	14.0
天然气	-1.9	中成药	-6.8
发电	-1.0	粗钢	-15.1
原油加工	21.2	钢材	-11.4
汽油	10.4	水泥	-25.3
柴油	38.2	商品混凝土	-27.6
大米	-13.0	平板玻璃	3.2
饲料	-8.5	汽车	-0.2
精制食用植物油	-6.3	动车组	-56.6
鲜冷藏肉	9.1	铁路客车	-79.3
发酵酒精	-15.2	城市轨道车辆	-0.9
卷烟	2.2	电子元件	-22.6
服装	0.6	光学仪器	24.8
乙烯	11.4		

资料来源：吉林省统计局。

从工业产品销售情况来看，吉林省工业产品销售所受影响较小，销售形势整体向好，产品销售率整体稳步提高，2022年1~9月工业产品销售率为97.8%。从规模以上工业出口交货值增长情况来看，5月以来吉林省规模以上工业出口交货值增速快速提高，1~9月出口交货值增速达42.1%（见表7）。

表7 2022年1~9月吉林省规上工业出口交货值增速及工业产品销售率情况

单位：%

项目	1~2月	1~3月	1~4月	1~5月	1~6月	1~7月	1~8月	1~9月
规模以上工业出口交货值增速	17.1	17.7	12.4	23.2	33.0	37.4	40.0	42.1
工业产品销售率	95.8	96.6	97.3	97.1	97.6	98.1	98.2	97.8

资料来源：吉林省统计局。

从工业营收情况来看，2022年1~9月，吉林省规模以上工业企业实现营业收入10161.5亿元，低于上年同期的10210.3亿元，在全国31个省（区、市）中排名第24位，名义增长速度为下降0.48%，较上半年下降9.0%有大幅收窄，是同期全国规模以上工业营收下降的2个省（区、市）之一（见表8）。从工业利润情况来看，1~9月吉林省规模以上工业利润总额为766.5亿元，在全国31个省（区、市）中排名第24位，比上半年排名上升3位，利润总额较上年同期的874.3亿元名义下降12.33%，是同期全国规模以上工业利润下降的14个省（区、市）之一。

表8 2022年1~9月31个省（区、市）规模以上工业企业营收排名与增速对比

单位：亿元，%

排序	地　区	2022年1~8月规模以上工业企业营业收入	2021年同期	名义增速
1	广　东	131591.5	121169.6	8.60
2	江　苏	116821.7	107487.6	8.68
3	浙　江	79310.1	70045.8	13.23
4	山　东	79105.1	74117.2	6.73
5	福　建	52346.3	47239.1	10.81
6	河　南	43870.5	37967.9	15.55
7	四　川	38970.9	37404.2	4.19
8	河　北	38813.0	38027.7	2.07
9	湖　北	38137.0	33747.6	13.01
10	安　徽	35282.4	32358.4	9.04
11	江　西	33822.3	30073.8	12.46
12	湖　南	32394.5	28771.0	12.59
13	上　海	32376.9	31344.3	3.29
14	山　西	28581.7	22082.1	29.43
15	辽　宁	26371.1	26120.0	0.96
16	陕　西	25207.2	20799.0	21.19
17	内蒙古	20701.5	16572.9	24.91
18	重　庆	20527.8	19352.7	6.07
19	北　京	19415.0	20515.0	-5.36
20	天　津	17395.7	16429.9	5.88

续表

排序	地　　区	2022年1~8月规模以上工业企业营业收入	2021年同期	名义增速
21	广　　西	16734.7	15656.1	6.89
22	云　　南	14511.4	12699.7	14.27
23	新　　疆	13146.8	10813.2	21.58
24	吉　　林	10161.5	10210.3	-0.48
25	黑龙江	8795.9	8018.6	9.69
26	甘　　肃	8080.1	6937.3	16.47
27	贵　　州	7556.4	6760.6	11.77
28	宁　　夏	6007.0	4536.0	32.43
29	青　　海	3257.9	2220.2	46.74
30	海　　南	2077.6	1860.9	11.64
31	西　　藏	336.6	285.3	17.98

资料来源：国家统计局。

二　工业运行面临的困难与问题

（一）重工业下滑明显，产业波动大

2014年以来，随着东北地区经济整体陷入低谷期，吉林省轻、重工业增长的波动幅度均较大。重工业是吉林省的重要支撑，自2016年以来增长整体处于波动上升态势，2020年，全年重工业增速达9.2%，高于当年全国工业增速6.4个百分点，2021年则仅增长2.2%，比当年全国工业增速低7.4个百分点，到2022年1~9月，吉林省重工业增速下降3.1%，与同期全国工业平均增长水平的差距较1~8月有大幅收窄，但仍差7.0个百分点，重工业下滑明显。由于吉林省重工业在全省工业中占比相对较高，受重工业增速仍未转正带累，1~9月全省工业增速仍为负数，与全国平均水平差6.4个百分点。数据显示，2015年至今，吉林省轻、重工业增长均呈现出受地

区和外部环境影响波动较大的特征，工业产业波动大，抗风险能力相对较差，整体低于全国工业平均水平（见表9）。

表9　2015年以来吉林省规模以上轻、重工业增加值增速
与全省及全国工业增速对比

单位：%

项　　目	2015年	2016年	2017年	2018年	2019年	2020年	2021年	2022年 1~9月
轻工业	6.7	9.2	9.4	0.3	-2.1	0.8	14.1	-0.3
重工业	-0.2	4.9	3.8	6.1	4.6	9.2	2.2	-3.1
吉林省工业	5.3	6.3	5.4	5.0	3.1	6.9	4.6	-2.5
全国工业	6.1	6.0	6.7	6.2	5.7	2.8	9.6	3.9

资料来源：吉林省统计局。

（二）工业投资增长乏力，难以形成有效支撑

投资是驱动工业增长的重要支撑。近年来，随着吉林省总体深化转型调整、优化升级迈向高质量发展的新时期，工业投资总额占全省投资比重、以工业投资为主体的第二产业投资增速两项指标均整体呈下降态势。从第二产业投资占全省投资比重来看，2017年不足50%，2019年跌到30%以下，2022年前9个月仅有26.5%；从第二产业投资增速来看，2017~2019年年均为负增长，2021年超过10%，但仍然低于2015年的增长速度，2022年前9个月增长8.3%（见表10）。从历年吉林省规模以上工业增加值增速指标可以看出，工业投资保持在一定规模和增长速度，将有力支撑工业增加值增长；反之，则难以形成有效支撑。2022年已过大半，目前吉林省正推动一系列重大项目建设，包括加快奥迪一汽新能源、红旗新能源、"陆上风光三峡"工程建设等并取得积极进展，但后续吉林省工业投资整体面临体量不足、增速不够的问题，难以发挥更加有效的支撑作用。

表 10　2015 年以来吉林省规模以上工业增加值增速、第二产业投资增速及占比情况

单位：%

项　目	2015 年	2016 年	2017 年	2018 年	2019 年	2020 年	2021 年	2022 年 1~9 月
规模以上工业增加值增速	—	6.3	5.5	5.0	3.1	6.9	4.6	-2.5
第二产业投资增速	11.3	2.4	-4.4	-4.6	-37.7	9.0	10.9	8.3
占全省投资比重	56.1	52.2	48.4	31.5	23.5	23.6	23.6	26.5

资料来源：吉林省统计局。

（三）重点产业喜忧参半，新动能积蓄不足

2022 年 1~9 月，吉林省汽车制造、石油化工、食品、信息、医药、冶金建材、能源、纺织 8 个重点产业增长"四升四降"，其中，实现正增长的包括石油化工、食品、信息、纺织 4 个产业，分别增长 1.7%、4.0%、98.5%、8.6%；增速为负的产业包括汽车制造、医药、冶金建材、能源 4 个产业，分别下降 7.0%、0.8%、10.7%、4.9%。尽管 6 月以来一汽集团引领全省汽车产业增速大幅提升，7 月国家碳纤维高新技术产业化基地吉林化纤 6 万吨碳纤维项目启动、中车松原新能源产业基地项目装备产业园产品正式下线等均对全省工业运行发挥了重要的稳定作用，但近年来增长情况较好的医药产业陷入负增长，能源及冶金建材等增速下降，未能发挥应有的支撑作用。同时，尽管吉林省信息产业、高技术制造业、战略性新兴产业等都较快实现了恢复式增长，但由于总量相对不大，无法形成有效支撑，吉林省新兴发展动能的积蓄尚需时日。

（四）小微工业企业增速下降明显，生存压力剧增

近年来，随着国际国内经济形势与工业市场环境的剧烈变化，尤其是与大中型企业相比，吉林省工业领域小型、微型企业生存十分艰难。自 2022 年初以来，吉林省小微工业企业增加值就处于负增长状态，1~9 月小型企

业工业增加值下降 8.0%，微型企业工业增加值下降 6.8%，下降幅度均大于全省工业平均水平。究其原因，行业竞争压力大、抵御市场变动风险及不可抗力因素的能力不够、成本上升挤占利润空间、资金缺乏、运营难及宣传推广不够、营商环境有待进一步改善等因素，都给小微企业发展造成了不同程度的阻碍。

三　工业运行环境分析与形势展望

（一）世界经济金融逆全球化风险上升，全球制造业产业链供应链加速重构

2008 年国际金融危机爆发以来，随着"美国优先"政策的出台、英国脱欧及各种金融监管运动的兴起，经济和金融全球化终结初现端倪，叠加 2020 年发生并持续影响各国的新冠疫情，全球制造业产业链供应链遭受重大冲击。进入 2022 年，俄乌冲突持续、美欧对俄金融制裁、美国多次加息等，加剧了经济和金融逆全球化，也加快了制造业向美国回流的速度。以美国为代表的发达国家战略领域的"经济国家主义"正在重构全球产业格局，全球产业链供应链呈现区域化、短链化、近岸化、同盟化特征，使得未来全球产业布局呈现全链条式、全生态化的改变，而以越南、印度为代表的新兴市场国家正利用外资向制造业高端领域跃升，均对我国工业制造业生态体系及价值链跃升造成冲击、挤压。

（二）制造业发展面临多重不利因素，数字化、绿色化、可持续等成为趋势

随着全球经济金融出现"逆全球化"趋势，叠加 2020 年暴发的新冠疫情持续影响各国，制造业面对市场供需变动、供应链断裂风险、能源价格上涨、运输成本上升、通货膨胀等多重系统性问题带来的高昂代价，稳定性高、可预测的供应链成为制造业企业迫切所需。随着制造业数字化转型深入推进，企业在数字生态系统中开展协作交换成为大势所趋，利用数字化、自

动化、创新技术及可再生能源等，驱动提高稳定性、可持续性及确保供应链弹性，已经成为工业发展的必然趋势。工业制造业发展正在走向数字化、绿色化、可持续的必然趋势，给吉林省工业经济加快数字化、绿色化转型，提高供应链稳定性、增强弹性等指明了方向。

（三）我国工业数字化转型加速，工业增长总体稳中趋缓

面对当前复杂多变的国际政治经济格局，积极应对制造业发展面临的多重挑战，紧紧把握制造业数字化、绿色化等发展趋势，我国工业数字化转型整体进入加速发展期，全面推动互联网、大数据、人工智能和实体经济深度融合，提升产业链各环节数字化水平。"双碳"目标下，行业监管将更加严格，不同地域和产业间需要加强合作，打造良好的低碳产业生态。面对新冠疫情影响持续，复苏动能趋弱，我国将持续保持政策连续性、稳定性与可持续性，相关制度性减税政策将持续落实。综合考虑内外部环境和相关支撑因素，包括我国宏观经济面基本稳定、利好政策持续发力、助企纾困政策持续推进、常态化疫情联防联控机制不断完善等利好因素，以及工业出口增速有所放缓、国内消费有所疲软等不利因素，预期 2022 年全年我国工业增长将稳中趋缓，整体维持在略低于 2020~2021 年平均增速 5.5% 的水平。在全国工业增长放缓的形势下，吉林省工业迎头赶上面临不小的压力。

（四）吉林省工业运行面临较大压力，有望实现正增长

自 2022 年 5 月陆续全面复工复产至今，吉林省工业增速降幅逐月收窄，1~9 月的数据显示，全省 7 个地市州工业增速转正，8 个主要产业中有 4 个实现正增长，汽车制造、信息、装备制造等产业恢复增长态势尤为突出，一汽红旗等主打产品受到市场热捧，产品销售率不断提高。尽管如此，综合考虑国际环境复杂严峻多变、产业链供应链全球重构、我国工业发展总体稳中趋缓等多重因素，以及吉林省工业正处于深度结构调整、数字化转型、新兴动能积蓄的关键时期，全省工业运行面临的增长压力和挑战是空前和尤为严峻的。展望 2022~2023 年，整体预期保持稳中向好态势，增速转负为正，

全年增速将略低于 2021 年，低于全国平均水平；9 个地市州有望全部恢复增长；工业结构进一步优化，高技术产业与战略性新兴产业占比将进一步提高，轻、重工业全面实现正增长，国有工业全面恢复，民营工业持续向好并发挥更重要的作用；工业投资增速有望冲击 10%，工业投资占全省投资比重有望保持在 30% 左右；工业企业营业收入与利润在全国排名有望提高 1～3 个名次。

四　提升工业运行水平的对策建议

新时期，吉林省工业转型调整、实现高质量发展面临的内外环境复杂多变，叠加本土疫情突发等超预期因素带来的困难挑战，2022 年以来，吉林省迅速落实国家和省支持工业企业发展的各项政策措施，推动重点企业复工复产、稳产满产，保障重点产业链稳定运行，加强企业生产要素稳定供应，全力推动工业经济恢复发展。展望 2022～2023 年，吉林省应立足自身产业发展基础，从以下四个方面入手，推动工业经济重回稳定增长区间。

（一）千方百计扩大有效投资，优化投资结构

一是扎实推进一批战略性、基础性、引领性重大工程项目的部署实施，抓好重大产业项目落地、工业企业升级改造、重点产业链"搭桥"、产业基础再造、新一代信息技术与制造业融合创新等试点示范项目，带动投资保持恢复性增长，进一步释放有效投资的关键作用。

二是加大工业数字化转型、绿色低碳及技术改造领域投资力度，提高工业投资质量和效率。充分利用工业互联网、大数据、人工智能等手段，提高产业间供需匹配对接，积极推动产业链跨区域协同发展；全面利用新技术新应用补长、拓宽、深挖产业链，提高全要素生产率，提高产业链供应链自主可控能力。

三是进一步激活民间投资，发挥民营工业应有的支撑作用。2022 年 1～8 月的数据表明，吉林省规模以上民营工业增加值降幅逐月收窄，增速回升

情况好于国有企业，是支撑吉林省工业运行的重要力量，应全面营造有利于民营投资的体制环境、市场环境、金融环境、法治环境等，提振工业民间投资信心与活力。

四是持续优化投融资环境，切实将减税降费、金融支持等政策落到实处。

（二）重点产业和新兴产业两手抓，夯实工业转型升级根基

经过多年发展，吉林省已经形成了汽车制造、农产品加工、食品、医药、信息、冶金建材、能源、纺织8个重点产业，其增加值合计最高时占吉林省工业的80%以上，占全省经济总量的1/3，其中，汽车产业自身就占8个重点产业的1/3左右。近年来，吉林省深度推动工业转型升级并迈入高质量发展时期，新动能不断积蓄，包括装备制造、高技术制造、战略性新兴产业在内的新兴增长点成绩显著，2022年1~9月在全省规模以上工业下降2.5%的情况下，装备制造业增长18.0%，高技术制造业增长1.5%，战略性新兴产业产值突破1000亿元，增速达到9.8%。在吉林省提出的"六新产业"中，新能源、新装备、新材料均有良好表现。整体来看，吉林省工业总量规模还不够大，汽车产业又"一家独大"，使得全省工业经济无论是市场竞争力还是抗风险能力等，均有待进一步提升。立足实际，吉林省应紧紧围绕现有产业基础，做到8个重点产业和新兴产业两手一起抓，有序壮大产业规模，采用先进适用技术，紧紧围绕市场需求开发新产品，提高产品质量，夯实工业转型升级的根基，提高工业发展质量。

（三）扩大开放合作，协同推动产业生态创新

积极参与和加强同"一带一路"建设衔接，加强国际产能合作，鼓励吉林省装备制造重点企业开拓国际市场，鼓励吉林省优势产能和产品"走出去"。为企业走向国际市场提供财税、金融、信息及风险防控等服务保障，支持企业利用RCEP等国际规则，用好关税减让、原产地证书等政策，扩大吉林省有竞争力和具备良好优势的工业产品出口。积极融入国内大市

场，加强与相邻省、区及浙江、天津等地区的对口合作，加强与京津冀、长江经济带、粤港澳大湾区等地区战略的对接与合作交流，推动与相关地区实现产业协同、互补发展，构建更稳定、可持续性更强的区域协同发展共进的创新产业生态体系，提高抗风险能力。

（四）持续优化营商环境，为小微市场主体排忧解难

面对错综复杂、压力挑战不断的国际国内局势，2022年初以来，吉林省小型、微型企业生存状况较为艰难，逐月累计增速均为下降状态，6月以来降幅有所收窄，但1~9月合计下降幅度大于大中型企业，与大中型企业相比，小微企业生存发展尤其令人担忧。吉林省应进一步推进减税降费，将纾困资金支持落到实处，引导地方法人金融机构加大对中小微企业的支持力度，加大稳岗扩岗政策支持力度，提高政府采购面向中小微企业的预留份额，积极帮助中小企业开拓市场。持续发力深化"放管服"改革，优化市场准入，高质量实施培育壮大市场主体三年行动、小微企业三年成长计划等，推动市场主体多生成、快成长。要坚持柔性监管、智慧监管、包容监管，缓解企业成本上涨压力，引导市场主体规范行为。

参考文献

［1］于小博：《强化政策保障破解发展难题　推进重点工作取得突破性进展》，《吉林日报》2022年10月1日。
［2］华泰来：《重点产业显砥柱本色》，《吉林日报》2022年8月5日。
［3］中国通信院：《2022年中国工业经济形势及未来发展趋势分析》。
［4］《助推吉林省工业经济高质量发展的建议》，吉林省政府发展研究中心网，http：//fzzx.jl.gov.cn/yjcg/2022nyjcg/202206/t20220627_8490976.html。
［5］《吉林省：针对性提出9个方面　为中小企业纾困解难》，房天下，https：//changchun.newhouse.fang.com/house/2022-04-25/43759428.htm。

B.4
2022年吉林省服务业发展形势分析
与对策研究

纪明辉*

摘　要： 2022年，吉林省攻坚克难，统筹疫情防控与经济发展，全省服
务业止跌回升进程好于预期，金融业、电商产业、文化和旅游业
等优势服务行业展现出较强的支撑作用，交通运输业、商贸服务
业等受疫情影响严重的服务行业恢复势头较为强劲。结合当前全
省服务业恢复发展面临的困境以及服务业发展趋势，吉林省应锚
定服务业高质量发展目标和要求，继续做好落实相应政策、深化
改革、推动创新、推进数字化转型以及吸引和激励人才等方面的
工作。

关键词： 服务业　数字化转型　吉林省

　　2022年，国内外经济形势复杂多变，疫情反复侵扰，吉林省坚决贯彻
落实党中央、国务院"疫情要防住、经济要稳住、发展要安全"的要求，
统筹疫情防控与经济发展，克服较为严重的疫情影响，千方百计推动服务业
回归正常增长通道，服务业发展总体上展现出较强的韧性和潜力，较好地保
障了新发展阶段产业升级和消费升级的需求，为全省经济稳增长贡献了强大
的力量。

---

* 纪明辉，博士，吉林省社会科学院软科学开发研究所研究员，研究方向为产业经济。

一 发展现状

（一）服务业总体在波动中显韧性

产业增长止跌回升。2022年3月，为有效防控疫情，吉林省多地采取静默管控，长春市经历了自3月11日以后的近50天静默状态，服务需求受到抑制，接触性服务行业全面停摆，第一季度服务业增加值同比下降7.5%，低于全国11.4个百分点。为统筹疫情防控和经济发展，省委省政府发布多项政策文件，包括"服务业恢复发展60条""促进消费回补和潜力释放29条""稳增长43条""生活性服务业补短板30条"等，随着疫情得到有效控制，第二季度全省有序推进复工、复商、复市，逐步恢复居民正常生产生活秩序，上半年数据显示，全省服务业增加值同比下降3.8%，比第一季度降幅收窄3.7个百分点，服务业发展进入止跌回升进程。随着减免房屋租金、加强服务业金融支持、稳定就业岗位等方面政策的落实，服务业市场主体经营压力得到缓解，并在多轮餐饮类、购物类消费券的激发下，居民服务需求潜力释放，服务业恢复进程加快。前三季度，全省服务业实现增加值5261.90亿元，同比下降1.6%，比上半年降幅继续收窄2.2个百分点（见图1）。

产业动能活力彰显。恢复中的服务业高质量发展特征更加明显。规模以上服务业运行逐渐转好。2022年第三季度规模以上服务业重点行业营业收入同比增幅达到22.0%，连续5个月增长高于全国平均水平。[1] 技术密集型生产性服务业发展较快，信息技术服务业显著增长。1~8月，全省软件和信息技术服务业规模以上企业营业收入同比增长33.5%，高于全省规模以上服务业企业29.3个百分点。[2] 多年来，随着吉林省信息技术服务业的高

---

[1] 赵广欣、杨悦：《三季度吉林省经济运行实现强势回升、快速增长》，《吉林日报》2022年10月30日。

[2] 数据来源于吉林省统计局。

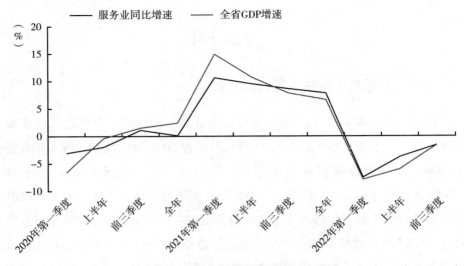

图1 吉林省GDP增速与服务业增速对比

资料来源：吉林省统计局。

速发展，信息技术服务与创新应用的边界不断延伸，为推进全省制造业发展和数字吉林建设提供了坚实的基础和有力的支撑，涌现出启明信息、吉大正元、博立电子、嘉诚信息等一批注重细分市场、聚焦主业、创新能力强、成长性好的软件和信息服务企业。启明信息融合云计算、区块链、人工智能等技术，在企业管理、智慧园区、车联网等领域实现行业领先。

（二）优势行业支撑作用突出

金融业为实体经济健康发展提供有力支撑。2022年前三季度，吉林省金融业增加值同比增长5.1%，高出上半年0.2个百分点。金融业始终保持了较为稳定的增长速度。截至8月底，全省金融机构（含外资）本外币贷款余额25857.59亿元，增速达6.8%。金融业在实现自身稳定发展的同时，为实体经济发展提供了有力保障。在2022年复杂严峻的经济形势下，全省银行业机构主动作为，全力支持稳经济增长，突出服务重大战略、重大项目的导向，聚焦实体经济重点领域和关键环节，切实把握信贷投向和节奏，推动全省实体经济高质量发展。农行吉林省分行以"知识产权"为质押，为国家级专精特新"小巨人"企业长光卫星发放专利权质押贷款，是省内首例知识产权质押融资案例。兴业银行与中国一汽集团达成金融服务战略合作，吉林省万亿级现代汽车产业发展受惠于金融业的大力支持。各大银行将助力乡村振兴作为重点任务，持续推进新金融实践。建行吉林省分行创新推出"裕农快贷—兴农贷"信用贷款产品，通过细分全省农业生产对象和特色产业集群，建立农户准入评价及授信模型，无须抵押，申请渠道多元，程序简便。全省绿色金融政策保障和资金供给持续强化，信贷投放总量不断增加。截至6月底，全省绿色贷款同比增长28.9%，高于全部贷款增速22.8个百分点，发行绿色债券35.4亿元，是2021年全年的2.4倍。①

多点支撑电商发展格局初步显现。近几年，吉林省电子商务发展快速，电商新业态新模式蓬勃发展，全省各市（州）依托本地生态资源、特色产品以及产业基础，加速新模式开发运用，推动新业态培育发展，推进相关领域电子商务园区、基地的建设。长春现代都市圈内汇聚了京东、网易、天下秀等一批电商头部企业，并在净月国家电商示范基地及"网红"经济发展先行试验区的建设带动下，实现了直播产业的快速集聚，形成了直播经济发展的示范带动体系。辽源形成了以袜业为特色的电商集聚区，松原、白城杂粮杂豆产业电商集聚效应显现，通化、白山、延吉的人参产业电商加速汇聚，梅河口果仁、冷面等特色产品电商也实现了规模发展。传统产品在电商的赋能和助力下，焕发出新的生机，市场不断拓展。

文化产业和旅游业增光添彩。2022年1~8月，吉林省文化、体育和娱乐业规模以上企业营业收入同比增长15.1%，高于全省规模以上服务业企业110.9个百分点。9月，由吉林吉动禹硕影视传媒股份有限公司出品的原创3D动画电影《青蛙王国之极限运动》在全国院线上映。这是吉林省系列动画《青蛙王国》的第三部，前两部分别于2013年和2016年上映，并荣获了多项大奖，如"中国文化艺术政府奖""中国动漫电影'天马杯'优秀编

---

① 杨晓艳：《金融"活水"涌流 激发市场主体活力》，《吉林日报》2022年9月26日。

剧奖"等。松花江生态旅游风景区水平旅游航线开通运行，标志着白山市与长白山保护开发区一体化协同发展取得了新的进展。查干湖"保护生态和发展生态旅游相得益彰"的发展进程更进一步，旅游内容丰富多彩，新兴旅游产品层出不穷，围绕"春捺钵、夏赏荷、秋观鸟、冬渔猎"举办民俗节和冬捕节，查干湖旅游论坛、查干湖环湖自行车赛等文化、体育与旅游融合项目聚集了人气，提升了品牌知名度。当前，查干湖加快了国家5A级旅游景区的创建步伐。全省文旅主题公园不断增加新成员。延吉市依托世界级恐龙化石遗迹园，于2019年谋划开工了延吉恐龙王国主题游乐园项目，历时3年时间，于2022年7月正式开园。该主题乐园是以恐龙文化为核心，集旅游、娱乐、文化体验、表演艺术、创意产品于一体的大型主题休闲公园，填补了延边州全业态大型文旅产业的空白。

（三）受疫情影响较大领域呈现恢复势头

交通运输有序恢复。全省保通保畅政策措施取得阶段性成效，交通运输行业恢复明显改善，铁路、公路、民航旅客发送量指标降幅逐月收窄，铁路货物发送量和周转量保持正增长势头，2022年1~8月，民航货物周转量实现了由负转正，增速达到10.2%，比1~7月高出29.9个百分点。吉林省积极探索新一代信息技术与交通运输深度融合的解决方案，长春城市出行服务和物流倒运自动驾驶先导应用试点入选交通运输部第一批智能交通先导应用试点项目。珲春陆上边境口岸型国家物流枢纽入选国家发改委公布的"'十四五'首批国家物流枢纽建设名单"。物流行业积极应对复杂严峻的宏观环境和新冠疫情持续影响，全力保通畅、促流通，稳生产、保民生，保障了全省经济平稳运行，为促进经济回升、产业链供应链稳定增长奠定了坚实基础。2022年1~6月，吉林省社会物流总额完成12321.0亿元，上年同期完成12277.3亿元，同比增长0.36%，物流需求总体呈现稳定恢复态势。①

商贸服务逐渐向好。从6月以来，批发和零售销售额、住宿和餐饮业逐

---

① 数据来源于吉林省发展改革委官网。

步展示出稳定向好的态势，第三季度，批发业、零售业销售额分别同比增长4.4%和7.4%，住宿业、餐饮业营业额分别同比增长4.3%和0.9%。生活服务领域亮点凸显，历时两年建设的国泰·Rio Mall正式开街，为长春市民提供了休闲娱乐消费新场所。省内各地加强特色街区设施环境建设，坚持"商旅文"协同联动，布局体验式、互动式新兴业态，大幅提升包括"食、游、购、娱、体、演"等夜间消费市场活力。7月，吉林省开启了"点亮夜经济 重燃烟火气"系列主题活动，既有全省统一推动，又有各地自主尝试，全省各地从供需两端发力，通过消费券发放、各种促销活动，增强消费能力和人气；大力延展夜间消费时空，创新业态、创造IP，丰富夜间消费载体。经过几年的探索，吉林省不断总结夜经济发展的经验，积极推动基础设施改造，推动"旧市"换新颜。梅河口市东北不夜城对街区进行升级改造，更新设备，形成了总长度为1386米的夜经济消费集聚区。长春新区栖乐荟综合体入选《第二批国家级夜间文化和旅游消费集聚区名单》。此外，全省注重完善夜经济的服务保障，加强卫生治理和食品安全机制建设，营造良好的夜间文旅消费环境，满足人民群众的更高消费需求。

二 面临的困境

（一）服务业企业经营困难

对吉林省服务业来说，2022年疫情的反复比2020年的形势更加严峻，线下住宿业、餐饮业、娱乐业、会展业、旅游业等细分行业消费条件在很长一段时期受到限制，消费环境更加严峻，消费信心提振周期被再次拉长。酒店、餐馆、旅行社、景区、文化娱乐休闲服务业等受到较大的冲击，各类电影放映、文艺演出、博物展览、休闲娱乐等场馆因防疫工作需要经营活动受限，营业收入和利润同比减少较多，复苏压力较大。吉林省一些服务企业存在着运营模式单一、网络运营能力不足、现代化程度不高、创意元素产品欠缺等问题，服务业企业的抗风险能力较弱。

（二）服务业有效需求不足

服务业的投资需求和消费需求的回升均面临一定的制约。投资方面，前三季度，服务业投资同比下降 13.5%，比全省固定资产投资低 6.6 个百分点，一定程度体现了市场信心不足。消费需求方面，疫情对居民生活和消费习惯还将产生持续的影响，居民对未来收入增长预期下调，消费支出更加谨慎。而且接触性服务需求整体趋弱，当前，出行难度仍然较高，出行意愿较为平淡，餐饮、旅游等服务类消费承压较重。

（三）服务业数字化程度不高

从吉林省服务业结构上来看，劳动密集型的服务行业占比较大，这类行业的特点是通过人力为消费者提供非标准化的柔性服务，而这类行业又是数字化渗透程度有限的行业，因此全省服务业总体上数字化转型缓慢。再从服务业企业规模来看，吉林省规模以上企业占比小，中小企业是市场的中坚力量，但是中小企业受到惯性思维以及投入成本高等因素影响，对数字化转型存在"不想、不敢、不愿"等情绪；尤其对于传统的商贸集聚区来说，大部分没有清晰的数字化转型战略蓝图，甚至尚未构建起完善的信息化体系，集聚区以及区内企业的数字化转型升级进程很缓慢。同时，数字化转型专项扶持政策仍有欠缺。专项政策可以提供更加清晰的发展目标、更为合理的路线图，明确步骤、任务及相应的保障，从而有效推进服务业数字化转型。随着产业数字化进程的深入，多地出台专门政策文件推进服务业的数字化转型，如山东省出台了《服务业数字化转型行动方案（2021~2023 年）》，浙江省出台《数字赋能促进新业态新模式发展行动计划（2020~2022 年）》《关于实施数字生活新服务行动的意见》等。吉林省数字化转型政策文件集中在政府治理及制造业领域，缺少服务业数字化转型的专项政策，在服务业具体业态发展方面也缺乏有力的数字化促进政策和资金引导，政策环境建设有待加强。

（四）人才队伍支持能力薄弱

服务业领域专业人才亟待壮大。当前，服务业专业人才存在流失现象。吉林省收入偏低，南方发达省份通过制定和落实人才引进政策，以安家补贴、高工资收入、解决住房、解决配偶就业、解决落户等为条件，吸引高水平人才，导致服务业从业高端人才流失严重。长春市的中泰海洋娱乐管理有限公司、东北风文化传媒有限公司，吉林市的完美世界影城，延吉市的依斯特文化传媒有限公司等企业反映，人才留不住，现有员工素质参差不齐，且引进人才渠道较少，难以保障企业的长远发展。人才结构不尽合理，从事传统服务行业的人员较多，从事运营、懂高新技术的人员偏少；从事生产和销售的人员较多，从事创作和管理的人员较少；各个领域都缺少领军人物，无法起到带头作用，不能发挥辐射效应；从业人员整体文化水平与专业水平较低，人才结构对产业的支撑能力薄弱。

三　发展趋势

（一）服务需求增长将加快

服务业发展是和消费密切相关的，当前服务需求锐减，主要是居民消费受疫情冲击影响有所萎缩，但短期状态不影响服务业增长的长期趋势。吉林省居民收入水平持续上升，人民群众对美好生活的追求不会间断，人们渴望享受到高品质的教育、医疗、文化和旅游产品。而且在人口老龄化和多孩家庭增多的趋势背景下，家庭服务、康养服务需求将持续增加。随着与互联网共同成长的新一代消费群体成长起来，个性化、定制化、体验式、互动式服务显著增长。这些都成为生活服务领域的重要推动力，带动生活服务提升品质、扩大规模。从生产性服务领域来看，为实体经济提供资金服务、技术支持、营销管理、商务咨询以及物流配送等生产性服务是实体经济稳定发展不可或缺的重要环节，当前在全力推进实体经济转型升级、推动产业链高端化

发展的重要阶段，更离不开生产性服务的专业支持。生产性服务业将有力地提升产品品质，同时也将在更高标准的要求和倒逼下追求自身向更高效率和更高水平转型，生产性服务业与制造业等实体经济将相互促进，相互成就。

（二）服务业改革创新进程将持续推进

持续深化的改革和创新赋能是服务业提质增效、稳定发展的推动力。服务业发展中存在的生产要素配置、市场竞争等困境和问题需要通过改革办法加以解决，比如市场准入、要素价格、标准制定等仍有较大的改革空间。同时，随着新商业模式的运用，服务业监管层面也面临问题，需要加强监管体系建设，通过改革适应以"互联网+"为代表的新服务模式发展。从创新方面来讲，服务业领域的产业创新、技术创新、业态创新、模式创新不断涌现，这是全球产业链、供应链深刻变革带动产业转型升级的必然趋势，也是服务业适应新技术发展、满足新消费需求的主动作为。人工智能与服务业的融合、共享经济等领域的创新发展仍有很大空间，也是服务业发展的重要任务和方向。

（三）服务业数字化转型将逐步深化

经济生活各领域的数字技术运用不断加深，数字经济对经济发展的重要性获得普遍共识，在2022年稳经济政策中，数字化转型升级被赋予重要使命。服务业不仅是数字技术的重要应用领域，也是被数字技术提升的重要行业。餐饮、旅游、交通、医疗等与群众生活密切相关的服务领域的数字化改造进程快速，极大地方便了人民生活，也提升了服务效率，生产性服务业更加体现智慧化和信息化的服务方式，也有力地推动了现代服务业与先进制造业的深度融合，产业上下游数字化水平的提升，有利于形成新的经济增长方式。在统筹推进数字经济发展和积极应对疫情防控常态化的大背景下，服务业市场主体对数字化转型的态度必将从被动适应逐渐过渡到积极主动寻求，服务业数字化将进入快速发展阶段。

四 对策建议

服务业一头连着民生福祉，一头连着经济发展，在稳增长、强功能、优结构、惠民生中具有重要作用。当前，吉林省应锚定服务业高质量发展目标要求，顺应服务需求变动趋势，培育生产性和生活性服务领域的新动能，着力提升服务业发展能级，进一步夯实服务业对全省经济稳增长的压舱石作用。

（一）加快政策有效落实，持续增强发展信心

一方面推动政策有效落实。持续开展跟踪协调，定期汇总服务业市场主体面临的困难和政策诉求，聚焦市场主体"痛点""堵点""难点"，针对不同类别服务业企业，细化纾困政策和相关配套措施，适时出台新的惠企政策，政策内容简明清晰，确保企业可对号。对已有帮扶政策要加大宣传力度，最大限度扩大政策覆盖面，及时开展政策实施效果评估，要保证基层易执行，对企业的帮助要及时有效，让企业有更多实实在在的获得感，激发市场主体发展活力。

另一方面要持续增强信心，稳定预期。强化服务业高质量发展的政策要求，明确深化供给侧结构性改革的长期化、制度化政策，形成稳定且可预期的政策环境，为稳定服务业发展预期发出清晰的积极信号，拉动服务业加快重回正常增长轨道。

（二）坚持深化改革，营造良好的发展氛围

一是深化服务业供给侧结构性改革。坚持生产性服务业的专业化发展方向，积极推动生产性服务业与制造业深度融合，实现生产性服务业向价值链高端延伸，加快工业软件、冷链物流、供应链管理等新兴服务业发展，保证服务质量，提升发展能级；提高生活性服务业与消费需求的适配性，为群众供给更多专业度高、覆盖面广、放心安全的精品服务，不断满足产业转型升

级需求和人民美好生活需要。

二是持续深化"放管服"改革。放开搞活、促进公平竞争，推动制度体系和发展环境系统性优化，进一步提高政务服务便利化水平，简化流程、优化服务。深入开展"一业一证""一照多址、一证多址"等改革，降低行业准入成本，为群众经商办企业提供更多自由和便利，鼓励创业就业，增强发展内生动力。

三是加强市场监管变革。推动监管方式从按行业归属监管向功能性监管转变，推动部门间资源共享、信息互通，以包容审慎的理念对待交叉行业和新兴业态。强化社会化监管机制建设，发挥协会作用，促进标准、信用、媒体以及群众等多方主体协同监管，逐步提升行业发展自律性。

（三）增强创新驱动动力，激发服务业市场活力

一是增强服务业技术创新能力。政策上加大对技术先进型服务企业的支持力度，鼓励企业进行人才培训和技术升级等创新投资，促进创新资源集聚，集中力量实现创新突破。构建科技创新推广应用与服务业对接融合机制，加快新型创新技术在服务业的转化应用。推动研发设计服务、软件信息服务、金融服务、物流服务等以创新实现供给质量提升，精准匹配市场需求。

二是加强重点领域的绿色低碳技术改造。以碳达峰碳中和为目标，深挖节能降碳技术改造潜力，推进服务业领域绿色低碳升级。推进商场、医院、酒店、餐厅等服务场所节能环保设备和节能节水技术的推广使用，鼓励交通运输、快递和物流行业采用新能源车和物联网技术，推广绿色、集约、高效的配送模式。

三是积极探索服务业新业态新模式。对疫情防控中新出现的无接触配送、社区团购等新业态新模式加力培育，积极推进"互联网+服务业"深入发展，提高网红经济、直播经济的规范性，着力解决用户权益保护等问题。鼓励传统服务业通过开发设计体验场景、体验项目促进传统服务提质升级，增强服务的交互性，提升服务的体验感。

（四）加快服务业数字化改革，深化线上线下融合发展

在当前经济、社会快速数字化的背景下，应加快服务业与信息技术的融合发展，以服务数字化推动服务业转型升级，不断提升服务水平。

一是以数字化推动生产性服务业向价值链高端延伸。运用大数据、云计算、人工智能、区块链等技术，对生产性服务业进行全方位塑造与重构。支持新一代信息技术在普惠金融领域创新应用，发展相关软件产品。深入实施工业互联网创新发展战略，积极推进面向全球服务的国家智能网联汽车应用（北方）示范区建设。

二是以数字化提升生活性服务业供给品质。全面把握个性化、体验式、互动式的消费趋势，加快生活性服务业的数字化改造升级。围绕教育、医疗、文娱等行业领域，推进线上线下功能融合，培育数字化新动能；聚焦商贸、旅游、健康、餐饮等领域，加快提高电子商务、移动支付、社交网络、位置服务、网络视听等软件产品和服务的供给能力，持续推进智慧商圈建设，发展智能化、精细化、定制化等新模式。

三是推进中小微服务企业的数字化转型。鼓励平台企业和数字化服务商针对中小微服务企业开发轻量应用和微型数字服务，政府应搭建起三者的对接平台，帮助构建对接机制，满足中小微服务企业的数字化转型需求。政府应为提供解决方案及服务的平台企业给予专项政策、资金支持，鼓励其向中小微服务企业提供一站式数字化服务，培训从业人员，夯实转型基础。

（五）加大人力资本投入，促进人才有效激励

一是要加大人才引进力度。出台一些特殊优惠政策，对服务业重点领域的"高精尖缺"人才给予政策、资金和待遇保障。以优厚待遇鼓励和吸引外地"四新"经济、"互联网+"、数字技术等高端人才加入吉林省服务业队伍。建立健全符合吉林省实际的服务业人才评价标准，开展高端人才智力柔性引进、产学研合作、重大课题联合攻关等行动，营造域外人才来吉林创业干事的良好氛围。

二是要加强人才培养与培训。完善高素质、创新型服务人才培训机制，畅通吉林省服务业人才培养路径，通过联合办学、委托培养、培训进修等方式全方位、多渠道培养高层次专业人才，形成规范有效的人才培养工作机制，培养一批高精尖人才和复合型人才。支持高等院校、培训机构与企业合作建设服务业人才教育培训基地、大学生就业实践基地，建立起产业发展与人才培养之间的有机联结，培养满足市场需求和产业发展实践的"实用型人才"。

三是强化人才激励机制。坚持"来者即享、强者多得、贡献有奖"导向，收入分配更多向有突出贡献人才倾斜。建立以能力、业绩、贡献为主要标准的人才评价体系，打通职业晋升通道，激活服务业人才开创事业的动力。

参考文献

［1］洪群联：《推动服务业创新发展的政策建议》，《开放导报》2021年第3期。
［2］刘奕：《我国服务业高质量发展的战略思考》，《中国发展观察》2018年第15期。
［3］刘涛：《服务业提质增效需破解四大难点》，《经济日报》2018年10月11日。
［4］夏杰长：《迈向"十四五"的中国服务业：趋势预判、关键突破与政策思路》，《北京工商大学学报》（社会科学版）2020年第4期。
［5］袁航、夏杰长：《数字基础设施建设对中国服务业结构升级的影响研究》，《经济纵横》2022年第6期。
［6］杨悦：《采取超常规举措加快释放政策效能　推动吉林经济快速恢复、加速提升》，《吉林日报》2022年10月29日。
［7］赵彦垫：《数字经济对服务业结构优化的机制研究》，《武汉理工大学学报》（社会科学版）2022年第3期。

B.5
2022年吉林省消费形势分析与对策研究[*]

田振兴^{**}

摘　要： 2021年吉林省消费市场恢复速度较快，社会消费品零售总额创历史新高。2022年，受内外部环境影响，消费总额出现回落。总体来看，虽然社会消费品零售总额降幅已开始收窄，消费市场逐渐复苏，新消费发展速度较快，但仍存在有效供给不足、人口规模小和居民收入偏低、基础设施存在短板、监管创新滞后等制约因素。2023年吉林省需要采取以下有效措施应对消费新趋势：丰富消费资源供给，建设新型消费载体，提高消费载体技术创新能力，营造良好消费环境。

关键词： 消费升级　消费形势　消费环境　吉林省

2022年复杂的国际形势和疫情的再次冲击对吉林省的经济发展造成了十分消极的影响。新年伊始，全省消费市场呈现快速增长态势，但是从3月开始全省消费陷入低迷，直到第三季度消费市场开始快速复苏。消费是推动全省经济增长的重要力量，在复杂的环境下，提升居民消费的基础地位，并发挥好其引擎作用，对促进吉林省经济的快速恢复有着重要意义。

---

* 本文系"吉林省消费环境指数测评研究"项目的阶段性成果。

** 田振兴，吉林省社会科学院软科学开发研究所助理研究员，主要研究方向为消费经济、产业经济。

一 吉林省消费总体情况和变化趋势分析

（一）消费市场温和复苏

2021年吉林省消费市场恢复速度较快，社会消费品零售总额全年增长10.3%，达到7874.84亿元，创历年新高，增速排全国第15位，是近10年来在全国排位最好的一年。2022年1月和2月，吉林省消费市场延续了上一年的发展势头，持续快速发展，全省限上社零额和网络零售额增速分别居全国第4位和第5位，农村网络零售额总量和增速在东北三省中排名首位。2022年1月和2月消费增长势头强劲。3月开始吉林省再次受到疫情冲击，3月份的消费市场基本处于停滞状态，导致吉林省社会消费品零售总额在第一季度同比下降了4.2%。2022年3~5月吉林省严格按照疫情防控要求，民众都采取居家隔离的生活方式，导致社会消费品总额下降明显。从6月开始，吉林省政府在疫情得到控制后出台了发放消费券、组织举办消费节、鼓励商家消费返利等一系列促消费的政策。封控政策的解除加上一系列消费政策的实施促使社会消费品零售总额降幅从6月份开始收窄。2022年上半年，线上社零额环比回升5.3%，高于全国3.6个百分点，6月当月增长5.5%，增速比5月份提高7.0个百分点。吉林省消费市场从6月份开始呈现快速复苏态势。总体来看，2022年上半年吉林省社会消费品零售总额实现1706.1亿元，增速为-11.7%。随着疫情逐渐得到控制，自2022年第三季度开始消费市场快速复苏，全省居民生活已基本恢复正常，促使消费额继续稳步回升。2022年前三季度全省实现社会消费品零售总额2701.19亿元，同比下降8.1%，降幅比上半年收窄3.6个百分点，消费市场复苏速度加快（见图1）。

（二）消费品结构变化幅度较大

1.消费总额构成情况

从销售地区分类情况来看，2022年前三季度，吉林省城镇实现社会消

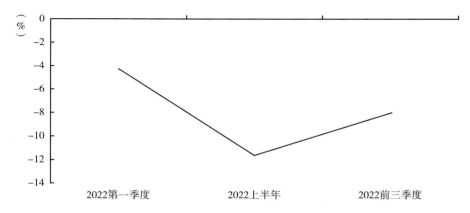

图1 2022年前三季度吉林省社会消费品零售总额增速

资料来源：吉林省统计局网站。

费品零售总额2390.55亿元，同比下降8.2%；乡村实现社会消费品零售总额310.64亿元，同比下降6.6%。从下降幅度看，城镇降幅略比乡村降幅大一些。从消费形态分类情况来看，2022年前三季度，吉林省实现社会消费品零售总额2332.66亿元，同比下降7.9%；餐饮业实现社会消费品零售总额368.53亿元，同比增长1.1%。从消费规模分类情况来看，2022年前三季度，吉林省限额以上社会消费品零售总额1095.43亿元，同比下降5.6%，占全省比重为40.55%；限额以下实现社会消费品零售总额1605.76亿元，同比下降9.6%，占全省比重为59.45%，总体来看限额以下社会消费品零售总额在全省社零额中占据主导地位（见表1）。从消费行业分类情况来看，2022年前三季度，虽然吉林省批发和零售业、住宿和餐饮的销售额与上年同期相比均出现下降，但是均较上半年降幅有大幅度的收窄，住宿和餐饮业营业额分别下降8.5%和13.4%，批发和零售业分别下降2%和5.5%。

从2022年前三季度消费品总额分类情况来看，无论以何种形式进行分类，降幅均比前两季度有所收窄，虽然疫情对任何形势的消费都有显著影响，但是全省消费市场恢复速度较快，尤其是餐饮收入，由于疫情结束后消费者的餐饮消费欲望持续释放，增长率已经从上半年的-18.3%上升为前三季度的1.1%，增长势头十分强劲。

表1 2022年前三季度吉林省社会消费品零售总额分类情况

单位：亿元，%

社会消费品零售总额		绝对值	增长率
		2701.19	-8.1
按销售地区分	城　镇	2390.55	-8.2
	乡　村	310.64	-6.6
按消费形态分	商品零售	2332.66	-7.9
	餐饮收入	368.53	1.1
按规模分	限额以上	1095.43	-5.6
	限额以下	1605.76	-9.6

资料来源：《吉林省统计月报》。

2. 居民消费产品结构变化情况

从居民消费结构变化情况看，由于受到新冠疫情的影响，生活性消费品类的增速有小幅度上涨，而大部分服务型消费都有不同程度的下降。从2022年1月至9月吉林省居民分项消费增速的数据中可以看出，食用类商品有小幅度上涨，零售额增长了0.5%；饮料类商品有小幅度增长，增长了3.0%；而烟酒类增长速度较快，增长了13.2%。而中西药品类也有大幅度增长，增速为8.7%。石油制品类和文化办公用品类零售额也有所增长，分别增长了6.7%和6.2%。其他商品零售额增速均有所下降，增速下降幅度较大的是建筑及装潢材料类、化妆品类、服装类、体育和娱乐用品类，分别下降了40.2%、30.2%、23.6%和21.2%。总的来看，由于受疫情影响，民众居家时间较长，食用类商品和中西药品类商品更受青睐。石油及制品类由于受到国际油价影响销售额也有小幅度上涨，汽车类9月份当月增长13.2%，连续4个月实现当月正增长。其他各类商品均由于疫情销售额有不同程度下降，尤其是装潢材料类和家具类，受全国房地产市场持续低迷影响较大，消费品零售总额下降明显。化妆品类由于网购较多和疫情期间一直居家下降幅度较大。大部分消费品已经基本摆脱疫情影响，降幅收窄较为明显，销售额基本回到正常水平，消费市场恢复态势较好。

（三）重点行业消费温和复苏

1. 旅游消费迎来复苏拐点

旅游产业是受疫情影响非常严重的产业之一，吉林省1、2月份气温较为寒冷，居民旅游意愿较低，3月末气温开始回暖，居民外出旅游度假的意愿从3月开始上升，但受到疫情期间居家隔离政策的影响，居民不能外出，导致旅游业损失惨重。疫情过后旅游消费复苏明显。2022年端午节小长假是吉林省疫情后旅游市场全面恢复后迎来的第一个假期，居民居家隔离时间较长导致出游意愿十分强烈。全省各市州统筹疫情防控和旅游产业发展，虽然疫情对一小部分县（市）还有影响，但从全省整体来看，旅游市场呈现快速回暖态势。据文旅部统计，吉林省在端午假期共接待国内游客344.3万人次，同比下降19.7%，已达到2019年同期的94.98%；实现国内旅游收入32.2亿元，同比下降24.8%，已达到2019年同期的77.65%。总体来看，旅游消费市场迎来复苏拐点。

2. 餐饮消费逐渐回暖

2022年3月以来，吉林省遭受多轮、多地散发新冠疫情，餐饮行业受到严重冲击和影响，疫情期间居民居家隔离不再外出，家庭聚会、朋友聚餐和商务宴请等全部取消，饭店、美食街、快餐食堂等业态全部停业关闭。为了帮助餐饮企业加快恢复，2022年6月吉林省商务厅会同美团在全省开展了"千企万店"餐饮企业复苏行动，美团积极履行社会责任，减免入驻商户佣金，与此同时，还拿出5000万元资金发放外卖消费券，鼓励居民扩大餐饮消费，支持餐饮企业改善经营，在助力餐饮企业复苏中发挥了重要作用。7月、8月线上餐饮收入分别增长4.7%和34.1%，为餐饮业复苏注入了强大动力。各级政府通过各种方式激活餐饮消费，繁荣餐饮市场，助力餐饮业加快复苏，促使餐饮业营业额增速从上半年的下降21.6%变为至9月份的增长13.4%。餐饮企业经营已恢复至正常水平。

3. 耐用品消费拉动消费市场复苏

耐用品消费受疫情影响同样较大，2022年3月到5月基本处于停滞状

态，5月省政府出台了一系列政策促进耐用品消费，从6月开始耐用品消费市场快速复苏。汽车消费方面，全省借助中国（长春）国际汽车博览会有利契机，举办当地大型车展活动，助力新车消费；持续开展汽车下乡等系列活动，拉动乡村汽车消费；举办"诚信兴商、二手车淘节"，促进二手车消费；指导各地综合利用消费券、抽奖、让利优惠的手段，推动私人领域一汽红旗EQM5汽车销售，推动国产新能源汽车销售；培育汽车线上消费新模式，打造汽车消费新平台。在活动和促销政策的共同刺激下，6月当月汽车销售增长10.5%，环比回升22.8个百分点，第三季度吉林省汽车消费市场恢复速度加快，前三季度限上汽车零售额预计同比增长-12.1%，环比上半年回升15.2个百分点，9月当月同比增长13.2%。家电消费方面，苏宁、海尔、美的等行业龙头企业携手开展专项促销活动，以绿色智能家电和"以旧换新"为突破口，激活城市和乡村二元市场，9月当月家用电器和音像器材类零售额同比增长7%。商品房消费方面，1~9月全省商品房销售755万平方米，同比下降42%左右，降幅比上半年收窄10个百分点。其中，9月全省商品房销售135万平方米，较8月单月增长19%左右。在全国房地产市场整体处于继续下行的态势下，全省实现了房地产市场"降幅收窄、稳步回升"的基本目标。

二　吉林省消费发展新趋势

（一）"非接触经济"消费将成为主流模式

疫情激发了人工智能、智慧城市等新技术、新业态、新平台蓬勃发展，网上购物、在线教育、远程医疗等"非接触经济"全面提速。一是网上购物继续高速发展。2022年上半年，吉林省网络零售、农村网络零售和跨境电商交易分别增长17.4%、19.6%、34.0%，增幅高于全国平均水平。同时，省政府出台的相关政策也助推了网红直播带货等销售方式流行起来，推动了数字经济的发展。二是数字经济成为经济发展的重要推动力。服务业与数字经济的融合发展使得人们的生活更加方便快捷。居家隔离政策致使远程医疗、线上购物以及云课堂等新的消费项目层出不穷，服务模式也在不断升级变革。三是"宅经济""到家消费"等新领域快速发展。受疫情影响，垂直电商网站和社区微信点单消费增长较多，网络游戏充值消费、视频网站会员消费以及在线教育消费和在线娱乐消费均不同程度增长。线上消费、无接触配送等新业态将会是疫情常态化背景下的主流消费模式。

（二）消费结构不断调整

经过数年疫情的持续影响，近几年全省处于疫情防控常态化的背景下，吉林省消费结构将会发生一定程度的改变。一是基础消费将逐渐恢复。在疫情的长期影响下，蔬菜、肉类原材料消费以及食品外卖消费增加明显，民众为了防止疫情突然暴发造成的原材料短缺，都在家中储备了足够的食材，导致米面油、蔬菜和肉类的消费不断增长。二是居家生活类消费需求激增。疫情结束后，冰箱、冰柜等基础家电的需求短期内暴增，而消毒机、空气净化器等杀菌类、健康类家电需求快速增长，5G 信息类商品、智能运动手环、VR 设备、无线吸尘器等改善型、智能型小家电需求不断增加。三是防疫、健康类消费需求继续平稳增长。受疫情防控常态化的环境影响，消费者将会继续保持现在的基础防疫物资消费水平，增减不会出现大幅调整，由于防疫物资是快速消耗品，其消费会一直维持较高水平，而受民众更加注重健康的观念影响，营养保健品以及医疗、重疾险等保险产品消费将会明显增加。

（三）消费升级趋势未曾改变

国内消费升级的趋势从长期来看没有改变。一是生活服务消费增长势头明显，据京东数据统计，生活服务消费成交额和用户数量增长速度极快，成交额年均增长 49%，用户年均增长更是达到 70%，服务性消费成为拉动增长的"半壁江山"。近三年基础生活服务产品成交额年均增长超 100%，洗衣服务、家政保洁、家电服务增长较快；消费升级领域健康型服务产品增长最高，中医、家庭医生、眼科服务成交额年均增长超 10 倍。二是高端消费

方面的需求大量增加。由于疫情和国际局势不稳定，原本习惯在海外消费的高端消费者更多地选择在国内进行消费，人们在消费时也将更多地选择国内的服务及商品，尤其是对高质量商品的消费需求会大量增加。除此之外，具有科技含量的高端智能产品消费热度持续走高，智能产品更成为消费增长的新动力，消费者对新消费和新科技更感兴趣。据京东618数据统计，智能晾衣机成交额同比增长399%，家用洗地机成交额同比增长650%，智能健康类产品增长243%，在消费时，用户对高端智能产品有着更多的消费需求。

（四）"国产化""绿色化"消费迎来发展机遇

一是"国潮"消费已成为时尚。"双循环"新发展格局下，"境外消费回流"将成为新的趋势，购买国货已成为一种时尚。日益火热的国货背后，是年轻一代对中国文化IP、国潮消费品的认可。据京东消费及产业发展研究院发布的《2021年度消费趋势盘点报告》统计，中国品牌商品销量占比超过70%，从手机、电脑数码等满足个人兴趣类产品，到健康服务、家居日用等家庭消费型产品，国货正在多元快速发展。中国品牌成交额占比增速上，一二线市场增速高于下沉市场。国产汽车、通信产品、服装、化妆品等方面需求也会显著上升。国人民族自信的提升也推动国货品牌的进一步发展。

二是绿色消费需求逐步增长。受疫情影响，对于人民大众而言，生命健康是最为重要的，绿色消费理念正在逐步形成，绿色产品和绿色出行方式广受青睐。最近几年民众对绿色食品、共享单车和新能源汽车的消费欲望十分强烈，预计在疫情防控常态化背景下，绿色食品的需求将会增加，选择健康环保的出行（步行/自行车等）方式将会得到消费者的普遍青睐。

三　吉林省消费增长的主要制约因素

（一）有效供给不足影响消费欲望

有效供给是与当前消费者的购买能力、购买需求和消费结构相适应的商品供给。吉林省消费市场有效供给不足主要表现在以下两个方面。一是高端、优质商品供需不平衡。受流通成本偏高、商品标准不健全、设计研发成本高等因素影响，当前吉林省高品质、高性价比商品供给明显不足，而低端同质商品供给相对过剩，导致海淘、省外购、出境购等增长迅速。二是享受型改善型的服务类商品尚未形成充足的有效供给。医美、家政、养老等服务供给质量良莠不齐，电竞、文化、健康等服务资源较为稀缺，尚未满足全省居民日益旺盛的精神文化、休闲娱乐、美容健康等方面消费需求。

（二）人口规模小和居民收入低影响消费规模

一是人口规模与结构问题严重。人口是消费的基础，人口的减少也会限制消费规模的扩大。《吉林省第七次全国人口普查公报》显示，吉林省9个市（州）中，只有长春市人口超过500万人，人口少于100万人的地区有2个。与2010年第六次全国人口普查相比，吉林省流失人口近300万，对消费规模的进一步扩大产生了抑制作用。而且中等收入群体不足、老龄化程度加深等方面问题也会影响消费规模的扩大。

二是居民收入水平偏低。2021年，吉林省人均城镇居民可支配收入为35646元，低于全国平均水平11766元，增速比全国低1.5个百分点；吉林省农村居民人均可支配收入比全国低1289元，增速低0.7个百分点。2022年因受到疫情影响，城乡居民人均收入全都有所降低，2022年上半年，吉林省城镇居民人均可支配收入为16701元，增速仅为-5.4%；吉林省农村居民人均可支配收入为8444元，增速为-2.3%。疫情的冲击使吉林省本就不高的居民收入进一步降低，全省居民的低收入水平严重影响消费规模的扩大。

（三）基础设施存在短板影响消费体验

一是新型基础设施不够完善。5G网络、数据中心等新型基础设施建设还不完善，还缺少与新型消费相匹配的基础设施。在疫情期间，由于用网量激增，在网上消费时频繁出现上网延迟、卡顿、信号较弱的情况，严重影响

了新型消费体验。

二是农村消费基础设施较为落后。农村居民消费环境缺乏较为完善的基础设施，综合性大商场和超市分布很少，物流交通在一些地区发展落后，这些因素都极大降低了农村居民的消费意愿。

三是各地区间建设标准参差不齐。长春、吉林两市的消费设施资源较为丰富，随着城市的建设与扩张，消费基础设施的整体匹配度较高，而有些地区由于经济发展水平较弱，消费基础设施更新缓慢。

（四）监管创新滞后影响消费质量

一是市场主体监管无法满足"新"需求。网络销售、微信销售、直播带货等经营主体存在于网络之中，监管难度日益增加，各种新型的违法行为不断出现，消费者个人信息泄露问题较多，影响消费者"新"消费安全。

二是网络违法行为监管缺乏"新"手段。网络传销、网络虚假广告、网络违法销售等违法行为隐蔽性高、违法成本低，监管部门通常缺乏技术手段，网络监测依赖第三方，无法直接参与甄别分析、违法界定、调查取证，且违法行为相关网络数据更改简便，监管部门违法取证难，缺乏有效应对的监管执法手段。

三是基层监管执法人员面临"新"挑战。新业态企业自动化程度高、专业性强，监管人员专业知识不足，检测机构资质能力缺乏；在"互联网+"的生产销售模式中，存在多部门职权交叠的现象，权责界定困难，基层监管执法人员无从下手。

四　对策建议

（一）丰富消费资源供给

提高消费资源供给质量，扩大消费品有效供给是提高全省消费水平的重要途径。一是着力做大商品消费品牌。落实消费品工业增加品种、提升品质、创立品牌等一系列举措，提升产品质量，打造知名品牌，支持地方老字号创新发展。二是着力拓展国际消费品牌。引导企业增加优质商品和服务供给，利用博览会或展会等开放平台，多渠道扩大适应消费升级需求的特色优质产品进口。三是着力打造绿色农产品消费品牌。推进食用农产品承诺达标合格证制度，提倡绿色消费理念，鼓励商超开设绿色产品销售专区，扩大绿色、生态、有机鲜活农产品消费。

（二）建设新型消费载体

新型消费载体不仅能够提升民众的消费意愿，还能促使全省消费市场更加活跃。一是培育特色商圈。积极谋划一批具有特色的新型消费商圈，依据国内发达地区消费中心城市建设标准，促进智慧商圈建设。促进特色街区改造提升，推动设施改造、品牌集聚、业态互补、错位发展，将建筑风貌特征、历史记忆和文化传承融入特色街区改造。二是发展特色门店。引进国内外品牌旗舰店和具有特色的体验店等业态，推动名品、名店、名街联动。三是打造特色平台。结合消费资源，把握消费潮流，积极开展知名品牌新品首发。

（三）提高消费载体技术创新能力

为了适应消费新趋势，全省应全力加强新型消费领域中的技术创新能力。一是探索技术融合创新，引导企业充分运用现代信息技术，发展新业态、新模式，推动实体商业转型升级。推动系统融合创新，促进线上线下融合、商品和服务消费融合、生产和流通融合。二是促进传统业态创新升级。引导传统购物中心、商场、公共体育场馆向购物体验中心、体育健康中心、文化娱乐中心等新型消费载体转变，拓宽消费功能，丰富消费内涵。三是打造数字生活消费新场景。加快实现5G、千兆光网、物联网等在重点服务场景和区域的深度覆盖，在办公区、住宅区、商业区以及旅游景区等地加快布局建设智慧超市、智慧商店、智慧餐厅、智慧驿站，拓展无接触式消费体验。

（四）营造良好的消费环境

消费环境质量直接影响民众的消费意愿，营造良好的消费环境对促进消费至关重要。一是完善促进消费发展的相关政策。对城市传统商圈、废弃或闲置厂房和社区闲置建筑改造为商业综合体的要给予政策支持，探索有利于降低商业成本、促进消费的政策措施，提升城市消费竞争力。二是完善便捷高效的基础设施。打通省内区域交通节点，加快城际铁路、高速公路建设，提高城市间互联互通便利度。完善跨区域物流网建设，加快融入综合交通体系，畅通市场资源要素流动通道。加快汽车充电桩、立体停车场等基础设施和服务设施项目建设，符合条件的纳入地方政府专项债券范围。三是健全市场监管和消费维权体系。畅通消费投诉举报渠道，加强商品质量、食品安全、市场秩序综合监管和治理，打击侵权假冒行为，全面推进诚信体系建设，营造安全放心的消费市场环境。

参考文献

［1］田晖：《绿色消费：当代消费发展的大趋势》，《林业经济》2003年第3期。

［2］李美莲、黄凯：《新冠疫情下广西消费经济的"危"与"机"》，《市场论坛》2020年第3期。

［3］关利欣：《新冠肺炎疫情后中国消费发展趋势及对策》，《消费经济》2020年第3期。

［4］李志萌、盛方富：《新冠肺炎疫情对我国产业与消费的影响及应对》，《江西社会科学》2020年第3期。

［5］田振兴、张丽娜：《积极扩大内需 构建新发展格局》，《新长征》2021年第7期。

B.6
2022年吉林省投资情况分析
及2023年对策建议

张 贺　王婧仪*

摘　要： 2022年吉林省投资呈现稳中向好的发展态势，汽车产业、建筑业和房地产业等省内重点产业恢复增长，重大项目建设顺利进行，整体投资布局向数字化转型，实现了"十四五"良好开局。整体来看，全省面临的经济环境压力较大，工业投资的拉动作用有待进一步发挥，战略性新型产业投资稍有不足，民间投资活力有待加强。展望未来，吉林省将持续强化以项目建设为主的鲜明导向，不断改善投资环境，推动投资主体有机结合，促进投资向重点产业和龙头企业集中、向长春和吉林两市集聚。为进一步提升投资效率、持续释放增长动能，本报告提出优化吉林省投资发展的对策建议：积极扩大有效投资，促进投资结构优化；增强民间投资信心，激发民营经济活力；推动投资绿色转型，释放持续发展动能；深化贸易投资合作，吸引全球资源集聚；加大政策保障力度，提供稳定的投资环境。

关键词： 有效投资　民间投资　投资结构　投资布局

一　吉林省2022年投资总体情况

2022年以来，面对复杂严峻的外部环境和本土突发疫情，吉林省在疫

---

* 张贺，吉林省政府决策咨询委员会办公室联络处处长，吉林大学经济学院金融学博士，研究方向为投资学；王婧仪，吉林大学经济学院金融学硕士，研究方向为资本市场、资本风险管理。

情防控和稳增长的双重压力挑战下，认真落实国家稳住经济大盘一揽子政策措施，全力推动经济加快恢复，持续强化有效投资，促进经济稳定增长，加快实现"止跌、回升、增长"目标。

（一）投资整体稳中向好

吉林省经济运行在4月份探底后，5、6月份快速恢复，提前实现"止跌、回升"的阶段性目标。全省在各领域开展百日攻坚战，经济实现快速增长，经济运行态势明显好于预期，工业生产强势回升。第三季度，全省规模以上工业增加值同比增长18.4%，高于全国平均水平13.6个百分点，7、8、9月份分别增长17.9%、27.2%和12.3%，分别居于全国第2位、第1位和第4位。汽车产业增加值增长32.5%，信息产业增加值增长88.3%，装备制造业增加值增长32.8%。第三季度投资加快，固定资产投资转正，增长1.5%，其中项目投资增长19.3%；新开工项目919个，增长12.1%。重大项目、重大工程如奥迪一汽新能源汽车、吉林碳纤维领域相关项目等相继开工。第一产业投资增长103.2%，工业投资持续恢复增长14.2%，基础设施投资增长12.5%。新动能加快释放。吉林省工业战略性新兴产业产值前三季度同比增长9.8%，比上年同期提高1.0个百分点。新能源汽车产值增长63.9%，节能环保产业增长35.0%，新材料产业增长11.2%。风力发电量增长82.7%，太阳能发电量增长54.2%。全省网络零售额增长11.3%，农村网络零售额增长10.1%。数据表明，全社会固定资产投资逐步回升。[①]

（二）重大项目建设顺利进行

2022年，吉林省围绕"一主六双"高质量发展战略，强基础、促发展、利长远，实施项目储备库，瞄准"六新产业"和"四新设施"建设。推动

---

① 赵广欣、杨悦：《三季度我省经济运行实现强势回升、快速增长》，《吉林日报》2022年10月30日；杨悦：《采取超常规举措加快释放政策效能推动吉林经济快速恢复、加速提升》，《吉林日报》2022年10月29日。

重大基础设施项目建设,如陆上风光三峡、沈白高铁、大水网、蛟河抽水蓄能以及700余公里高速公路等,加快重大项目开工或投产:千亿斤粮食、千万头肉牛、中车清洁能源装备基地、"吉林一号"星座组网、吉港澳中医药产业园、万达影视文旅等。奥迪一汽新能源汽车、吉林碳纤维领域系列项目等重大项目、重大工程相继开工。第三季度,全省固定资产投资实现转正,同比增长1.5%,项目投资增长19.3%;新开工项目919个,增长12.1%,计划投资1362.6亿元。

第三季度实施项目建设百日攻坚行动,抢抓施工黄金期加快项目建设,在项目审批、保障等方面提供全方位服务。开展"不见面"审批,共完成6818个项目审批核准和备案。省领导牵头建立省政府重点项目工作专班,推动35个重大项目建设,吉化转型升级、"氢动吉林"项目全面启动,奥迪一汽新能源汽车等项目开工建设,中车松原新能源产业基地产品下线。统筹推进"四新设施"建设,新基建"761"工程等重大项目加快建设进度。

落实到位2021年外省招商签约的142个重大项目、与央企签约的49个合作项目、重大活动签约的117个重点项目。开展系列经贸对接活动,举办东北亚投资贸易展洽会、全球吉商大会、知名跨国企业吉林行等。

(三)建筑业和房地产业稳步回升

建筑业产值增速实现转正,前三季度全省完成建筑业产值1387.87亿元,增长2%,比上半年提升12.2个百分点,明显好于预期,提前实现由负转正,前三季度全省完成房地产开发投资855亿元,同比下降32%,降幅比上半年收窄8个百分点,回升幅度居全国首位,全省商品房销售面积755万平方米,同比下降42%,降幅比上半年收窄10个百分点,回升幅度居全国第2位,房地产市场保持"降幅收窄、稳步回升"态势。

(四)投资布局趋向产业数字化

推动数字经济发展和老工业基地转型升级,推出了新基建"761"工程,大力推进"数字吉林"建设。吉林省大数据中心和数字政务基础设施

入库项目 122 个，计划总投资 245.28 亿元，2022 年计划投资 31.33 亿元，已完成投资 5.53 亿元，华为等一些企业也加快与吉林合作，共同打造"数字吉林"。

一汽作为国内重要的汽车产业基地，也加快推动数智化转型升级，打造新动能参与东北振兴。在加快新能源产业布局的同时，吉林省和一汽已启动共建智能网联"321"工程，建设基于智能交通的大数据平台。一汽红旗繁荣工厂总投资 80 亿元，解放 J7 智能工厂、智能网联创新基地、红旗智能小镇等是中国一汽和吉林省共同推动汽车产业高质量发展的重大布局，也是积极响应实现碳达峰碳中和的具体行动。吉林强化数据赋能，打造数字政府，催生经济社会发展新动能，加强数据治理，盘活数字政府，驱动社会高质量发展。

二　吉林省投资存在的主要问题

（一）经济下行影响依然较大

受市场下行和资金短缺影响，投资项目及投资额受到冲击，经济全面复苏仍面临压力。一是市场需求持续恢复动力依然偏弱，疫情持续反复制约接触性聚集性消费恢复，2022 年 9 月当月限上社零额增速比上月回落 9.8 个百分点。居民消费意愿转弱，一些非必需消费推迟。二是市场主体生产经营困难依然较多，市场需求不旺，生产成本居高不下；部分行业企业产能受限、利润下降；中小微企业、个体工商户面临现金流不足、还本付息压力较大等问题。三是重点领域风险防控压力不小，财政收支矛盾仍较突出，部分地方政府偿债压力大，保基本民生、保工资、保运转难度加大；国际国内市场变动、政策支持等均具有一定的不确定性。四是全省新登记市场主体下滑明显，投资环境有待进一步完善，2022 年前三季度吉林省新登记市场主体 26.5 万户，总量达到 315.5 万户，预计全年新登记市场主体户数低于 2021 年水平。应加强制度建设、强化权利保护、提高审批效率，全力打造高效便利的政务环境、公平公正的法治环境、利企惠企的市场环境，缓解省内企业面临的环境压力，激发市场主体的投资活力。

（二）工业投资对经济发展的拉动力不足

2022年吉林省投资形势开局良好，但进入3月份，突如其来的新冠疫情对全省工业投资造成严重冲击，有些投资项目进展缓慢甚至停滞，到4月份，全省规模以上工业投资大幅下降，在5月份实现全面企稳的基础上，第三季度工业投资持续恢复，增长14.2%。综合研判全省2022年经济运行态势发现，工业投资对经济发展的拉动力不足。第一，前三季度工业投资同比增长7.6%，工业投资占全社会固定资产投资比重的26.4%，虽然相较于2021年略有提升，但较2016年工业投资总额占全社会固定资产投资总额的比重超过50%仍有差距。第二，前三季度全省地区生产总值（GDP）9433亿元，同比下降1.6%，降幅比上半年收窄4.4个百分点，其中以工业投资为主的第二产业增加值同比下降2.7%，表明工业投资对经济增长的拉动能力不足。第三，装备制造业依然持续负增长，其主要受长客轨道客车减产影响，自2021年下半年以来长客股份动车组生产订单持续减少，产值减量近60亿元，全年预计减产超过100亿元。冶金建材产业受市场、能耗、粗钢限产等因素影响出现超预期下降，占全省冶金建材产业比重超半的通钢、建龙、鑫达等5大钢铁企业主动限产减产，7月产值大幅下降，下拉全省当月工业增速3.3个百分点。

（三）战略性新兴产业投资不足

战略性新兴产业是优化产业结构、促进经济高质量发展的重要动力。吉林省的战略性新兴产业仍处于发展初期，对科技研发的投资不足，科技成果向现实生产力转化比较滞后，还未能形成足够的政策与技术支持。第一，吉林省的新能源汽车产业自主品牌增长缺乏活力，核心芯片供给不足问题依然存在，新能源汽车产销量远远低于全国平均水平，充电基础设施未实现全覆盖等问题还未解决。应加大对新能源汽车产业的投资力度，不断优化产品性

能和产业生态，提升产品自主创新水平。第二，吉林省在促进新能源生产、输送和消纳、高载能产业、装备制造协同发展方面还存在不足，新能源产业投资力度需进一步加大。应加快建设国家级清洁能源生产基地，全力支持新能源制取、储藏、运输、使用的技术研发，促进新能源产业与制造业融合发展。第三，吉林省新材料产业规模较小、布局分散的问题依然突出，科技成果转化效率有待提升，应提高对优势新材料产业的资金投入，营造新材料产业发展的良好条件，做大做强吉林省的新材料产业。

（四）民间投资活力未充分激发

大型国企、大型项目仍是当前吉林省投资恢复增长的主力，民间投资的活力还有待进一步激发。同东部发达省市相比，吉林省对于促进民间投资的政策支持力度仍显不够，导致省内民间投资规模相对较小，能够进入重点产业领域参与生产尤其是价值链高端环节的工业企业数量相对较少，无法充分释放民间投资活力。同时，民营企业受市场、资金、生产要素等因素影响较大，2022年6月、7月吉林省分别有超千户规上中小企业当月产值负增长，超过80%以上的企业受疫情和市场因素影响，企业减产甚至停产，生产经营普遍困难，没有能力进行投资。为改变这种状况，除了解决民营企业自身存在的一些问题外，还要以产销对接、银企对接、助企纾困、政策落地等持续激发市场主体活力的方式，解决影响民营企业活力未充分发挥的行业进入壁垒高、融资难、营商环境市场化法治化水平有待提高等问题。

三 吉林省投资发展的未来展望

党的二十大报告指出，高质量发展是全面建设社会主义现代化国家的首要任务。经济高质量发展的基础是要素的投入，充足的投资是产业发展、项目推进和经济效益提升的前提。吉林省结合实际发展需要，针对投资发展制定系列相关政策，营造了良好的政策环境，为企业投资规避了外部冲击和不确定性风险，整体投资发展呈现稳中向好、稳中有固、稳定恢复的态势。基于对 2022 年吉林省投资的发展状况和对政策与市场环境的综合分析，吉林省将持续强化以项目建设为主的鲜明导向，不断改善投资环境，推动投资主体有机结合，促进投资向重点产业和龙头企业集中、向长春和吉林两市集聚，全省投资发展有望进一步恢复。

（一）持续强化以项目建设为主的鲜明导向

2022 年，面对疫情防控和经济增长双重压力，吉林省持续强化以项目建设为主的鲜明导向，抢抓施工黄金期加快项目建设，实施投资和项目建设百日攻坚行动，克服了各种困难和不利因素影响，坚持把项目建设紧紧抓在手上，以项目建设带动投资、拉动需求，不断释放新的增长动力。吉林省的经济发展之所以能在经历疫情影响后逆势反弹，很大程度上就是因为紧紧抓住了项目建设，摸索出持续强化以项目建设为主的鲜明导向，以项目为支撑全力推动全省经济发展的投资逻辑。持之以恒地狠抓项目建设将进一步激发投资活力，重大项目建设的引领也将带来发展的新突破。当前正是吉林省投资项目建设的高峰期，在建项目数较往年同期有所增加，但从整体上看，资金短缺仍然是制约项目建设的主要因素之一。吉林省将继续强化项目的支撑力，引领带动投资的发展。为此吉林省将强化服务，吸引更多优质项目落户吉林，同时通过政策引导、优化环境拉动投资。此外，还将在金融方面发力，积极承接落实国家政策性开发性金融工具重大利好政策，引导商业银行为项目配套融资。

（二）投资环境整体继续改善

为了缓解外部冲击带来的投资压力，吉林省将持续通过政策保障不断改善省内投资环境。通过开展工业百日攻坚、投资和项目建设百日攻坚行动，抢抓有效施工期扩大投资，并推动助企纾困各项政策直达基层直达企业，推动重点企业以销促产、极限排产、提升产值。通过加码消费券促销，创新推动网络直播系列活动，加快实施服务业 22 项重大工程等举措全力挖掘消费和服务业增长潜力。通过精准开展招商引资，利用远程在线对接、云招商等

方式引进扩大投资，充分发挥招商中介机构作用加强驻外招商和异地招商等，为省内投资环境注入新活力。通过优化项目审批流程、简化项目评估评审和优化招投标流程等措施，进一步优化项目投资服务，促进项目建设的尽快落地和招标融资，为投资环境提供政策保障。

（三）投资主体为政府和社会资本的有机结合

为了激发投资主体活力，吉林省将持续推进政府和社会资本的有机结合。以盐碱耕地开发为例，2022年11月，吉林省政府新闻办公室召开《关于开展盐碱地等耕地后备资源综合利用的指导意见》政策解读新闻发布会指出，到2035年吉林省要新增365万亩耕地。吉林省将采取政府和社会资本合作（PPP）模式、以奖代补等方式，鼓励和引导国有企业、民营企业、农村集体经济组织、农民和新型农业等多元经营主体参与盐碱地等耕地后备资源综合利用。未来像此类的大型项目，吉林省将鼓励多元主体共同参与，采取政府和社会资本合作的方式推进。对于政府而言，社会资本的参与增加了投资总量，缓解了财政压力；而对于社会资本而言，参与此类投资风险相对较低，也是很好的赢利机会。因此，政府与社会资本的有机结合是一种双赢，也是吉林省投资发展的大势所趋。

（四）投资向重点产业和龙头企业集中

从数据来看，2022年下半年制造业投资基本恢复至上年同期水平，其中电气机械及器材制造业投资同比倍数增长，基础设施投资实现正增长，房地产投资降幅不断收窄。在吉林省统筹推进疫情防控、稳定经济社会发展的过程中，工业承担了主要任务，实现了提振发力、质量齐升，工业经济的回升向好势头明显，持续释放出产能与发展潜力，汽车、高端装备等传统优势产业进一步升级，生物医药和光电信息等战略性新兴产业成长迅速，恢复了投资者的投资信心与投资热情。未来，吉林省将大力投资汽车制造、生物医疗、装备制造等重点产业，全力培育新材料、新能源、商用卫星和通用航空等新兴产业，全面发展冰雪经济推进服务业转型，提升产业基础高级化和产业链现代化水平。同时，吉林省将落实各项支持政策，做好服务保障，为企业发展创造最优的营商环境，推动投资持续向一汽集团、中车长客、吉化等经济效益较好的龙头企业倾斜集中。

（五）投资在空间布局上向长春和吉林两市集聚

长春和吉林两市作为吉林省的中心城市，是全省经济发展的中坚力量，也是全省重要产业和企业的集聚区，两市的工业体量占全省工业体量的一半以上，并且这种集聚趋势在逐渐增强。由于吉林省下辖各市（州）财政实力不平衡，支持社会资本合作项目的能力有着较大差距，吉林省的政府与社会资本合作项目也主要集中于长春与吉林两市。吉林省将继续围绕"一主六双"产业空间布局的重大部署，加快长春经济圈建设步伐，以点带面撬动经济增长，以战略高度谋划发展、集聚动能。这意味着包括投资在内的各类要素将持续向长春和吉林两座中心城市集聚，省内投资区域分化格局更加突出明显。

四 优化吉林省投资的对策建议

长期以来，投资都是经济高速增长的重要引擎，是经济社会发展的重要支撑。党的二十大报告指出，要增强投资对优化供给结构的关键作用，持续完善支持绿色发展的投资政策和标准体系，不断提升贸易投资合作质量和水平，推动经济实现质的有效提升和量的合理增长。综观当前发展数据，2022年吉林省投资情况呈现稳定恢复的态势，固定资产投资逐渐回升，建筑业产值增速由负转正，投资对于全省经济增长的拉动作用明显。当然，结构性问题、体制性障碍仍是吉林省投资发展面临的挑战，如何在保证平稳增长的同时提升投资效率、持续释放增长动能，是优化吉林省投资发展的可行性路径。

（一）积极扩大有效投资，促进投资结构优化

积极扩大有效投资既能满足高质量发展的现实需求，也能给未来发展预

留空间和资源。吉林省应坚持扩大内需战略基点，加大有效投资投入，加强项目谋划建设，调整优化投资结构，充分发挥投资对优化供给结构的关键作用。

开展高水平的招商引资，加强项目谋划和建设。要依靠吉林省的产业基础和区位优势，明确招商引资的重点目标和发展方向，有针对性地挑选投资企业和对象，突出产业集群招商、产业链供应链招商，增强招商引资的质量实效，提升吉林省在全球价值链中的地位。要坚持招商招才并举、引资引技引智并重，通过积极引进高素质专业人才，建立高效的招商引资专业队伍，全面提升吉林省在招商引资工作中的综合竞争力。要坚持围绕"两新一重"建设政策导向，重点投资水利交通领域、清洁能源领域、城市管道改造领域等基础设施项目建设，加强能发挥项目投资效益、兼顾短期需求与长期效益的项目设计和落实，规范项目前期审批、中期检查、后期验收的工作流程，保证有效投资最大限度地发挥关键作用。

持续优化投资结构，科学合理地规划投资规模。要坚持围绕"一主六双"产业空间布局，重点投资汽车制造、生物医疗、能源材料等优势产业，持续完善农副产品、冰雪旅游等特色产业布局，加快补齐市政工程、公共安全、生态环保、民生保障等领域短板，促进吉林省投资结构优化升级。要强化研发设计服务，推动省内企业设备更新和技术改造，在机械制造业、汽车制造业等生产行业重点推动与现代服务业的深度融合发展。要科学合理地制定投资规划、设计投资规模，严格监管虚假投资现象，坚决遏制虚报投资预算、挪用投资资金等违法行为，根据吉林省发展需要和承受能力制定科学合理的投资规划。

（二）增强民间投资信心，激发民营经济活力

民间投资是扎实稳住经济的重要环节，民营经济始终是坚持和发展中国特色社会主义的重要经济基础。吉林省应稳定扩大民间投资，增强民营企业长期投资的信心，不断激发民营经济活力，发挥民营经济在有效市场中的重要主体作用。

鼓励民间投资参与建设，优化民间投资准入环境。通过政企综合开发模式，吸引民间投资参与到生态环保、农业水利、市政交通、社会事业等重点领域项目建设中，在缓解财政压力的同时提升资金的使用效率。可以城市基础设施等项目为重点，鼓励民间资本采取多种方式规范参与政府和社会资本合作，鼓励民营企业发挥自身优势参与技术攻关。要切实用好数字技术手段，简化传统的项目审批流程，全面推广"一网通办"的一体化、一站式服务流程，不断优化提升政务环境，破除民间投资充分流动的体制性障碍。要不断优化市场准入环境，鼓励合法合规的民间投资项目进入重点行业和领域，推动"非禁即入"普遍落实，给予民营资本充分流动的环境空间。

加大对民营企业的支持力度，推动民营企业快速发展。通过体制机制改革，进一步打破行业垄断和市场壁垒，加大政府对民营企业的支持力度，不断激发市场主体活力，促进投资增长。要改善省内金融服务，鼓励金融机构支持民间投资，对符合条件的项目提供政府性融资担保。要落实完善省内相关财税政策，可以通过普惠性税收减免、研发费用加计扣除、创投企业所得税优惠等财政政策，降低民营企业创新投入成本。要改进综合管理服务措施，加强政府政务诚信建设，充分发挥政府在社会信用体系建设中的表率作用，保证招标投标过程的公平公正公开，切实保护企业家权益，弘扬企业家精神。

（三）推动投资绿色转型，释放持续发展动能

推动经济社会发展绿色化、低碳化是实现高质量发展的关键环节，加快发展方式绿色转型是促进人与自然和谐共生的必然选择。吉林省应加大对新能源汽车、清洁能源等节约集约型产业的投资力度，推动省内投资结构向绿色发展转型升级，释放绿色低碳产业可持续发展的新动能。

加大绿色技术投资力度，提高企业节能减排能力和政府污染治理能力。通过加大自主创新和技术引进的投资力度，提升吉林省节能减排、防污治污的能力，提高环境基础设施建设水平。可以鼓励省内企业全面采取节能降耗、资源综合利用和清洁生产技术，通过清洁生产实现企业内部循环，减少

能源消耗和资源耗费，实现企业绿色生产经营。可以构建绿色产业园区，以工业代谢和共生原理为指导，将产业链上下游的企业集中，实现生产、物流、废弃物处理设施资源共享，节约工业用地和资本投入。可以充分利用环境保护技术、资源综合利用技术、生态恢复技术等丰富政府防污治污手段，推进生态优先、节约集约、绿色低碳发展，构建现代环境治理体系。

加大绿色产业投资力度，持续释放可持续发展的新动能。绿色产业是围绕绿色产品和资源环境保护形成的产业，吉林省应依靠产业基础和优势，重点投资新能源汽车、清洁能源、新材料等绿色产业发展，推动绿色低碳发展。可以依靠吉林省的地理优势和能源禀赋，大力发展风能、光能、氢能等清洁能源产业，实施清洁能源替代行动，提高吉林省能源清洁高效利用水平。可以大力推广高效节能的新技术、新产品、新设备，提升新型绿色建材应用比例，扩大绿色环保产品生产规模，促进吉林省生态经济发展。可以全面推进清洁生产，推进重点行业和重要领域绿色化改造，从源头减少物耗和污染物排放，推行绿色生产方式。

（四）深化贸易投资合作，吸引全球资源集聚

推动高水平对外开放是构建新发展格局的必然选择，高质量的贸易投资合作是对外开放的重要手段。吉林省应发挥沿边近海优势，拓展国际合作，依靠自身产业特色和市场优势吸引全球资源要素，提高产业竞争力和国际化水平。

依法保护外商投资权益，推进贸易投资自由化便利化。要合理缩减外资准入负面清单，简化外商投资进入的工作流程，制定更加完善的相关配套制度，为吉林省打造市场化、法治化、国际化的一流营商环境，依法保护合法经营的外商投资权益。要打造高能级开放合作平台，优化国际贸易、通关物流等作业流程，不断从国际市场引进资金、技术、资源，充分利用省内沿海口岸通道，推进口岸提效降费，提升口岸贸易功能，开辟我国面向东北亚的贸易新窗口。要遵守国际市场规则，逐渐融入国际市场，维护多元稳定的国际经济格局和经贸关系。

提升产业核心竞争力，深度参与全球产业分工和合作。要大力发展数字贸易，依靠数字经济的创新性、融合性等优势，提升吉林省产业基础能力和现代化产业水平，不断提升吉林省对外投资竞争力，推动共建"一带一路"高质量发展。要规范项目和境外投资管理，建立完善的对外投资重大项目库，健全境外风险防范体系，规范企业境外经营行为，保障企业安全运营。

（五）加大政策保障力度，提供稳定的投资环境

有效市场与有为政府的深度结合，能够充分发挥市场在资源配置中的决定性作用和更好发挥政府引导作用。吉林省应加大对投资的政策保障力度，为企业投资活动提供稳定的政策环境，充分激发社会投资动力和活力。

完善投资法规制度体系，提供投资政策保障。要建立完善的投资管理法规制度体系，确保在省内投资活动中做到通道顺畅、决策自由、规范引导、依法监管，实现政府职能转变、宏观调控手段科学有效。要持续深化简政放权、放管结合、优化服务改革，坚持以做好投资服务为管理工作的立足点，注重政策引导、监管约束和过程服务，通过创新服务方式、简化服务流程，不断提高综合服务能力。要统筹兼顾投资体制改革与结构性改革，建立部门联动协同工作机制，充分发挥投资调控管理的综合协调、统筹推进职责。要畅通投资渠道，拓宽投资项目资金来源，充分挖掘社会资金潜力，有效缓解投资项目融资难问题，为省内投资活动提供稳定的资金保障。

B.7
2022年吉林省对外贸易形势分析与展望

邵 冰*

摘 要： 当前，百年变局叠加世纪疫情，全球通胀超出预期，世界经济
复苏基础脆弱，需求增长缓慢，地缘冲突外溢效应持续，影响
国际贸易流动，主要经济体之间经贸摩擦加剧，贸易保护主义
上升，"经济民族主义"抬头，产业链供应链安全面临挑战，
外贸形势复杂严峻、不确定性上升。同时也要看到，中国经济
长期向好态势没有改变，为外贸保稳提质提供有利条件，各项
稳外贸政策持续落地见效，激发外贸产业韧性和活力，RCEP
生效实施，红利持续释放为外贸发展带来机遇。2022年以来，
吉林省坚持多措并举，聚焦外贸促进与升级，全力推动外贸发
展。同时，吉林省外贸发展也面临运费成本高、物流和人员流
动不畅、原材料价格波动幅度大、海外需求减少等困难和挑战。
新形势下，吉林省应进一步加强外贸企业生产经营保障，提升
出口规模效益，优化进口商品结构，加快提升业态模式，优化
贸易方式结构，多元化抓订单拓市场，促进贸易通关便利化，
强化财政金融信保政策支持，全力推动全省外贸发展提质
增量。

关键词： 对外贸易 外贸政策 贸易保护主义 吉林省

---

* 邵冰，经济学博士，吉林省社会科学院研究员，研究方向为东北亚区域经济。

一 吉林省对外贸易运行情况

2022年以来，在国际疫情反复、地缘冲突外溢效应持续、外贸发展不确定性增强、经济持续承压的背景下，吉林省坚持多措并举，着力促进外贸保稳提质。前三季度，吉林省外贸运行呈现以下六个特点。

（一）货物贸易进出口降幅呈持续收窄态势

2022年前三季度，吉林省实现货物进出口总额1153.11亿元，比上年同期下降1.9%，低于全国11.8个百分点。其中，出口365.80亿元，同比增长48.0%，高于全国34.2个百分点；进口787.31亿元，同比下降15.2%，低于全国20.4个百分点。2022年2~9月，吉林省外贸进出口降幅分别为11.8%、14.3%、12.0%、9.0%、6.1%、5.9%、3.4%、1.9%，从第二季度起，降幅呈持续收窄态势。从市州看，长春市进出口829.8亿元，下降12.1%。四平市、通化市、辽源市进出口分别下降53.4%、18.6%、15.7%。白城市进出口26.3亿元，增长87.1%，增速全省排名第1。延边州进出口184.9亿元，增长79.0%，进出口总量、增速均位列全省第2。此外，吉林市、白山市、松原市进出口分别实现3.3%、19.2%、23.5%的增长（见表1）。

表1 2022年1~9月吉林省全部企业按地区分进出口总值情况

单位：万元，%

序号	项　目	进出口	出口	进口	进出口累计同比增长	出口累计同比增长	进口累计同比增长
1	进出口贸易总值	11531068	3657972	7873096	-1.9	48.0	-15.2
2	长春市	8298038	1522319	6775719	-12.1	28.3	-17.9
3	吉林市	619706	440625	179081	3.3	18.3	-21.3
4	延边州	1849479	1056560	792919	79.0	147.4	30.9
5	通化市	186505	116107	70398	-18.6	4.9	-40.5

续表

序号	项　目	进出口	出口	进口	进出口累计同比增长	出口累计同比增长	进口累计同比增长
6	四平市	14026	13534	491	-53.4	3.6	-97.1
7	辽源市	105447	95868	9579	-15.7	-0.3	-66.9
8	白山市	107320	75647	31673	19.2	15.5	29.2
9	白城市	263366	250668	12698	87.1	94.8	4.8
10	松原市	87182	86644	537	23.5	23.0	242.4

资料来源：长春海关。

（二）与主要贸易伙伴进出口保持良好态势

2022年前三季度，吉林省对俄罗斯进出口115.3亿元，累计比上年同期增长82.7%，占全省进出口总值的10%。其中，对俄罗斯出口39.9亿元，增长204.8%；自俄罗斯进口75.4亿元，增长50.7%。对德国进出口241.0亿元，同比下降23.3%，占全省进出口总值的20.9%。其中，对德国出口42.6亿元，增长61.6%；自德国进口198.4亿元，下降31%。对日本进出口60.4亿元，下降21.8%，占全省进出口总值的5.2%。对韩国进出口43.2亿元，增长5.2%，占全省进出口总值的3.7%；对美国进出口44.7亿元，增长5.8%，占全省进出口总值的3.9%。对"一带一路"沿线国家进出口381.7亿元，增长1.2%，占全省进出口总值的33.1%。对RCEP贸易伙伴进出口183.1亿元，下降2.2%，占全省进出口总值的15.9%。

（三）一般贸易进出口占主导地位

从贸易方式看，2022年前三季度，吉林省一般贸易进出口1044.1亿元，累计比上年同期下降3.5%，占同期吉林省进出口总值的90.5%。其中，出口300.4亿元，累计比上年同期增长59.3%，占吉林省出口总值的82.11%；进口743.7亿元，累计比上年同期下降16.7%，占吉林省进口总值的94.46%。来料加工贸易出口下降2.5%，进料加工贸易出口下降 4.8%；来料加工贸易进口增长 49.1%，进料加工贸易进口下降 24.6%。边境小额贸易进出口 0.69 亿元，占吉林省进出口总值的 0.06%。其中，出口 0.07 亿元，增长 57.6%；进口 0.62 亿元，下降 33.9%（见表 2）。

表 2　2022 年 1~9 月吉林省进出口贸易方式和企业性质情况

单位：万元，%

项　　目		出口			进口		
		金额	增速	占比	金额	增速	占比
海关进出口总值		3657972	48.0	100	7873096	−15.2	100
贸易方式	一般贸易	3003683	59.3	82.11	7437061	−16.7	94.46
	来料加工贸易	19905	−2.5	0.54	27712	49.1	0.35
	进料加工贸易	509813	−4.8	13.94	148156	−24.6	1.88
	边境小额贸易	713	57.6	0.02	6224	−33.9	0.08
	其他贸易	123858	—	3.39	253943	—	3.23
企业类型	国有企业	861358	33.5	23.55	2258875	−23.9	28.69
	外商投资企业	800433	18.9	21.88	3738513	−24.7	47.48
	集体企业	8005	−8.5	0.22	26368	33.5	0.33
	其他企业	1988176	73.8	54.35	1849339	38.0	23.49

资料来源：根据长春海关数据计算。

（四）国有企业出口增长较快

从进出口企业性质看，2022 年前三季度，吉林省国有企业完成进出口贸易额 312 亿元，占吉林省进出口总值的 27.06%。其中，出口 86.1 亿元，占全省出口总值的 23.55%，累计比上年同期增长 33.5%；进口 225.9 亿元，占全省进口总值的 28.69%，累计比上年同期下降 23.9%。外商投资企业进出口 453.9 亿元，占全省进出口总值的 39.36%。吉林省集体企业进出口 3.4 亿元，占全省进出口总值的 0.29%。其他企业进出口 383.7 亿元，占全省进出口总值的 33.28%。

（五）主要出口商品保持增长

2022 年前三季度，吉林省出口机电产品 147.7 亿元，增长 43.5%，占全省出口总值的 40.4%。其中，出口汽车（包含底盘）48.1 亿元，增长 139.8%；出口汽车零配件 18.1 亿元，增长 13.9%。出口基本有机化学品 59.99 亿元，增长 204.5%，占全省出口总值的 16.4%。出口农产品 51.3 亿元，增长 15.8%，占全省出口总值的 14.0%。出口食品 36.2 亿元，增长 5.6%，占全省出口总值的 9.9%。出口高新技术产品 27.9 亿元，增长 11.0%，占全省出口总值的 7.6%。

（六）跨境电商新业态持续提升

吉林省跨境电商延续强劲增长态势，珲春市依托对俄通道的稳定性以及 TIR 运输线路安全、高效的优势，跨境电商贸易额不断实现新突破。2022 年前三季度，珲春市跨境电商进出口贸易额达 14.6 亿元，同比增长 65.9%。珲春东北亚跨境电商产业园项目一期东北亚国际商品城现已投入使用，共有包括进口商品、特色产品零售企业、电商、物流、外贸等 53 家企业入驻，办公区入驻率实现 100%。项目二期为会展中心、中俄双创基地和电商孵化基地，工程主体已经完工，正在进行内部装修。吉林省全力推动企业开展跨境电商"9710""9810"模式出口业务，满足市场和企业多元化需求，持续优化跨境电商综合服务，推动跨境电商跨越式发展，为全省外贸高质量发展持续注入新动能。

二　吉林省外贸发展中存在的问题

当前全球通胀高企、乌克兰冲突持续、人民币汇率宽幅波动等因素加剧了外贸的不确定性、不稳定性，外贸稳增长压力依然较大，企业主要面临以下困难与挑战。

（一）运力紧张、运价高企问题依然突出

因明显的成本优势，进出口货物一般选择海运。疫情暴发使得海运费用暴涨，虽然从 2022 年第二季度开始，全球海运费呈全面下降趋势，但对比疫情前的价格，目前的海运费仍旧偏高。从运输方式看，2022 年前三季度水路运输在吉林省外贸进出口中占主导地位，占比 68.3%。航空运输、公路运输、铁路运输占比分别为 19.2%、5.5%、4.3%。虽然目前"缺柜、缺船、一箱难求"的局面有所缓解，但是物流和人员流动不畅仍是困扰吉林省外贸企业的突出问题。由于运力紧张、运价高企等问题依然突出，企业面临订单不足、物流不畅、综合成本上升等诸多困难。物流费用依旧居高不下，客户延迟下单，对企业生产、仓储、资金运转等影响较大，部分企业出货效率放慢，海外订单受影响。

（二）原材料价格波动幅度大，货源不稳定

大宗商品和原材料价格在一番上涨和回落的波动后仍然保持高位。由于能源以及铜、铝、钢材等金属原材料价格上涨与波动，企业进货成本不是很稳定，产品定价难，客户下单意愿减弱，企业进出口受阻。2022 年前三季度，吉林省机电产品进口 575.5 亿元，同比下降 23.4%；钢材进口金额下降 39.7%；未锻轧铜及铜材进口金额下降 53.1%。由于大豆进口价格上涨，带动进口增长，2022 年前三季度，吉林省大豆进口 27.3 亿元，进口金额同比增长 15.1%，进口数量却同比下降 10.2%。另外，原材料价格维持高位水平，导致企业利润压缩，业务拓展受限。受俄乌冲突影响，吉林省与俄罗斯、乌克兰有贸易往来的企业受到货源不稳定、汇率波动大、结汇困难、运输延误等冲击和影响较为明显。

（三）全球通胀严重，海外客户需求减少

全球通货膨胀压力较大，意味着各国民众的收入在外贸产品支出方面会受到相应侵蚀，对外贸需求产生一定影响。通胀使得国外消费群体购买力下

降，产品需求减少，客户少下或是不下订单，对吉林省纺织服装、木制品等消费类行业出口的冲击和影响可能会比较大。

三 吉林省外贸发展面临的形势分析

当前，百年变局叠加世纪疫情，全球通胀超出预期，世界经济复苏基础脆弱，需求增长缓慢，地缘冲突外溢效应持续，影响国际贸易流动，主要经济体之间经贸摩擦加剧，贸易保护主义上升，"经济民族主义"抬头，产业链供应链安全面临挑战，外贸形势复杂严峻、不确定性上升。同时也要看到，中国经济长期向好的态势没有改变，为外贸保稳提质提供有利条件，各项稳外贸政策持续落地见效，激发外贸产业韧性和活力，RCEP 生效实施，红利持续释放为吉林省外贸发展带来机遇。

（一）挑战与障碍因素

1. 世界经济复苏乏力，需求增长缓慢

世界经济尚未走出新冠疫情阴霾，国际产业链供应链运行不畅，加之病毒不断变异，全球疫情反复，地缘冲突加剧，全球通胀超出预期，需求增长缓慢，经济前景的下行风险加大，严重威胁全球经济复苏基础，全球经济复苏的不确定性明显上升，复苏步伐放缓。世界银行（IBRD）、国际货币基金组织（IMF）、世贸组织（WTO）等纷纷下调全年全球经济和贸易增长预期。2022 年 7 月，IMF 预测显示，全球经济增速将从 2021 年的 6.1% 放缓至 2022 年的 3.2%，较 2022 年 4 月的预测值下调 0.4 个百分点。值得注意的是，IMF 4 月份对 2022 年全球经济增长预期相较 1 月份的预测已经下调了 0.8 个百分点。从美国经济来看，受疫情反复等因素影响，美国第一季度 GDP 环比年化率下降 1.6%，第二季度 GDP 环比年化率下降 0.9%，连续两个季度负增长，加之家庭购买力下降和货币政策收紧，使美国增速预测值较 4 月份下调了 1.4 个百分点，预计 2022 年 GDP 增长 2.3%。欧洲经济原本已因疫情而被削弱，又遭遇俄乌冲突带来的能源危机，加之货币政策收紧，

2022 年下半年经济复苏步伐有所放缓，导致欧洲各国增速预测值被大幅下调。主要经济体收紧货币政策，发展中国家在高水平的债务困境中面临增长前景停滞和可持续发展风险上升的问题。国际货币基金组织预测新兴市场和发展中经济体增速为 3.6%，下调了 0.2 个百分点，远低于 2021 年 6.8% 的增长水平。粮食和能源价格上涨以及供需失衡的持续存在使全球通胀预测值被上调，预计 2022 年发达经济体的通胀将达到 6.6%，新兴市场和发展中国家将达到 9.5%，二者被分别上调了 0.9 个和 0.8 个百分点。预计降低通胀的货币政策将于 2023 年带来负面影响，IMF 预测世界经济将仅增长 2.9%（见表 3）。

表 3 2021~2023 年世界经济增长趋势

单位：%

地　区	2021 年	2022 年	2023 年
世界经济	6.1	3.2	2.9
发达经济体	5.2	2.5	1.4
美　国	5.7	2.3	1.0
欧元区	5.4	2.6	1.2
日　本	1.7	1.7	1.7
英　国	7.4	3.2	0.5
新兴市场和发展中经济体	6.8	3.6	3.9
中　国	8.1	3.3	4.6
印　度	8.7	7.4	6.1
东盟五国	3.4	5.3	5.1
俄罗斯	4.7	-6.0	-3.5
巴　西	4.6	1.7	1.1
南　非	4.9	2.3	1.4

注：1. 2022 年和 2023 年数值为预测值，印度数据为财年数据。

2. 东盟五国为印度尼西亚、马来西亚、菲律宾、新加坡、泰国。

资料来源：IMF《世界经济展望》，2022 年 7 月。

2. 地缘冲突外溢效应持续，影响国际贸易流动

俄乌冲突对国际能源和主要大宗商品的价格形成上涨压力，由于市场对于供应前景的担忧以及全球食物和能源需求在短期内缺乏弹性，能源、金属、粮食、化肥等大宗商品价格出现了不同程度的上涨，国际贸易中的价格因素将发挥更多效应，增加了全球通胀的上行压力。面对不断上涨的粮食价格压力，全球粮食安全问题凸显。同时，由俄乌冲突直接导致的国际物流运输网络破坏、市场需求变化以及引发的经济制裁对商业活动的影响交相叠加，扰动全球经济贸易活动，加剧全球产业链供应链中断风险。短期看，地缘政治和经济的不确定性，会影响和削弱投资信心与商业流动，影响本就脆弱的经济复苏前景。从长期看，俄乌冲突对世界经贸合作格局影响深远，原有的国际经贸关系和合作规则框架面临调整，全球生产和供应网络可能颠覆和重塑。WTO 预测，2022 年世界货物贸易量将增长 3.0%，低于此前预测的 4.7%，2023 年将增长 3.4%（见表4）。

表4　2020~2023 年世界贸易增长趋势

单位：%

项　　目	2020 年	2021 年	2022 年	2023 年
世界货物贸易量	−5.0	9.8	3.0	3.4
出口:北美洲	−8.8	6.3	3.4	5.3
中南美洲	−4.6	6.8	−0.3	1.8
欧洲	−7.8	7.9	2.9	2.7
亚洲	0.5	13.8	2.0	3.5
进口:北美洲	−6.1	12.6	3.9	2.5
中南美洲	−11.2	25.8	4.8	3.1
欧洲	−7.3	8.1	3.7	3.3
亚洲	−1.0	11.1	2.0	4.5

注：2022 年和 2023 年数值为预测值。
资料来源：WTO《贸易统计与展望》，2022 年 4 月。

3. 贸易保护主义上升，产业链供应链安全面临挑战

全球经贸摩擦指数高位运行，多边贸易体系几近瘫痪，主要经济体之间贸易摩擦加剧，经贸摩擦争议的多样化、复杂性增加，单边主义、贸易保护主义盛行，"经济民族主义""资源民族主义"抬头，由追求效率向兼

顾安全与效率转变，产业链供应链布局趋于区域化、本土化、短链化。2022年以来，以确保在技术上对中国占据优势为目标，美国对我国的全方位遏制打压有增无减，特别是俄乌冲突以来，美国多次将中俄捆绑，进一步渲染所谓"中国威胁"，以"安全"和"人权"的理由进一步扩大对中国的出口管制。6月28日，美国以"涉嫌支持俄罗斯军队和国防基础工业"为借口制裁打压中国企业，将5家中国企业列入贸易黑名单。此外，美国主导启动"印太经济繁荣框架"（IPEF），召开美欧贸易技术委员会（TTC）第二次会议，力图与主要盟友在经济层面构建更紧密的对华施压阵营，在传统贸易、多边出口管制、供应链安全、清洁能源技术、新兴技术标准制定等方面达成排他性合作，加快"去中国化"，鼓励制造业回流或使供应链多样化，针对中国展开地缘经济竞争，我国产业链供应链安全面临更大挑战。

（二）机遇与有利因素

1. 中国经济长期向好态势没有改变，为外贸保稳提质提供有利条件

当前我国发展处于重要战略机遇期，国际环境日趋复杂，世界经济发展将面对更加复杂多变和严峻的形势，全球经贸的复苏发展面临着巨大的不确定性风险。与世界其他主要经济体相比，我国国内市场潜力巨大，生产和供给体系完善，劳动力资源丰富，科技基础和创新实力不断增强，市场化、法治化、国际化营商环境不断优化，宏观调控有力有效等优势条件突出，经济发展的活力和韧性充足。2022年以来，党中央高效统筹疫情防控和社会经济发展，有序推进复工复产和恢复正常生产生活秩序，外贸产业链的完整性和竞争优势进一步发挥。2022年上半年，我国国内生产总值（GDP）同比增长2.5%，工业增加值同比增长3.4%，固定资产投资增长6.1%。上半年，我国城镇调查失业率月均值为5.7%，上半年我国PPI上涨7.7%，CPI温和上涨1.7%，扣除食品和能源价格的核心CPI仅上涨1.0%。2022年前三季度，我国货物贸易进出口31.11万亿元，同比增长9.9%。其中，出口17.67万亿元，增长13.8%；进口13.44万亿元，增长5.2%。中国经济与

世界经济高度融合，尽管外部环境发生明显变化，发展面临多重风险挑战，但是稳中有进、稳中向好态势不会改变，推动外贸保稳提质具备有利条件。

2. 各项稳外贸政策持续落地见效，激发外贸产业韧性和活力

2022年，我国的外贸支持政策密集出台。上半年，国务院出台六个方面33项稳经济一揽子政策措施。2022年5月，国务院办公厅印发《关于推动外贸保稳提质的意见》，提出包括加强外贸企业生产经营保障、促进外贸货物运输保通保畅、增强海运物流服务稳外贸功能、推动跨境电商加快发展提质增效、加大出口信用保险支持、加大进出口信贷支持、进一步加强对中小微外贸企业金融支持、加快提升外贸企业应对汇率风险能力、持续优化跨境贸易人民币结算环境、促进企业用好线上渠道扩大贸易成交、鼓励创新绿色高附加值产品开拓国际市场、加强进口促进平台培育建设、支持加工贸易稳定发展在内的13条发展意见。吉林省出台《稳定全省经济若干举措》，强化稳外资稳外贸政策支持。吉林省政府办公厅制定《关于做好跨周期调节进一步稳外贸的实施意见》积极应对疫情影响，加大助企纾困力度，抓好稳外贸工作，提升全省开放型经济发展水平。随着一系列稳外贸叠加政策措施的逐步显效，市场信心得到了提振，对外贸的增长将起到积极的促进作用。

3. RCEP生效实施红利持续释放，为外贸发展带来机遇

覆盖全球人口、经济及贸易体量1/3的RCEP于2022年初正式落地生效，为区域内的产业链和供应链网络复苏和强化创造了良好条件，也成为新发展格局的重要外部发展着力点。在世界经济下行压力持续累积的背景下，RCEP红利持续释放，2022年1~7月份，中国与RCEP其他成员国贸易额同比增长7.5%。中国地方省市均从RCEP带来的关税优惠、通关简化、贸易投资便利化等外贸发展新机遇中获益，2022年1~8月，中国向RCEP区域国家出口的中小微外贸企业数同比增长36.4%，为各地进出口企业和消费者带来红利。RCEP生效后，吉林省汽车、钢铁、农产品等产业出口均可获益。以出口汽车零部件为例，部分产品在RCEP生效后可立即享受"零关税"，此外，纺织、化工、机电等其他产品的关税也将逐年降为零。

RCEP 的生效，还为成员国之间的跨境电商发展奠定制度基础，各国标准开始走向统一化、标准化、协调化，在 RCEP 的利好下，以跨境电商为代表的新业态有望迎来新一轮的增长。吉林省应抓住机遇，利用 RCEP 生效带来的货物贸易自由化便利化、中日两国首次建立自贸关系、服务贸易和投资双向扩大开放、完善营商环境等方面的新机遇、新发展空间和合作空间，以大力提升与韩、日等国家合作水平为重点，鼓励支持各类市场主体充分融入RCEP 大市场，努力扩大与区域国家贸易和双向投资规模，稳定产业链供应链，不断提高吉林省企业参与国际竞争合作新优势。

四　促进吉林省外贸发展的对策建议

面对当前外贸发展形势，吉林省应最大程度降低不确定性对外贸的影响，坚持推动外贸保稳提质，持续发挥外贸稳经济作用。

（一）加强外贸企业生产经营保障

严格贯彻落实中央决策部署和省委省政府工作要求，充分发挥各级稳外贸保畅通工作机制作用，急企业所急、想企业所想，确保中央、吉林省关于支持外贸企业发展的政策不折不扣落实到位，加强外贸企业生产经营保障，在通关、物流、经贸人员往来等方面给予全力保障，帮助企业解决用料、用工等难题。加强商务、工信、交通运输、海关、人力资源社会保障、卫生健康等多部门协调，保障外贸企业信息互通。及时畅通物流堵点，着力提升全省口岸作业和通关效率，全力保障物流运输畅通，确保外贸产业链供应链畅通稳定。要立足当前、谋划长远，持续分析研判疫情对外贸稳增长带来的影响，做好稳经营、保订单、拓市场、维权益等各项工作。强化外贸重点企业帮扶，继续加大企业减负力度、加强贸易融资支持、发挥出口信用保险作用，尤其要加大对中小微外贸企业的金融支持力度，支持吉林省外贸企业抵抗压力、稳步发展，确保实现外贸稳中提质的目标任务。

（二）提升出口规模效益

发挥外经贸发展支持政策引导作用，鼓励外贸企业对标国际标准开展生产和质量检验，提高出口产品质量。支持省内企业开展境外商标注册、专利申请、产品国际认证等，鼓励创新、绿色、高附加值产品开拓国际市场，指导企业加强海外知识产权保护，引导企业积极参与推进"吉致吉品"区域品牌国际化进程，帮助企业提升品牌价值和核心竞争力，不断向产业链价值链中高端延伸，培育参与国际合作与竞争新优势。支持省内企业加强国际合作，多元化开拓国际市场，特别是在 RCEP 生效落地背景下，指导重点企业用足用好市场开放承诺和规则，利用好关税减让安排，推进原产地证书发放服务进度，深入挖掘 RCEP 成员国商品需求，开拓日韩、东盟、澳新国际市场。

（三）优化进口商品结构

有效利用国家进口支持政策，引导企业利用各种关税优惠政策，扩大化妆品、母婴用品、电子产品等高品质日用消费品和食品、医药、康复、养老等商品及服务进口规模，提升产品供给质量，丰富国内消费者的选择，满足国内消费升级需求，引导境外消费回流。适应吉林省供给侧结构性改革和经济转型需求，积极扩大先进设备和先进技术的进口，带动光电子信息、生物医药等新兴产业发展，促进产业结构升级。密切关注国际大宗商品供需和价格变化，促进能源资源产品进口来源更加多元，提高矿产、天然气、煤炭、木材、大豆等资源类产品在进口贸易中的比重。扩大产业转型升级以及高质量发展所需咨询、研发设计、节能环保等知识技术密集型服务进口，扩大新能源汽车及零部件产品进口规模。

（四）加快提升业态模式

吉林省企业应及时顺势而为，危中寻机，用好目前相关支持政策，做大跨境电商规模，积极培育跨境平台、海外仓、保税加工、外贸综合服务等外贸新业态，形成拉动外贸增长的新生力量。积极发挥珲春跨境电商综试区、跨境电商零售进口试点示范带动作用，鼓励生产型企业开展跨境电商业务，鼓励企业积极运用"9710""9810"海关监管模式，扩大在线交易。扩大跨境电商零售进出口，加快跨境电商线上线下产业链建设与完善，健全国际营销和售后服务体系，加强跨境电商企业孵化和人才培养。引导和鼓励省内企业面向吉林省主要贸易市场、RCEP 成员国、"一带一路"沿线国家、中欧班列重要节点城市和东北亚地区建设海外仓。探索发展外贸新模式，推进辽源市、珲春市申报市场采购贸易试点。支持综保区发展保税检测、保税维修、进口再制造、保税仓进出境等业务。积极发展数字贸易，充分利用好吉林省外贸综合服务平台，帮助企业快速、便捷开展外贸业务，推动企业线上交易和快速通关，为企业提供全流程外贸综合服务。

（五）优化贸易方式结构

进一步巩固和扩大一般贸易规模，提升产品附加值，培育外贸竞争新优势。同时，充分利用"五个合作"机制，依托综合保税区、国家加工贸易梯度转移重点承接地等平台，积极发展和提升加工贸易，积极承接东部地区加工贸易产业转移，抓住日韩产业转移的机遇，扩大核心技术和关键设备的进口，提升日韩加工贸易规模，吸引承接 RCEP 成员国更多订单，增强国际市场竞争力。推动纺织服装、木制品、海产品、医药产品等加工贸易产业可持续发展。拓展矿产品、农畜产品及各类精深加工产品贸易，提升产品附加值与技术含量，延长产业链，由加工组装向技术、品牌、营销环节延伸。

（六）多元化抓订单拓市场

密切跟踪形势变化，统筹线上线下资源，为外贸企业提供业务培训、风险防范与应对等公共服务，加强供需对接，帮助企业获取更多外贸订单，全力帮助企业开拓国际市场。积极利用新技术新渠道，充分运用 5G、VR、AR、大数据等现代信息技术，利用线上展会、电商平台等渠道开拓国际市

吉林蓝皮书

场，积极研究直播经济带动外贸出口新模式。举办面向俄罗斯、韩国、日本、东盟、欧盟等主要出口市场的线上贸易促进活动，组织、指导企业积极参加进博会、广交会、消博会等重点展会，以及吉林国际商品 RCEP 成员国推介会、"一带一路"沿线国家线上对接会等各项活动，引导省内企业积极开拓 RCEP 成员国和"一带一路"沿线国家市场。

（七）促进贸易通关便利化

持续优化营商环境，深化通关便利化改革，在确保有效监管的基础上，进一步提升贸易便利化水平，降低进出口环节合规成本。巩固国际贸易"单一窗口"主要业务应用率，全面推广应用两步申报、提前报关、预约通关等便利化通关模式，压缩通关时间，加强通关智能化建设，提高口岸通关速度和服务水平。推动外贸大数据应用，加强资源对接和信息共享。完善海陆空交通运输体系和物流通道载体，综合利用中欧班列、货运包机、卡车航班和铁海联运等方式拓展跨境物流运输，畅通对外开放通道。组织外贸企业与航运企业开展直客对接，签订长期订单，提高国际物流运输保障能力。

（八）强化财政金融信保政策支持

统筹用好中央、省级外经贸发展专项资金，落实再贷款、再贴现等金融支持政策。深化政银企对接合作，积极引导金融机构增加外贸信贷投放。发挥政府性融资担保机构作用，降低企业融资成本，进一步丰富贸易金融产品功能，加大对跨境电商等新业态新模式普惠性金融的支持力度。发展供应链金融，引导金融机构在生物制药、农产品加工等产业链布局金融链，加大信用融资等业务支持力度。推动持续加快出口退税进度，进一步减轻企业的资金压力。扩大跨境人民币结算规模，进一步简化跨境人民币结算流程，优化跨境人民币业务办理。持续扩大出口信用保险覆盖面，落实各项减税降费措施，帮助中小微外贸企业防风险、降成本、增活力。

产业升级篇

Industrial Upgrading

B.8
新形势下吉林省汽车产业
保持竞争优势的对策研究

崔剑峰 *

摘　要： 近年来吉林省汽车产业在汽车市场大环境不景气的背景下，虽然规模优势有所下滑，但在自主品牌建设、技术创新、产业链布局等方面形成一些优势。未来我国汽车市场逐渐饱和，新能源汽车和自主品牌乘用车成为重要增长点，电气化、智能化、网联化和共享化成为产业发展的关键。党的二十大提出要坚定不移发展实体经济，在此背景下，吉林省汽车产业应通过加快丰富自主品牌乘用车产品体系、扩大新能源汽车产销规模、推进智能网联汽车发展、培育现代汽车服务业、改善新型产业支撑体系和提升产业发展保障能力等途径，迎合产业发展趋势，保持产业竞争优势，引领吉林省制造业和实体经济发展。

---

* 崔剑峰，管理学博士，吉林省社会科学院经济研究所副研究员，研究方向为产业经济学和区域经济学。

关键词： 新能源汽车 自主品牌 技术创新 产业链 智能网联

汽车产业是吉林省支柱产业，其健康发展事关全省经济稳定。近年来，由于疫情冲击和汽车市场饱和等，我国汽车产销量有所下降。在新形势下，吉林省汽车产业发展面临较大压力，价格竞争加剧、技术迭代加速、低碳转型要求、供应链安全、汽车后市场乏力等一系列问题逐步凸显，要实现高质量发展目标，按计划建成万亿级产业，存在不小的困难。因此，研究新形势下吉林省汽车产业如何保持竞争优势，具有重要的现实意义。

一　吉林省汽车产业竞争优势分析

（一）规模优势——疫情冲击下努力稳住产销总量

经过近 20 年的高速增长后，中国汽车市场进入饱和期是必然趋势，2017 年全国汽车产量突破 2900 万辆后开始小幅下降。在进入饱和期后，全国汽车产量长期徘徊在 2500 万辆左右是正常范围，欧美发达国家都经历过类似的历程。在这种产业发展的大环境下，吉林省汽车产业总体上应该保持与全国相当的趋势，2019 年全省汽车产量达到 289.1 万辆，占全国总产量的 11.26%，仅次于广东省的 311 万辆，排名全国第 2，是近年来的最高水平。然而从 2020 年开始，吉林省汽车产业反复受到停工停产、芯片紧张、供应链不稳等问题困扰，导致产量连年下滑，且下降速度明显快于全国，全国占比则降至 10% 以下，排名降至全国第 3（见表 1）。新能源汽车方面，2021 年全省新能源汽车产量为 10.7 万辆，同比增长 140%，仅占全年全国新能源汽车总产量的 2.9%。从近十年的趋势看，吉林省汽车产业的整体竞争优势还在，虽然受多重原因影响暂时出现困难，但仍然有长期向好的潜力，也有许多亮点。

表 1　吉林省汽车产量、增速及占全国比重

单位：万辆，%

年份	吉林省汽车产量	增速	全国汽车产量	增速	吉林省汽车产量占全国比重
2017	276.9	9.0	2901.8	3.2	9.54
2018	276.9	0	2782.7	-4.1	9.95
2019	289.1	4.4	2567.7	-7.7	11.26
2020	265.6	-4.7	2532.5	-1.4	10.49
2021	242.4	-8.7	2652.8	4.8	9.14
2022(1~9月)	170.1	0.2	1963.2	7.4	8.66

资料来源：国家统计局。

（二）品牌优势——"红旗"成为最强增长点

多年来一汽集团深耕自主品牌，在"红旗"品牌的研发、生产和市场化方面进行了大量投入。从 2018 年开始，红旗品牌乘用车产销量超高速增长，2017 年销量仅 4702 辆，2018 年达到 10 万辆，2019 年突破 20 万辆，2021 年超 30 万辆，4 年增长了约 63 倍，成为引领一汽集团发展的新引擎。2022 年受疫情影响，红旗品牌 3 月销量为 12380 辆，同比下滑约 50%；4 月销量为 6812 辆，同比下滑约 69%；但 5 月之后，红旗品牌销量快速恢复到每月 2 万~3 万辆水平，截至 2022 年 9 月，红旗品牌当年累计销量已经超过 21 万辆。目前红旗品牌轿车有 H5、H7、H9 三大主力车型，SUV 有 HS5、HS7，新推出 MPV 车型 HQ9，还有多款中高端新能源车型，产品系列日趋完善，市场竞争力逐渐增强，已经成为国内中高端品牌中不可忽视的力量，仍具备较大发展潜力，未来几年一汽的发展还是要看红旗。

（三）技术优势——自主创新有序推进

吉林省举全省之力发展万亿级汽车及零部件产业，大力支持汽车产业以技术进步促进转型升级。自主研发的发动机、变速箱技术、高功率氢燃

料电池发动机、无人驾驶小巴士、纯电动 SUV 等取得巨大成绩，为长远发展积累了技术优势，一系列创新成果不断转化投入市场，增强了产业核心竞争力。2020 年，一汽集团研发投入就达到 206 亿元，同比增长 13.9%；2021 年，研发总投入 214.2 亿元，同比增长 3.9%，占营收比重达 3%，取得 63 项关键核心技术突破，完成专利申请 4757 件。一汽围绕"新平台、新智能、新能源、新动力、新材料、新工艺、新魅技、新匠艺"等方面持续深入推进科技创新，取得丰硕成果。新平台方面，C+级电动化智能网联汽车平台，关键技术指标达到国内领先、世界先进水平；新智能方面，打造有竞争力的智能网联技术平台、总成产品及衍生服务；新能源方面，xHEV、EV、FCV 三条技术路线日渐成熟，正在追求红旗品牌全系电驱化；新动力方面，形成从 3 缸 1.0L 到 12 缸 V 型 6.0L 的六大发动机平台；新材料方面，以碳纤维和钢铝混合材料为突破，实现红旗安全轻量化模块化开发；新工艺方面，开发出挤压铸造技术、多色彩喷涂技术、差厚板技术和智能转运技术；新魅技方面，围绕"视、听、嗅、触、知"打造"五觉"体验技术；新匠艺方面，国家级技能大师领衔推进五轴数控加工等关键技术突破。

（四）政策优势——"一主六双"战略推进省内供应链完善

在吉林省"一主六双"高质量发展战略布局下，汽车产业的产业链在省内不断完善，辽源、四平等长春都市圈内的城市和工业走廊上的其他重要节点，正在与国际汽车城建立产业协作关系。2020 年 1 月，辽源市与一汽集团签署《新能源汽车产业配套基地战略合作框架协议》，提出要"打造吉林省新能源汽车产业配套基地和新能源汽车动力电池及材料产业集聚发展"，截至 2022 年 9 月，已陆续有 20 多户辽源当地企业进入一汽集团及各主机厂配套体系，累计获得红旗、大众、奔腾等主机厂全生命周期订单28.42 亿元。"长平一体化"战略实施以来，四平经济开发区积极与长春汽开区、一汽集团进行项目合作，共建汽车产业园区，"打造成为东北一流、全国领先的专用车研发改装、零部件生产加工基地，形成百亿元级现代化汽车产业园区",抓紧整合产业链条,培育零部件集群,取得显著成效。目前正在建设的一期项目,占地面积7.1万平方米,总投资2.69亿元,已有4个汽车零部件项目签约入驻。"一主六双"高质量发展战略带动的产业衔接,完善了吉林省汽车产业供应链,带动了地方工业实体经济的高速发展。

(五)投资优势——落位大项目谋划未来十年

为加快推进长春国际汽车城建设,近年来吉林省扎实推进一批汽车产能新项目,合资品牌、自主品牌、新能源汽车均有大项目落位,为未来十年的发展奠定了坚实的基础。整车方面,一汽红旗繁荣工厂是专门为红旗品牌全系电动化布局的生产线,最新车型E-QM5已经下线,该生产线具备较高的智能化水平,大量应用了机械臂、自动焊接、液压设备等自动化设备。一汽解放J7智能工厂是世界级商用车智能制造基地,能够在高度智能化成产流程中完成装配、调试、检验等工作。2022年,奥迪一汽新能源汽车项目在长春正式启动,作为中德产业合作和中欧经贸合作新典范,将为推动吉林省汽车产业基础高级化、产业链现代化作出更大贡献。一系列高端制造新项目的启动,正在为吉林省汽车产业未来发展积蓄智能化、高端化、规模化、集群化的新动能。零部件产业方面,自2020年7月中国一汽与长春市政府签署战略合作协议、共同推进"六个回归"至今,长春国际汽车城区域已累计落位一汽大众备件工厂、富赛汽车电子科技园、颐高数字产业园、玲珑轮胎等197个配套项目,总投资近600亿元。

二 吉林省汽车产业面临的新发展形势

(一)短期国内市场需求萎靡

根据国际经验,一国的汽车市场需求与经济发展阶段具有明显的相关性,当人均GDP达到16000国际元以上时,汽车市场进入饱和期,呈现低

速增长的态势。2021年我国人均GDP已经达到15176国际元①，千人汽车保有量为208辆，我国汽车消费市场正在从普及期进入饱和期，中低速增长已经成为汽车产业新常态，零增长或小幅下跌亦属正常现象。国务院发展研究中心学者用Logistic模型对我国汽车保有量进行了预测，客观估计，未来十年我国新车产销很难稳定突破3000万辆/年的水平，也无法保持年均3%的增速。另外，受新冠疫情冲击影响，未来几年国际国内经济大环境不乐观，经济处于下行周期，由可支配收入减少导致的消费低迷将持续一段时间，国内汽车消费市场的恢复和发展也不容乐观。

（二）新能源汽车深刻调整产能结构

在"双碳"战略下，新能源汽车的发展是未来的重中之重，政策助推加速了整个行业的迅猛发展，近年来呈现出产销两旺的态势。在产业政策、补贴政策推动下，中国逐渐形成最大的新能源汽车产能和最完整高效的供应链体系，成为全球范围内最大的新能源汽车生产国。从表2中可以看出，2021年我国新能源汽车产量再次出现突破式增长，且占汽车产量比重跃升至10%以上，2022年前三季度也延续了这一趋势，且占比升至24%，全年新能源汽车产量有望突破550万辆，占比进一步提升，提前完成《新能源汽车产业发展规划（2021~2035年）》提出的"到2025年新能源汽车新车销售量达到汽车新车销售总量的20%左右"的目标。相比燃油汽车的低迷，新能源汽车的市场空间更为广阔，未来十年有可能达到与燃油汽车平分秋色的局面，这就必然导致汽车产业内部产能结构的深刻调整，更多地布局新能源汽车生产线。

---

① 国际元：多边购买力平价比较中，将不同国家的货币转换为统一货币的方法。国际元又称吉尔里-哈米斯元（Geary-Khamis dollar），在特定时间与美元有相同购买力的假设通货单位，建基于通货购买力评价（PPP）与日常用品国际平均价格的双生概念。1国际元在个别国家能买到的东西，与1美元在美国能买到的东西相同，在比较各国生活水平时，国际元比国际汇率更能准确反映购买力情况。

表2　我国新能源汽车产量、增速与占比

单位：万辆，%

年份	新能源汽车产量	增速	汽车产量	新能源汽车占比
2017	79.4	—	2901.8	2.74
2018	127.0	59.9	2782.7	4.56
2019	124.2	-2.2	2567.7	4.84
2020	145.6	17.3	2532.5	5.75
2021	367.7	152.5	2652.8	13.86
2022（1～9月）	471.7	约20	1963.2	24.02

资料来源：国家统计局。

（三）汽车零部件企业加速推进全球化

在新冠疫情冲击之下，国内汽车零部件企业以稳定的国内市场为基石，形成相对稳定的开工率和现金流。而在疫情影响下，部分国外零部件企业破产或者经营困难，国内汽车零部件企业有望在相关的重资产、现金流相对一般、竞争格局分散的汽车零部件领域占据更多的市场份额，加速中国汽车零部件的全球化。未来疫情缓解之后，全球汽车相关产业将会逐步恢复，有出口业务的中国零部件企业将从其补库存行为中受益。2020年中国汽车零部件出口规模达到565亿美元，同比增长6.6%，2021年中国汽车零部件出口额为755.8亿美元，同比增长33.8%。

（四）"新四化"日益成为行业竞争的焦点

可拓展市场空间的限制必然加剧行业竞争，一方面，传统的价格竞争愈演愈烈，与原材料价格上涨一道对全行业利润空间进行双向压缩；另一方面，电气化、网联化、智能化和共享化代表的"新四化"竞争引入了更多非传统竞争者，并逐步演化为汽车产业未来的竞争焦点。和传统的燃油汽车相比，新能源汽车与智能网联设备的结合更为紧密，正在颠覆传统汽车的功能，使之发展成为移动智能单元而非简单的交通工具，这就使得在传统车企

之外，移动数据服务商、网络服务平台等非传统汽车企业直接加入了智能电动汽车的竞争者行列，造车新势力的队伍还在日渐庞大。新竞争者的进入，也加速了传统价值链和供应链的重构，汽车产业的新发展格局正在逐步成型。

（五）自主品牌乘用车市场份额进一步提升

近年来在一系列政策的支持下，我国汽车行业国产化进程日益加快，核心竞争力不断提升，吉利、长城、长安和比亚迪等自主品牌通过近年来的积累，在乘用车市场表现抢眼。自主品牌乘用车也越来越受到消费者的认可，自主品牌乘用车市场份额也逐年提升。2021年我国自主品牌乘用车销量为954.3万辆，同比增长23.1%，占乘用车总销量的40%以上。从图1可以看出，吉利、长安、五菱等企业新车销量已经稳居全国前十。2022年前三季度，自主品牌乘用车共销售816.3万辆，同比增长26.6%，占乘用车销售总量的48.1%。从表3可以看出，第一梯队头部企业比亚迪、长安和吉利的前三季度产销量均在80万辆以上。即使在高端产品上还存在一定差距，但自主品牌在国内乘用车市场上成为主流已经指日可待。

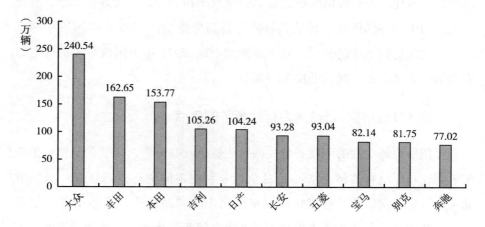

图1　2021年国内新车销量前十大品牌

表3　2022年1~9月国内乘用车销量排行前十企业

单位：万辆

排名	车企	销量
1	一汽大众	134.5
2	比亚迪	115.8
3	上汽大众	89.3
4	长安汽车	88.1
5	吉利汽车	84.8
6	上汽通用	76.6
7	广汽丰田	70.4
8	东风日产	70.0
9	长城汽车	58.1
10	上汽通用五菱	58.0

资料来源：乘用车联合会。

三　当前吉林省汽车产业存在的突出问题

（一）新能源汽车产能布局不足

新能源汽车和自主品牌乘用车是当前我国汽车消费市场上最具潜力的两个品类，吉林省自主品牌红旗已经逐步走上正轨，与国内领先厂商的差距逐年缩小。2011年以来，吉林省政府先后出台了《关于支持新能源汽车产业发展的若干政策意见》《关于加快新能源汽车推广应用的实施意见》《关于进一步促进新能源汽车加快发展的政策意见》等一系列文件，加大对新能源汽车的支持力度，并定下了到2020年新能源汽车产销20万辆的目标。但到目前为止，吉林省新能源汽车产销量仍然很低，2021年仅销售10万多辆，占全国的比重不足3%，这与吉林省汽车产业在全国的地位极不相当，也没有实现之前的既定目标。从表4中可以看出，吉林省已经被国内新能源汽车头部企业远远拉开了差距。吉林省新能源汽车的产能不足、产品不多、产业竞争力不强，已经成为吉林省汽车产业发展的短板，虽然一些新项目已

经在建，但产能释放尚需时日，在已经失去抢占市场先机的情况下，必须加快发展，迎头赶上。

表4 2021年全国新能源汽车及纯电动汽车销量排行前十厂商

单位：万辆

排名	新能源汽车厂商	产量	纯电动汽车厂商	产量
1	比亚迪	59.9	特斯拉	48.4
2	特斯拉	48.4	上汽通用五菱	45.2
3	上汽通用五菱	45.2	比亚迪	32.1
4	上汽乘用车	16.2	长城汽车	13.5
5	长城汽车	13.5	广汽埃安	12.0
6	广汽埃安	12.0	上汽乘用车	10.9
7	奇瑞汽车	9.8	小鹏汽车	9.8
8	小鹏汽车	9.8	奇瑞汽车	9.8
9	蔚来汽车	9.1	蔚来汽车	9.1
10	理想汽车	9.0	长安汽车	7.7

资料来源：乘用车联合会。

（二）技术创新能力还需进一步增强

虽然吉林省已经初步建立起以一汽为主的汽车产业技术创新体系，拥有上百户省级技术中心以及一些公共研发平台，但在整体的技术创新能力上仍然存在不足，技术竞争力落后于华东的长三角汽车产业集群和华南的珠三角汽车产业集群。从表5中可以看出，2020年一汽集团的R&D占比（研发投入占营业收入的比重）仍不到2%，低于上汽、广汽等传统竞争对手。

表5 2020年部分车企R&D占比情况

单位：%

车企	R&D占比	车企	R&D占比
一汽集团	1.64	东风汽车	2.8
上汽集团	2.07	长安汽车	4.9
广汽集团	8.1	比亚迪	5.46

资料来源：中汽协企业年报。

受制于整体经济发展环境，吉林省和一汽在研发投入、人才储备等方面均存在差距。尤其在新能源和汽车零部件产业链数字化工程、智能制造等方面研发和设备投入不足，在关键零部件电控系统、整车控制系统、汽车车身和结构轻量化、系统集成、电动助动转向、电动制动等领域有大量工作要做。省内多数配套企业规模偏小、技术研发能力有限，再加上疫情冲击导致的生存危机，很难跟上整车的技术开发进度。在高端零部件领域竞争力较弱，核心技术仍需突破。关键技术的缺乏势必导致产品品质和成本控制能力不足，直接影响产品的市场竞争力。

（三）产业发展所需的关键要素不占优势

从汽车产业的发展趋势来看，电动化、智能化、网联化和共享化的技术发展方向，决定了未来的市场竞争力，而新产业竞争力形成的关键要素集中于人才、资金、技术、管理、数据等方面。吉林省乃至整个东北老工业基地近年来人才外流现象严重，吸引投资能力有限，数字经济和平台经济等发展也落后于华东华南等发达地区。产业发展新要素的缺失将导致技术创新缓慢、成果转化困难、生产经营模式转型落后等一系列问题，直接影响汽车和零部件产业竞争力的提升，并面临陷入恶性循环的风险。作为行业龙头的一汽集团，还具备一定的新要素吸纳能力，但广大汽车零部件企业局面就更为困难；作为中心城市的长春，还具备一定的要素储备能力，但省内其他中小城市如辽源、四平、伊通等则处境艰难。

四　吉林省汽车产业保持竞争优势的对策

（一）加快丰富自主品牌乘用车产品体系

在未来趋于饱和的汽车消费市场中，自主品牌乘用车仍然具有一定的增长空间，抓住汽车产品结构调整的机遇，打造符合市场需求的更丰富的自主品牌产品体系，有助于吉林省保持产销量市场份额。一是继续加快红旗品牌

的新产品布局，实现L、H、Q、S四大系列产品的全面市场化，提升营销和服务水平，进一步推动红旗销量的快速增长，力争3~5年内销量冲进自主品牌第一集团。二是做好奔腾品牌的改革和产品结构调整，重塑品牌理念，明确产品定位，不断推出符合市场需求的新车型，加快产品换代周期，扩大产销量规模，将奔腾发展成国内自主品牌乘用车的主流产品。三是在载重卡车方面，解放品牌也应顺应潮流，稳步提升自卸及载货车的市场份额，加快轻型卡车的发展，引入新能源、智能驾驶等先进技术，积极融入信息化、智能化和电动化的新型智慧交通物流平台。

（二）加快扩大新能源汽车产销规模

新能源汽车是汽车市场发展最快的增长点，是未来发展趋势，尽快提升新能源汽车产销水平，提高市场占有率，是吉林省汽车产业当前头等大事。一是要加快新能源产能布局，举全省之力支持奥迪PPE等项目加快建设进度，力争早日建成达产。二是继续努力加快红旗等自主品牌乘用车的全系电动化进度，加快市场化进程，打造成国产高端新能源汽车的标杆。三是要在纯电动汽车、混合动力汽车、氢燃料电池汽车等多方向加强技术创新，特别是电池、电驱、电控等新能源核心技术。四是加快省内充电基础设施建设，采取促销费政策加快省内产新能源汽车的推广，有力支撑新能源汽车产能释放。五是以长春国际汽车城为中心，沿工业走廊培育和引进一批新能源汽车零部件核心配套企业，加强核心配套企业和整车企业的联动和技术衔接，打造完整的新能源汽车产业链和新能源配套产业集群。

（三）加快推进智能网联汽车发展

以自主品牌为载体实施智能网联汽车发展战略，优先实现红旗、解放、奔腾等自主品牌智能网联汽车的产业化发展。加快L3级智能网联技术的研发，提高L1、L2和L3级新车的装备比例，着手L4和L5级智能网联技术的研发，十年内争取实现产业化。研发方面，要集全省的科研力量，以汽车智能网联技术为核心，全面调动一汽技术研发院、吉林大学汽车学院、长春光机所、长春理工大学、启明信息等实力企业及科研院所，组建智能网联汽车联合创新中心。抓住打造"双循环"新发展格局和建设国内大市场的机遇，吸引国内外有兴趣的科研力量加入，打造世界级智能网联汽车技术高地，在车载终端、激光雷达、毫米波雷达、高精定位、操作系统等关键核心部件和多源信息融合、接口标准化、人工智能、环境感知系统、车载互联终端、集成智能控制等共性技术上，都争取早日实现重大突破。推广应用方面，加快国家智能网联汽车北方示范基地的建设，创建智能网联汽车产品性能验证、示范和服务平台，实现互联网、物联网和智能交通网的三网融合。

（四）加快培育现代汽车服务业

制造业与服务业的融合发展是当前一个重要的产业发展趋势，吉林省汽车产业应坚定融合发展的新理念，培育移动出行服务和现代汽车服务业等新兴业态。全力支持一汽做强红旗移动出行品牌，推动与全国各地的战略市场合作，打造全国性移动出行龙头。加快培育更多的现代汽车服务业，引导汽车企业与信息技术企业密切合作，充分利用数字吉林建设的重大战略契机，通过互联网、云计算、大数据等新兴信息技术，深度挖掘消费者潜在的多元化需求，创新现代汽车服务模式，推动产业链向后端、价值链向高端延伸。另外，诸如二手车交易、维修保养、汽车租赁、汽车文化等后市场服务，也要积极拓展相关业务，实现高端化、现代化转型。

（五）加快完善新型产业支撑体系

在继续加强技术创新体系、产业配套体系建设的同时，依据未来产业发展方向，构建新型支撑体系。智能制造是当前汽车制造业发展的大趋势，吉林省应加快推进整车企业数字工厂、智能工厂、智慧工厂建设，引导原材料供应、产品制造、销售服务全产业链开展汽车工业互联网的推广和应用，培育大批量定制化生产能力。引导汽车零部件企业在研发设计、生产制造、物流配送、市场营销、售后服务、企业管理等环节应用数字化、智能化制造系统。汽车产业的绿色制造也是硬性要求，要提早谋划，尽快实施，争取在更

严苛的行业标准到来之时变得更加积极主动。利用吉林省绿色材料生产优势，推进绿色材料、可降解材料在汽车零部件上的广泛应用。探索建立动力电池回收处理平台，加强省内报废新能源汽车的回收管理，完善新能源汽车的动力电池回收体系。

（六）加快提升产业发展保障能力

进一步完善汽车产业扶持政策，整合现有产业扶持的专项基金，逐步向新能源汽车、智能网联汽车倾斜，发挥更好的转型升级导向作用，重点支持关键核心零部件的研发、轻量化体系建设、智能制造和绿色制造项目等，积极扶持红旗、解放等自主品牌加快发展。同时，要加大金融服务产业转型的力度，助力汽车产业新兴业态发展，鼓励金融机构探索新的产融合作模式，重点支持新技术、新业态和有发展潜力的中小企业成长。探索吸引社会资本进入产业发展资金的新途径，多渠道筹集产业转型升级所需的资金。利用好东北老工业基地新一轮振兴的大好机会，建立与世界先进汽车和零部件企业的合作，增加与国内汽车集团和重点零部件企业的联盟，重点开展新能源汽车、智能网联汽车的前沿科技研发合作，争取引进核心技术和关键零部件，导入高端制造装备和加工工艺。依托吉林大学、长春汽车工业高等专科学校等省内高校，采取校企联合、定向培育、订单培育等定制化模式，持续培养一批又一批的高精尖专业人才和高技术能力工人。建立科学的人才引进机制，对吉林省汽车产业急需的专业人才和团队，要采取特殊政策和全面配套政策，全力引进并发挥作用。

B.9
吉林省"新旅游"发展的对策建议

摘 要: "新旅游"是吉林省推动产业转型升级、积蓄新竞争优势的关键领域,将为有序推进"一主六双"产业格局和引领产业高质量发展提供强力支撑。发挥"新旅游"对传统旅游业转型升级的引领作用、实现"十四五"时期发展成为"万亿级"支柱产业的目标,要深刻理解"新旅游"的丰富内涵,厘清"新旅游"在新时期面临的新发展趋势,通过"增供给"与"去库存"并行、推进数字技术赋能、加强旅游消费引导、完善新媒体营销矩阵、提高人才队伍专业性等方式,实现吉林省旅游业提质增效和高质量发展。

关键词: "新旅游" 数字技术 新媒体 去库存

旅游业的健康发展是吉林省有序推进"一主六双"产业格局和引领产业高质量发展的强力支撑。"新旅游"作为吉林省重点培育的"六新产业"之一,代表了新一轮科技革命和产业变革的方向,将成为推动产业转型升级、积蓄新竞争优势的关键领域。当前,全球疫情防控常态化对旅游业发展的方向与轨迹产生了深远的影响,国内国际双循环新发展格局也对旅游产品与服务的变革提出了新要求。"新旅游"如何在当前的新形势下实现"十四五"时期发展成为"万亿级"支柱产业的目标,并充分发挥其新兴产业对传统产业转型升级的引领作用,是当前值得思考的课题。

---

* 刘瑶,吉林省社会科学院软科学研究所副研究员,研究方向为文旅业、服务业。

一 "新旅游"的内涵

"新旅游"概念的提出,旨在立足新发展阶段与新发展形势,对旅游业的发展做出新判断与新探索,形成新的发展理念与发展路径,以满足旅游新生需求,带动旅游业有效增长与高质量发展,实现旅游产业"万亿级"发展的目标。"新旅游"的内涵包含四个层面。①

第一,产业定位迈上新台阶。吉林省旅游业已经从小行业发展为"十四五"时期倾力打造的三个万亿级支柱产业之一,而其高度的产业关联度也决定了"新旅游"发展与"四新设施"建设联系最为紧密,"新旅游"与各关联产业将形成互为推动、交错融合的发展局面,发展"新旅游"将在更高层次、更宽领域上促进"大旅游"格局的形成,这无疑将吉林省旅游业的发展与重要性提升到了新的高度。

第二,观念更新。发展"新旅游"的核心就是以新的发展理念为指导实现对传统旅游业的突破与探索,而观念的更新是引领旅游业突破式发展的根本,资源上要从以景区观光为主的有形资源开发向全类型、全域化有形与无形资源相结合的开发转变,产品上要从重资产型产品向高效率的轻资产型业态转变,营销上要从单一化向精准化、全媒化转变,人才观念要从单一服务型人才向管理型复合式人才培养模式转变,旅游组织形式也要从传统的组团游、跨境游向个性化的定制游、周边游等方式转变。

第三,动力焕新。我国传统旅游业发展长期以来依靠供给侧来产生需求,而推动我国旅游业发展的内在动力实际上来源于需求侧。尤其是在旅游产业体系日渐完善的新时期,激活旅游消费的潜在需求才是推动旅游有效增长的核心动力,因此必须改变以供给侧为重心推动旅游发展的固有思维,从供需两端同时发力,以需求牵引供给,共同推动旅游新格局的形成。

① 《深刻认识"新旅游"内涵 精准推动"新旅游"发展》,中国旅游新闻网,http://www.ctnews.com.cn/gdsy/content/2021-12/31/content_117278.html。

第四，发展路径创新。发展"新旅游"要贴合新时期旅游消费者的多样化需求，在发展路径上就必须突破传统旅游要素的约束，在空间、时间、产业等多个维度寻求深度融合发展，通过全域旅游建设、文旅融合推进、"产业+旅游"等途径拓展产业领域，实现旅游产品丰富度与体验感的提升。

二 "新旅游"发展面临的旅游业新形势

我国旅游业已在新时期进入新发展阶段，经济新常态下产业结构的变化、双循环新发展格局下供需的新平衡、大数据与创新驱动对产业更迭的推动，以及老龄化时代、高铁时代、共享经济时代等诸多时代因素相互叠加，将会对我国旅游业产生重大影响，使旅游业呈现出许多新的发展形势。

（一）创新成为旅游业发展的核心驱动力

我国旅游业的发展起步于改革开放初期形成的国际旅游需求，在当时国内旅游供给缺位、国外旅游需求得到释放的情况下，旅游体系的形成依靠"对外开放"构筑。进入发展中期，随着国内旅游需求的兴起，旅游业依靠旅游资源、土地等要素驱动逐渐构建产业体系，成为支柱产业。过去十年间，旅游业主要依靠投资驱动来扩大体量。而进入新发展阶段，外部旅游需求收缩，内部需求放缓，旅游体系日臻完善，无论要素与投资都难以继续推动旅游业有效增长，唯有创新才能成为推动旅游业高质量发展的核心驱动力，科技创新、文化创意、制度改革等才是现代旅游业发展的新动能。通过理念创新、体制机制创新、品牌体系创新和技术手段创新等手段，开辟旅游新市场需求，创造旅游新产品与新服务形式，构建旅游新模式，优化旅游产业发展环境，构建新型旅游组织，更新旅游产业链，从而进一步放大旅游对国民经济发展的效能。

（二）旅游平台成为旅游组织生态中心

传统旅游组织是以企业组织生态为核心的，旅游资源与要素的配置以及运营围绕处在产业链核心地位的旅游企业中心展开，旅游运行以旅行社这种企业组织为核心，因此，旅行社成为当时旅游资源和旅游要素的配置者与运营者，酒店、景区等作为旅游资源和要素的供给者，需要根据旅行社线路产品的技术标准来提供产品和服务。进入新发展阶段后，旅游业以互联网为依托，逐渐形成了以平台组织生态为核心的旅游运行模式。旅游资源与要素配置、行业运营多数是通过数字平台组织来完成的，平台组织成为旅游资源配置的运营主体。这种借助于数字技术和场景技术构建起的、以旅游平台组织为核心的新型组织生态圈，不仅能通过线上的数字技术为旅游服务商和游客提供服务性变革，也能通过数字技术整合旅游资源，更能按照共享经济的法则盘活闲置资源，提升旅游全要素生产率，从而达到对旅游产业全方位改造和升级。

（三）旅游群体年轻化

旅游 OTA 大数据显示，当前旅游群体呈现出年轻化的特征，40 周岁以下的人群成为旅游消费的主流，而其中"90 后""00 后"更是消费活力最高、潜力最大的群体，其在旅游消费群体中所占比例也呈现迅速攀升的趋势。年轻化的消费群体为旅游市场注入了无限活力，也加速了旅游产品市场更新迭代的速度。

首先，年轻游客对网络信息十分敏感，善于使用并十分依赖线上消费和社交媒体，习惯借助于旅游平台和社交媒体寻找志同道合的"消费圈"，因此催生了"网红打卡"式旅游消费。许多年轻游客会用社交媒体记录并分享自己的旅游过程，而潜在旅游群体可通过这种可视化信息获悉相关信息，随着这种分享越来越多，也形成了一批批"网红"景点与旅游产品，追随而来的后续游客则将这些景点与旅游产品视为"网红打卡"处，从而开辟出一条新型旅游营销推广路径。

其次，年轻游客更加追求个性化、创新性，自驾游、亲子游、自发组织的小团体自由行、定制游等方式占比越来越高，中旅旅行信息显示，2022年以来定制游占比已高达70%，较疫情前的占比20%有大幅上升。房车游、研学游、主题游以及别具匠心的文创产品等都是年轻游客青睐的产品。随着年轻游客旅游需求的不断增长，为了迎合消费市场需求，旅游产品和业态的创新速度与融合速度也随之不断加快。

（四）旅游需求升级趋势明显

居民文化水平的逐渐提高和视野的逐渐拓宽促使大众旅游偏好产生了由量向质转化的特点，需求升级趋势明显，与之前的"排浪式"旅游消费方式相比，如今人们更注重性价比，追求更高质量的旅游产品和更高水平的旅游服务。游客不再满足于走马观花式的观赏性活动，而是倾向于新奇多变的体验型旅游，深度体验不同的生活方式与文化特色成为游客的旅游动机。丰富的文化内涵、真实的文旅场景、集约式度假场所、周到的贴身定制等成为游客选择旅游产品的普遍倾向。只有富含高文化附加值的旅游产品，才能满足文化消费、休闲空间、餐饮文化、特色民宿、品牌服务等多元化旅游需求。从吉林省近年来的旅游消费倾向来看，文旅融合类产品备受青睐，长春世界雕塑园、省博物馆、旅游演艺、文旅节庆活动等游客接待量日益增加；配套设施齐全、服务完善、集合多种文旅元素与业态的综合型度假区广受欢迎，长白山万达度假区、神鹿峰旅游度假区、万科松花湖度假区、这有山文旅综合体、莲花岛影视休闲文化园游客量激增；高端酒店、特色民宿、特色餐饮、商业综合体、城市公园等特色化文旅场景成为消费主流。

（五）数字技术重塑旅游消费模式

随着数字技术的迅速发展，数字旅游成为我国旅游经济的重要组成部分。《中国文化产业发展指数和文化消费指数》数据显示，网络已成为旅游消费的重要渠道，游客对经过大数据等技术整合后的网络信息依赖度与喜爱度都越来越强。尤其是在新冠疫情对传统文旅产业产生巨大冲击后，以

"VR+内容"为核心的旅游产品成为疫情中人们重要的旅游消费内容,如今线上游戏、云旅游、云看展、网络直播都是最受欢迎的数字旅游产品。5G网络、移动支付、二维码等数字化基建的普及,也使得游客对数字技术支撑下形成的消费形式接受良好,呈现出较强的依赖性。近三年通过网络消费的旅游订单已占全部旅游消费的七成以上。移动平台上多种应用服务可以实现行程规划、信息搜索、导航导览、预订退订、团购优惠以及点评与分享等功能,实现了旅游消费"零距离"。互联网的贯通也使得游客可以从更多渠道获悉消费产品相关信息,从而拥有更多主动权和更丰富的选择性,游客可以十分便捷地查看旅游攻略、达人推荐与评价信息,也可以在各种销售渠道之间进行价格对比,这种局面打破了传统旅游行业与游客之间的信息不对称。许多旅游网站都推出了更为便捷、更为精细的服务,短视频的分享与传递也成为年轻游客进行产品选择的重要影响因素。

三 "新旅游"发展的产业基础

(一)产业体系不断优化

吉林省紧跟旅游业由传统转向现代的时代潮流,调整发展路径,以优化结构、延长链条、推动集聚为抓手,不断完善旅游产业体系,带动了旅游业整体发展水平的提升。依托全域旅游建设,支持各地打造功能完善、设施齐全、服务规范的文旅产品,积极助推全省文旅行业转型升级。通过不断拓展旅游投融资渠道,加大资金扶持力度与招商引资强度,优化投融资环境,不断扩大旅游投融资规模,项目建设突飞猛进,经济效益显著提升。延吉恐龙王国主题游乐园、梅河口东北不夜城、北大壶冰雪小镇、神鹿峰旅游度假区等引领性优质旅游项目纷纷落成。加快旅游交通网络建设,积极推进沈白高铁、敦白客运专线和敦化至牡丹江高铁项目三条高铁线路建设,加快机场扩建及航班开拓。踏实践行"两山"理论,深耕冰雪产业与避暑产业,同时推进乡村旅游、红色旅游、康养游、工业游等发展壮大,形成了联动冬夏、带动春秋、驱动全年、四季皆有特色的全域、全季旅游发展格局。"十三五"期间，吉林旅游总收入年均增长 20.74%①，旅游业从小行业成长为振兴吉林的新动能，奠定了新的万亿级支柱产业地位。

（二）文旅融合步履稳健

近年来，通过多方协作与推进，吉林省文旅融合取得了突破性进展，走出了一条"顶层设计、资源整合、项目带动、品牌培育、融合发展、全域发力"的特色文旅融合发展之路。吉林省注重文旅融合顶层设计与科学管理，为了引导文旅融合发展新思路，制定了一系列政策和措施，促进"多规合一"。为了推进文化和旅游产品与业态融合，吉林省深入挖掘地域文化，加快文化资源和旅游资源普查梳理工作进度，重构文旅资源新系统，打造多元产品。推出了一批具有文化内涵的旅游商品和文化主题鲜明的旅游目的地，鼓励文旅综合体开发，鼓励富含文化活动的旅游路线开发，为产业发展创造了广阔的空间。积极探索各种"文化+""旅游+"发展模式，并借助互联网的蓬勃发展，以科技手段助推文化和旅游新业态培育，不断拓展衍生品产业链，推动文旅产业要素集聚发展。以全域旅游建设为推手，突出创新创意，全省红色文旅、旅游演艺、主题公园、文化节庆、文化遗产旅游等业态纷纷涌现。推动文创产品、动漫、会展等文化产业融入旅游，以旅游业带动文化消费市场活力，形成"大旅游市场"。

（三）生态品牌彰显特色

近年来，吉林省以"绿水青山就是金山银山，冰天雪地也是金山银山"为指引，充分开发冰雪和避暑两大优势资源，发挥生态优势，丰富旅游产品，实施"温暖相约·冬季到吉林来玩雪""清爽吉林·22℃的夏天"双品牌战略，依托"雪博会"和"消夏季"，陆续推出了多个"吉"字号特色

① 《唱响旅游"四季歌" 吉林跑出"加速度"》，中国吉林网，http：//culture.cnjiwang.com/cyjlwc/202208/3616627.html。

旅游产品，打响了吉林省生态旅游品牌。吉林省近年来形成了集合冰雪观光、冰雪运动、温泉养生、民俗体验等多项内容的冰雪旅游产业。雪场品质全国领先，目前有 53 座滑雪场、41 条架空索道，雪道总面积达 665.7 公顷。2021~2022 雪季全省雪场总接待能力达 500 万人次，接待规模全国第一。[①] 万科松花湖度假区、长白山国际度假区、吉林北大壶三大滑雪场年接待量稳居全国前列。携程旅游数据显示，近年来长白山、长春、吉林市都位列全国高人气冰雪旅游目的地前十位。自 2017 年推出避暑休闲产业以来，吉林省充分发挥长白山、松花江、鸭绿江和图们江"一山三江"山水生态资源优势，不断丰富避暑休闲产品供给，形成了山地避暑、森林避暑、滨水避暑、田园避暑四大产品体系。消夏节开展的各种节事活动从 2017 年的 120 余项增加到 2019 年的 400 余项，2019 年避暑季全省游客接待量 12824.97 万人次，同比增长 12.10%；实现旅游收入 2464.00 亿元，同比增长 17.70%。[②]

（四）业态创新亮点纷呈

吉林省以创新引领为理念，不断探索"旅游+"融合新路径，拓展旅游消费场景，提升旅游产品品质，推动了旅游业态的不断创新。冰雪旅游项目新业态不断涌现，长春冰雪新天地、长春汽车冰雪嘉年华、雪地音乐节、冰湖垂钓、雾凇漂流、林海逐鹿、冰上越野等项目为吉林省冰雪旅游注入了新的活力。夜间旅游亮点纷呈，长白山、松花湖、净月潭等景区纷纷打造夜间文旅景观，长春红旗街、梅河口霾街，集安夜市等商圈开辟夜间经济集聚区，截至目前有 3 家景区入选首批国家级"夜间文化和旅游消费集聚区"。红旗小镇项目开创性地将汽车工业与文化旅游相融合，被纳入全国 15 个典型小镇之一。长春市依托丰厚的电影文化积淀，打造了"影视+文旅"新型

---

① 《"助力冬奥　乐享吉林"北京 2022 年冬奥会倒计时 100 天吉林省冰雪体验系列活动启动》，中国吉林网，http://news.cnjiwang.com/jwyc/202110/3469250.html#20898。
② 李樊：《新动能打开振兴发展新空间——我省文旅产业高质量发展综述》，《吉林日报》2019 年 12 月 30 日。

文旅业态，莲花岛影视休闲文化园区、红旗街长影文化艺术街区等成为街拍达人的网红打卡地。数字旅游方面，"云游吉林"系列产品丰富多彩，伪满皇宫开辟了全景 VR 展厅，将瓷器、服饰、书画等藏品进行网络展览；长白山游览直播可令网友身临其境饱览雪域风情；文旅云沙龙、非遗线上展、一图游吉林、雪博会数字产品等也广受欢迎。

四 "新旅游"发展的桎梏

（一）产业韧性有待提升

当前，旅游业发展面临着前所未有的时代挑战，即旅游经济要在抵御风险冲击的同时提升产品与服务质量，这对产业韧性提出了高要求。产业链条完善、要素整合协同、转型创新能力较强的旅游经济将能够在变局之中形成新的竞争优势。吉林省旅游产业发展尚不成熟、产业链不够健全、产业结构相对单一、产业现代化程度不高，运行模式较为粗放、追求短期效益忽视长期规划的现象尚未得到明显改善，加上地域协同联动缺失等问题长期存在，导致旅游产业韧性不足，这将成为"新旅游"发展的桎梏因素。

（二）低效闲置项目有待盘活

吉林省还存在着许多经济效益差、业态需要淘汰的低效闲置项目。这些项目有的在初建时急于赶进度导致落地成果远低于规划预期，有的项目缺少前期市场调研，导致所建业态背离客源市场需求，有的项目后期投入与更新不及时已跟不上市场需求，还有的项目只追求短期利益、火爆一时后热度难以维系。这些低效闲置项目所占据的投资与资源是极大的浪费，若能将这种"库存"予以盘活，将可快速提升旅游业发展效率，提升高质量项目比重。

（三）数字化水平有待提高

推进数字技术赋能已经成为各地提升旅游产业韧性的必然选择。但吉林

省旅游业数字化水平与其他旅游业发展较好的省份相比尚存在较大差距，数字化转型意识不足，数字化建设能力有限，企业运用数字技术的能力较低，且许多数字化旅游项目停留在简单的技术叠加层面，真正将数字技术融合于旅游产品形成创新型旅游项目的少之又少。吉林省旅游业网络营销也刚刚起步，目前还存在互动性不强、信息载量小、传播效果不佳、功能设置不规范等问题。

（四）人才结构有待优化

发展"新旅游"必将促进旅游需求的多元化与旅游市场的细化，应对这种转变需要专业能力更强的旅游人才队伍提供智力支撑。吉林省旅游从业人员知识水平偏低、服务意识不强、职业素养不高，难以应对多元化旅游需求，复合型管理型人才短缺、高层次技能型人才匮乏、自主创新能力不足也一直是吉林省旅游人才结构的短板。人才队伍专业能力不足不仅直接影响旅游服务质量与口碑，也间接成为旅游业创新发展的桎梏。

五　"新旅游"发展的对策建议

（一）"增供给"与"去库存"并行

在将旅游产业"做大"的同时"做强"，只有做优增量和优化存量相结合，"增供给"与"去库存"并行，才能促进旅游业提质增效。"增供给"方面：在投融资、用地、税收等方面多措并举促进优质旅游项目落地，扩大优质增量；丰富旅游体验、促进业态创新，开发综合度高、承载力强、互动性好、满足多元需求的文旅产品，增强以产品体验为核心的市场竞争力；强化冰雪旅游和避暑休闲双品牌引领，构建多样化旅游产品体系，开发吉林特色的冰雪和消夏旅游体验项目，拓展产业链，打造旅游 IP 经济。"去库存"方面：成立省级联合督促指导组，指导各地全面摸底排查低效闲置旅游项目，建立项目清单和整改台账；以市场机制为导向制定"库存"项目的盘活方案，考察客源市场需求与现有供给之间的错位与落差，为尚有提升空间的项目制定优化方案，支持应该淘汰的项目转作他用；建立旅游低效项目及时处置机制，设置观察期和考察期，及时干预或处理低效闲置项目，避免损失扩大和资源浪费。同时，制定盘活方案要从"重投资"型转向"轻资产"型，注重社会经济效益。

（二）推进数字技术赋能

顺应数字产业化和产业数字化发展趋势，一是推进数字技术赋能旅游"新基建"。着重推进城市与企业智能化建设，为旅游行业管理、旅游企业经营和旅游消费者出游提供高效优质的信息服务；着重对新媒体行业进行投入，助推传统媒体与新兴媒体融合互促；推动虚拟现实、裸眼 3D、全息投影、交互投射等数字技术更新升级；推进一站式、全流程线上旅游服务信息平台建设，构建旅游数据中心库、旅游目的地营销系统、旅游产品预订系统和旅游电子商务系统。

二是推进数字技术赋能旅游产品供给。将大数据、5G、VR、全息投影等数字化技术应用于文旅资源的开发利用，通过数字科技投入和创新，在技术上将抽象的文化具体化，与旅游情景相叠加，提升游客的文化感知，以技术创新打造旅游产品，从而提升旅游产品供给能力；丰富个性化、定制化、品质化的数字旅游产品供给，打造一批具有审美价值和文化价值的"吉"字号高质量旅游精品。

三是推进数字技术赋能旅游新业态。加快数字技术赋能，推动传统文旅资源的创造性转化和创新性发展；促进数字创意、数字娱乐、数字艺术展示、沉浸式体验等新业态发展，打造旅游业新型商业应用数字化场景，构建云游戏、云演艺、云展览、云旅游等全新数字化应用场景；推动线上流量集聚、推广营销与线下流量转化、在地消费等结合，形成数字旅游消费新体验和新模式。

（三）加强旅游消费引导

加强旅游消费引导，激发旅游消费潜能，将为吉林省"新旅游"发展提供强大的动力支撑。加强旅游消费引导需从提高旅游消费意愿、促进旅游

供给与新时期旅游需求有效对接、丰富旅游消费方式三个方面发力。

一是提高旅游消费意愿方面，推出更多的文旅活动，并优化旅游产品的价格，使旅游产品与服务价格趋于合理化，改善当前旅游消费价格水平高于居民收入水平的现象。持续推出旅游消费券、惠民卡、旅游联票等优惠措施，激发旅游消费活力。

二是促进旅游供给与新时期旅游需求有效对接方面，打造旅游供需对接服务机制，促进旅游供给者和消费者的"双向互动"，提升市场活跃度，提高消费者参与旅游市场供需对接的主动性。建立反映市场供求关系、资源稀缺程度等旅游产品和服务价值评估体系。引导供给者从市场角度研究消费者的旅游需求，开发体验度高、参与感强、灵活性好的互动消费模式。精准分析不同消费群体的需求层次，培育旅游新业态，营造更多元化的消费场景，推动旅游消费产品和服务品质更新升级，满足人们多元化消费需求。

三是丰富旅游消费方式方面，鼓励把旅游消费嵌入各类消费场所，加大旅游消费基础设施建设投资力度，多渠道推进旅游消费配套设施建设，支持文旅消费综合体建设。

（四）完善新媒体营销矩阵

我国旅游营销已经迈入新媒体时代，新媒体独特的互动性与融合性能有效打破旅游消费者与旅游供给者之间的信息不对称，增强两者的良性互动与沟通，实现需求与供给的精准对接。新媒体营销是"新旅游"发展的强大助力，将在未来新时期旅游业发展中展现更大影响力。2022年吉林省文旅厅集结省内140余家新媒体平台成立了吉林省旅游新媒体联盟。完善新媒体营销矩阵，首先，要加强新媒体联盟内部成员的交流互鉴与协同发展，强化行业规范与运营监管，打造多元化新媒体旅游营销模式，提升旅游新媒体互动平台的影响力，实现跨地域、跨级别、跨职能的横纵双向联动。其次，注重新媒体平台输出内容的质量，优质的原创内容才是新媒体营销取得良好效果的关键。要以社交媒体黏性用户的需求与兴趣点为出发，以点带面，制作包括旅游产品和目的地相关信息的营销内容，突出文化体验与娱乐要素，创造网红打卡地，引导旅游消费。同时注重热度维护，对热点产品进行多角度深层次成长式推广宣传，扩大知名度。此外，强化新媒体与潜在旅游消费者的互动体验，优化平台界面设置，从互动信息与反馈信息中提取消费者关注的热点与舆论舆情，提高新媒体平台的反应速度，加强消费者与旅游企业和媒体间的良性沟通。

（五）优化人才队伍结构

人才队伍建设是发展"新旅游"重要的智力支撑，优化旅游业人才结构、提高人才队伍专业性对新时期吉林省旅游业发展至关重要。一方面，要加强人才引进与管理，落实高层次人才优厚待遇，对企业引进符合条件的高层次人才给予奖励或补贴，运用减税、贴息等优惠政策的方式引进人才，对引进的人才实行自主灵活的薪资模式；落实创业创新的鼓励政策，创新人才激励奖励机制。重点引进创意设计、专业技术、经营管理等方面的高端人才与文旅复合型人才。另一方面，要加强人才培养与培训。畅通吉林省旅游人才培养路径，不局限于高校培养，也要积极推进在职培训、定向委培、专业人才和技术人才培育；开发互联网人才培养渠道，成立专职机构负责搭建互联网教学平台，推广宣传旅游业网络教学，定期开展旅游专业知识教学工作和线上教学测评工作，并跟踪评估教学质量。鼓励企业加强内部培训，建立员工交流平台，针对专业漏洞精准培训，重点提升旅游从业者的新媒体运用技能和对接新型旅游需求的个性化服务意识，鼓励组建"旅游+短视频+直播+带货"的专业团队，以实现高效营销转化。

参考文献

［1］单钢新、陈怡宁：《新时期我国旅游需求侧管理的内涵与实现路径探讨》，《决策与信息》2022年第10期。

［2］刘鲁、党宁、宋志伟、郑果：《新阶段、新理念、新格局中的旅游与旅游研究》，《旅游学刊》2021年第12期。

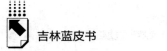
［3］刘一煊：《文旅消费新格局正加速形成》，《经济》2021年第10期。

［4］廉一博：《关于新时期旅游产业经济发展问题及改革研究》，《经济研究导刊》
2021年第18期。

［5］刘娜：《旅游业融入"双循环"新格局的路径》，《社会科学家》2022年第
2期。

［6］张妍：《"双循环"新格局中数字文旅创新发展探析》，《旅游纵览》2021年第
23期。

B.10
吉林省房地产业平稳健康发展的
对策建议

王佳蕾*

摘　要： 房地产业是吉林省经济发展的重要产业，房地产业的平稳健康发展对吉林省的经济增长，对"增进民生福祉，提高人民生活品质"都起到关键性作用。促进吉林省房地产业的平稳健康发展，可以通过去化房地产库存、发展住房租赁市场、落实和改善现有政策、提振市场信心等途径。

关键词： 房地产业　房地产市场　房地产库存　纾困基金

现阶段我国房地产业的发展，从政策面上来看，主要有两大政策方向，一是"房住不炒"，二是"稳"字当头，支持刚需，维持房地产业的长期平稳健康发展。吉林省房地产业近年来的情况经历了从过热、降温，再到2022年疫情再度来袭降至冰点的过程。伴随疫情的好转，吉林省房地产业也从2022年6月份开始出现回暖。

一　支持发展房地产业的必要性

2022年全国房地产市场形势严峻，销售大幅回落，大房企拿地比上年减半，土地市场呈现价缩量涨的态势。在市场遇冷、政策上要求"住房回归居住属性"的前提下，吉林省仍然需要重视并鼓励发展房地产业。

---

* 王佳蕾，吉林省社会科学院副研究员，主要研究方向为产业经济学。

（一）房地产业的特征决定其重要性

房地产业具有先导性、基础性、民生性和关联性四大特征。房地产业是区域经济发展的重要产业支柱，与城市经济扩张密不可分，房地产业的供给能力在一定程度上是区域经济保持持续增长的关键因素。房地产业是国民经济的基础性产业，不仅包含土地的开发、房屋的建设，还包括房屋的修缮、管理及配套设施的建设，而且土地出让以及房屋的买卖、租赁所带来的出让金和税收是地方财政收入的重要来源。房地产业与民生息息相关，为老百姓解决最基本的"住"的问题，房子、房价永远都是大家热议的话题，住房支出也是大多数家庭最大的财产性消费支出。房地产业的产业关联性大，与其直接相关的行业就多达50余个，不仅涉及建材工业、冶金、化工、机械等生产资料生产部门，还涉及家具、家电等民营工业以及旅游、园林、商业等服务业，对经济发展有极大的推动作用。

（二）房地产业对经济增长具有重要作用

现阶段房地产业仍然是吉林省经济的重要组成部分，对吉林省的经济增长发挥着重要作用。即使受到疫情影响，2021年之前，吉林省的房地产业增加值一直都保持在每年3%~5%的增长，2021年开始进入1.35%的负增长，2022年前三季度增速继续降至-7.3%，但是这是以整个经济下行的大环境为背景的，而且降幅有所收窄。从房地产业占全省GDP比重来看也基本处于逐年增加的趋势，从2017年的3.5%一直增加到2022年第一季度的7.4%。可见，房地产业对于吉林省经济发展其实是起到越来越重要的作用。

（三）房地产业尚有一定的发展期

房地产业联动着城镇化，城镇化是房地产业发展的重要推力。城镇化带来大量人口进城，这必然推动房地产业的发展。发达国家的城镇化水平一般在70%~90%，我国2021年的城镇化率为64.7%，城镇化率大约每年提高1个百分点，按照这个速度计算，即使我国城镇化率达不到90%，保守估计达到

70%~80%，我国的城镇化进程还需要至少 7 年，多则十几二十年才能完成，也就是说房地产业还有如此长的发展期。吉林省的城镇化率略低于全国平均水平，2021 年吉林省的城镇化率为 63.36%，吉林省的城镇化还有很大的发展空间，因此，虽然房地产行业的黄金发展期已经过去，但是仍有一段发展期。

（四）房地产市场存在大量需求

基于以下几点原因，吉林省房地产市场仍然存在大量需求。首先，流动人口大量增加。虽然近年来吉林省的人口总数逐年减少，2021 年与 2011 年相比较，十年人口减少了 351.1 万人，但是城镇人口增加了 196.1 万人，流动人口数量也大量增加。2021 年吉林省第七次全国人口普查结果显示，全省流动人口为 795 万人。流动人口中，跨省流入人口为 100 万人，省内流动人口为 695 万人。与 2010 年第六次人口普查结果相比，流动人口增加 480 万人，增长 152.42%，流动人口的增多可以带来对住房的刚性以及未来改善性的需求。其次，住房产品更新换代。旧房大多存在房屋本身和管道的老化、物业服务不到位等问题，而新房应用新建筑技术和新材料，房屋质量得到很大程度的提升，而且建筑外观和内部设计更加美观和人性化，再加上贴心管家式物业服务和独具设计的园区景观绿化，都能够大幅提高居住的品质，也带动了改善性需求的增加。近年来，购房者中改善性需求人群比例呈上升趋势。最后，疫情产生"双刃剑"效应。疫情一方面减少了一部分人的收入导致住房需求短期内无法满足，另一方面由于疫情居民长时间地完全居家工作和生活，人们对住房的居住面积、房间数量、小区物业水平等居住条件的提高充满向往，催生出很多潜在和有效的改善性住房需求。

二 吉林省房地产市场发展现状

（一）实际供给减少

吉林省房地产市场供给上，无论是从房地产投资，还是从施工面积和新

开工面积上来看，都是连年增加的趋势。2021 年吉林省房地产投资 1540.9 亿元，比 2020 年的 1460.8 亿元增长 5.5%，虽然涨幅比上年的 11.0% 有所收窄，但是在疫情条件下仍然保持该幅度的正增长，说明房地产开发企业对吉林省的房地产市场依然看好。2021 年吉林省商品房施工面积 1.3 亿平方米，比上年增长 5.8%。2021 年商品房新开工面积 3120 万平方米，比上年增长 17.2%。但是竣工面积在 2020 年和 2021 年两年分别以 21% 和 12% 的速度连续减少，也就是说商品房的实际供给连续两年在减少。

（二）有效需求减少

这两年无论是新房还是二手房的有效需求都明显减少。2020 年吉林省商品房销售面积 1830.79 万平方米，比上年减少 13.7%，2021 年销售面积 1836.28 万平方米，比上年增加 0.3%。长春市商品房销售面积连续两年下滑。2020 年长春市商品房销售面积 1126.8 万平方米，比上年减少 19.0%，2021 年销售面积 1027.25 万平方米，比上年减少 8.8%。长春的二手房交易套数近两年也是连续减少。2020 年和 2021 年长春市二手房成交套数分别为 7.1 万套和 6.14 万套，分别比上年减少 17.5% 和 15.5%。

（三）房价下跌

房价是房地产市场的晴雨表。2020 年吉林省商品住房均价为 7488 元/米^2，长春市均价为 9128 元/米^2。2021 年之前吉林省的房价逐年上涨，从 2011 年到 2020 年的十年商品住房价格以平均每年 6.75% 的速度上涨。2021 年和 2022 年上半年房价比之前有较大幅度的回落。2021 年吉林省房价跌幅大约在 7%，跌幅较大，全国排在第二的位置。长春市 2021 年商品房销售价格为 8426 元/米^2，比 2020 年下跌 6.56%。

（四）保障性租赁住房加快发展

现在国家大力倡导发展保障性租赁住房，解决符合条件的新市民和青年人的住房问题。吉林省响应国家政策，也出台了相关支持政策，而且计划

"十四五"期间发展保障性租赁住房不少于 3 万套，这也有利于优化住房供应结构，促进房地产业的平稳健康发展。保障性租赁住房的建设不仅能加快吉林省建立"多主体供应、多渠道保障、租购并举"的住房制度，缓解新市民、青年人等的住房困难，切实解决"夹心层"人群的居住问题，助力实现全体人民住有所居，还能够有利于优化住房供应结构，健全吉林省的住房租赁供给体系，促进吉林省住房租赁市场的发展以及房地产市场可持续发展长效机制的建立，助力吉林省整个房地产市场的长期健康稳定发展。强化保障性租赁住房建设是吉林省下一步对住房市场的工作重心。

三　吉林省房地产业存在的问题

（一）房地产库存过剩

现在整个房地产市场的供给、需求、价格都呈下行趋势，市场状态低迷，导致吉林省现在的房地产库存也过多。房地产的高库存不仅影响投资和经济发展，还影响地方财政和房企运营，甚至会导致金融和社会风险。2021年，吉林省商品房供销比为 1.45，超出 0.8~1.2 的合理范围，出现供给过剩的情况。克而瑞数据显示，截至 2022 年 7 月末，长春市商品住宅狭义库存量接近 1500 万平方米，去化周期超过 29 个月，远高于 18 个月的警戒线。

（二）房地产企业资金压力较大

2022 年 7 月份以来全国多地出现停贷潮，吉林省长春市也有一个项目开始停贷。房地产企业融资成本高，融资困难，再加上市场冷淡导致销售额的大幅度减少以及利润空间的降低，房企资金回笼困难，偿还贷款出现问题，尤其是 2022 年上半年疫情导致工地停工、工期拖延，使得房企的资金情况更加雪上加霜，部分房企已经是挣扎在生死线上。如果大量的房屋延期交付或烂尾，不仅会对房地产市场产生影响，还有可能进而产生系统性金融风险，甚至发生经济危机。

（三）房地产市场购买力不足

疫情尤其是上半年疫情的影响，吉林省整体经济下行，企业、私营业主收入遭受影响最大，收入的大幅度减少导致部分准购房者首付不足，即使首付攒够，考虑到未来收入的不确定性，还贷有可能出现问题，也会导致部分住房需求短期内无法实现，很多人原来的买房计划只能延后、搁置甚至放弃。

（四）居民对市场期望较低

从 2016 年末"房住不炒"政策提出至今，这个观念已经深入人心，炒房现象已经基本杜绝，住房也基本回归居住属性，这为之前火爆的房地产市场带来很大程度的降温，但是伴随这两年疫情的反复，整个房地产市场遇冷，开发商资金链开始出现断裂，很多楼盘在价格上大打折扣，还有赠送车位、装修、家电大礼包等优惠促销活动，二手房市场价格也大幅度缩水，即使在这种情况下很多房子仍然是有价无市，还有大街上随处可见倒闭的商铺，以及出租出兑的字样。这种市场行情导致居民对市场未来丧失信心，判断房价会继续下行，普遍持观望态度。

四 促进吉林省房地产业平稳健康发展的对策建议

目前吉林省已经陆续出台一系列政策来提振房地产市场，主要有团购房、房交会补贴、贷款商转公、人才和农民购房补贴、贷款降首付提额度以及组合贷等，可以说已经相当全面和细致。在此基础上，为促进吉林省房地产业平稳健康发展，经过调研和座谈研讨，提出以下几点建议。

（一）去化房地产库存

1. 控制土地供给

吉林省各市区房管部门应定期向省国土部门上报住宅、商业营业用房、办公楼等各类房屋库存变化情况和当地房地产市场运行情况，相关部门根据各地房屋库存数量和去化周期，结合当地未来发展规划和市场需求，制定和相应调整房地产开发土地供应规划，科学调控土地供给规模，差别化供应土地，建立库存去化与建设用地供应相联动的机制，从供给端调节预期土地供应量，从根本上控制房屋供给，加速库存去化。对于房地产库存去化周期超过 18 个月的市县应该暂时停止供应土地，对库存去化周期在 12 个月至 18 个月之间的市县应该适度减少对土地的供应。

2. 优化供给结构

房地产企业要适应市场需求，调整产品供应类型，积极推进产品创新升级，全方位提升房屋品质，增强项目的宜居宜业性，尽量减少增量库存。房地产开发企业要提高产品的功能性，将产品做精做细，以更多的价值来获取客户的认可和满意，如为了满足二孩、三孩家庭对房间数量需求的增加推出小三室产品，为了适应整个社会进入老龄化而推出适合老年人居住而设计的产品，为了适应消费者个性化需求推出定制产品。同时，房地产企业还要不断提升服务质量，积极建设和完善相关配套设施，在项目开发建设时将小区人性化物业服务和社区配套做好。

3. 发展二手房市场

健康的房地产市场应该是新房市场和二手房市场两个市场协同发展，二手房市场的发展能够通过存量住房资源的重新优化配置满足部分中低收入居民的居住需求，减少保障性住房压力，还能带动新房市场的发展，拉动整个房地产市场的全面发展，对改善性住房需求的增加和去化新房库存起到促进作用。

吉林省现在的二手房市场也呈现量价齐跌的趋势。吉林省已经出台的房地产政策都是针对新房市场的，尚未出台带动二手房市场发展的政策。可以通过降低交易税率、减小住宅和商业用房的交易成本来促进二手房市场的发展，比如适当降低二套住宅和商业类产品的契税、营业税。

4. 进一步激励农村人口和吸引外地人来吉林省买房

增加住房需求不仅可以通过刺激吉林省内城镇居民的需求这一条途径，

还可以通过吸引农村人口和外地人来吉林省购买住房这条途径。一方面，要落实好农村人口进城买房的相关鼓励政策，这样在改善其居住条件的同时，还可有效释放农村土地资源，使自然禀赋优越的农村房基地可以创造更多商业价值；另一方面，可以借鉴前几年美国去库存吸引外国人购房和海南等地吸引北方人购房的经验做法，吸引外地人来吉林省买房、租房，扩大休闲度假避暑居住需求。吉林省有很多城镇风光优美，气候宜人，具有浓厚的历史文化底蕴，对外省人甚至外国人来居住和度假具有很强的吸引力。吉林省可以针对外地人购房推出一些优惠政策，如给予一定的奖励或补贴。同时，吉林省还可以大力发展养老、教育、旅游等多元化地产和特色县、镇房地产。

（二）发展住房租赁市场

住房是人们生活的必需品，租赁住房是绝对的刚需，租赁住房能更好地体现"房子是用来住的、不是用来炒的"定位。加快建立租售并举的住房体系是保持房地产市场长期稳定健康发展的重要保障。

1.增加租赁住房有效供给

租赁住房有效供给的增加，不仅是租赁房源数量上的增多，还要体现在房源质量的提升上。租房者的房源可选性增多，租赁房屋的品质上升，人们租房的意愿也会有所提高。吉林省可以从以下几个途径增加租赁住房的有效供给。第一，调整住房供应结构。吉林省可以通过出台优惠鼓励政策，将新建住房引入租赁市场。通过降低税费、减少土地出让金、给予金融贷款优惠等支持政策，有效降低企业开发运营成本，鼓励开发企业将部分新建住房用于出租，吸引开发企业投入住房租赁市场的建设中去。第二，发展住房租赁企业。扩大住房租赁企业规模，提高企业专业化水平，更好地满足吉林省住房租赁需求。第三，鼓励个人将闲置住房对外出租。一方面可以通过减免增值税等方式提高个人出租住房的积极性，另一方面还可以培育专业化的住房租赁管理企业，对住房提供招租、签约、维修、收房等一系列服务，使个人住房能够更加省心和放心地进行出租。

2. 赋予租房者更多公共服务权利

我国已经选取 12 个城市作为开展"租售同权"的试点，未来吉林省也要逐步实现"租购同权"，使租房者在教育、医疗、就业、养老等公共资源方面可以与买房者得到同等待遇。这些权利中，最受关注的当属同等教育权，吉林省应参考试点城市做法，根据吉林省各地实际情况，及早进行筹划，制定出实施方案。租房者公共服务权利的提升也有利于转变人们"重买轻租"的住房消费观念，不再将租房作为迫不得已的选择，而是将购房与租房二者并重作为解决住房问题的途径。

3. 加大对房地产中介机构的管理力度

在房地产市场中以租房为唯一业务存在的租赁中介机构很少，房屋租赁大多都是与房屋买卖一起作为房地产中介机构的主营业务，对租赁中介机构的监管也就是对这些房地产中介机构的监督和管理。全省的房地产中介机构缺乏有效的引导和管理，要针对房地产中介机构制定管理规定，规范经营行为，提升服务水平。明确租赁中介机构服务标准、行为规范和违规惩罚办法，对中介机构从业人员进行专业培训，从整体上提高人员业务素质，以向社会提供更加优质的服务。对房地产中介机构的经营情况和信誉度进行综合评价和评分，诚信经营、信誉度高的给予奖励，违规经营、信用度低的进行打击和惩治。扶植信誉好的房地产中介机构发展壮大，引导已经形成一定规模的房地产中介机构做大做强，成为行业品牌。

（三）落实和改善现有政策

就吉林省已经出台的房地产政策要做到真正落实，并对政策进行具体细化和优化，让政策更具有可操作性，更能帮助企业纾困解难，更能刺激房地产需求。

1. 落实政策

对已经出台的政策要做到真正落实到位，相关职能部门能够按照新政策执行办理。例如，2022 年 3 月 4 日吉林省发布《关于应对疫情影响支持服务业健康发展的若干政策举措》，其中包括延期缴纳土地出让金这一政策，

但是有企业反映到相关部门办理该项业务时，实际操作存在困难，政策无法落实。建议相关职能部门能够想尽办法，克服困难，支持政策落地，帮助房地产企业渡过难关。

2. 细化政策

已经出台的政策，有的比较笼统、模糊，政策不够清晰，建议可以将政策具体细化。例如，长春市出台的"团购房"政策，只是提出"支持集中批量购买商品房"，并未具体指出购买多少套住房才算是团购，以及具体优惠力度。这点可以借鉴浙江桐庐出台的团购政策，政策明确说明在备案价打折基础上，一次性购买十套及以上商品住房可以优惠3%，一次性购买20套及以上优惠5%，政策一目了然，也更具有可操作性。

3. 优化政策

建议对已经出台的政策根据实际情况进行改善。比如，前一阵刚刚出台的针对人才和农民工的购房补贴政策，这项政策规定人才和农民工购买首套面积小于90平方米的住房，每平方米补贴200元，对于必须小于90平方米这个面积，似乎有点局限，90平方米并不算大，就是普通两室住房，可能有的购房者尤其是高级人才想一步到位买个面积稍大点的，却反过来被补贴政策束缚。建议无须限制购房面积，可以调整为每平方米补贴200元，补贴上限1.8万元，这样可以在不增加补贴总额的前提下，给予补贴对象更大的选择空间。

（四）提振市场信心

人们普遍的心理都是"买涨不买跌"，当前低迷的房地产市场行情使得大家降低市场预期，对市场未来缺乏信心。只有人们对市场的未来发展长期看好，才能激发需求、去化库存，市场才能良性健康发展。

1. 政府主动作为

各级政府和相关部门要积极研究，主动作为，克服躺平心态。随着经济的发展、人们观念的更新，住房既是固定资产，也成为一种消费商品，如同服装等产品，除了刚需，也可以有改善需求，有条件的居民甚至可以拥有多套不同使用属性的住房，不必局限于套户比来确定饱和度。政府部门要从供给侧下功夫，引导市场开发新产品，满足新需求。

2. 成立房企纾困基金

政府牵手资产管理公司（AMC）设立纾困基金，可以帮助房企补足资金缺口，化解债务危机。我国一些城市已经成立房企纾困基金，东方资产、长城资产、信达资产、华融资产四大全国性资产管理公司先后入局出险房企的收并购，已向包括恒大、融创、世茂等多家在列的知名房企伸出援手。吉林省可以参考和借鉴以下城市设立纾困基金的经验。2022 年 8 月 5 日，郑州市按照"政府引导、多层级参与、市场化运作"的原则，采用母子基金方式运作，由中心城市基金下设纾困专项基金，规模暂时定为 100 亿元，该专项基金既是全国首个落地的地产纾困基金，也是目前规模最大的地产纾困基金。随后，交通银行淮北分行成功投放首批房企纾困资金 3 亿元。南宁市 3 家国企牵头设立房地产纾困基金，预计首期出资 30 亿元。杭州正计划成立纾困基金，将由当地国有房企杭州市房地产开发集团有限公司牵头，首轮融资规模约为 20 亿元人民币。

3. 房地产企业做到"保交付"

在当前的大环境下，房地产企业的确存在资金紧张、工期耽误等重重困难，但是眼下首要的还是应该做到已开工项目的"保交付"。只有保证项目的如期交付，才能防止停贷现象以及一系列对金融、社会恶性影响的发生，而且这也有利于人们对房地产市场信心的建立。建议政府为保障房地产企业"保交付"，在融资贷款、税费等方面给予政策倾斜和支持，前面提到的房企纾困基金也可以为项目资金提供流动性，保证楼盘完工。政府与企业需共同努力，共同稳定市场局面，稳住民心。

4. 开展宣传活动

建议继续举办宣传效果较好的房交会系列等活动，通过不同形式的宣传活动，刺激活跃房地产市场的发展。2022 年长春市举办的房交会都很成功，开发商拿出折扣，政府给予补贴，不仅促进了成交量的大幅度提升，对活跃市场、提振民心也起到了一定的积极作用。

B.11

"双碳"背景下吉林省
低碳转型路径研究*

修 静 李 俅**

摘 要: 在"双碳"目标的背景下,实现经济高质量增长的核心在于提升吉林省的低碳转型能力。目前,吉林省的技术进步是最快的,快于东北和全国平均水平,但偏向于能源使用和碳排放,不利于低碳转型。"十四五"期间的碳约束政策将使技术进步对节能低碳全要素生产率的提升作用减弱。吉林省应综合利用好行政的、市场的和公众参与型的环境规制政策措施工具,积极发挥市场和政策的协调作用,促进吉林省的低碳转型。

关键词: "双碳" 低碳转型 吉林省

近年来,吉林省出现了经济增长速度明显放缓、人才流失严重、环境污染加剧等一系列社会问题,在"双碳"目标的背景下,实现经济高质量增长的核心在于提升吉林省的低碳转型能力。当前,虽然国家已经在《中华人民共和国国民经济和社会发展第十四个五年规划和2035年远景目标纲要》中提出了低碳增长的战略方向,但由于长期发展方式与结构体制等方面的限制,吉林省在低碳转型过程中仍然面临着产业结构升级缓慢与经济体制相对僵化的困境。本文旨在探索绿色发展下吉林转型中的认知和战

* 本文系教育部人文社科项目、2019年吉林省社会科学院重大项目的阶段性研究成果。
** 修静,吉林省社会科学院经济研究所副研究员,研究方向为绿色低碳发展、环境经济与管理;李俅,吉林省社会科学院马列所助理研究员,研究方向为西方哲学、区域经济。

略筹划问题，结合吉林省市级情况和当前所处的发展阶段，寻找符合吉林省经济发展特征的低碳转型路径，为"十四五"乃至更长时期实践吉林整体战略提供参考。

一 吉林省低碳经济发展现状

（一）吉林省低碳经济发展势头良好

吉林省始终高度重视节能降碳工作，将碳达峰碳中和目标要求全面融入经济社会发展全过程和各领域，成立了由省能源安全暨碳达峰碳中和工作领导小组。党的十八大以来，吉林省单位生产总值能源消耗和二氧化碳排放均超额完成国家下达的目标任务。同时，吉林省全面实施"一主六双"高质量发展战略，加快生态强省建设，依托龙头企业，立足丰富的西部风光资源和东部森林资源，在发展新能源、新装备、新材料产业和推动林业碳汇交易等方面具有良好的机遇和优势。2022 年 8 月 17 日，吉林省人民政府印发《吉林省"十四五"节能减排综合实施方案》，明确到 2025 年，全省能源消费总量得到合理控制，重点行业能源利用效率和主要污染物排放控制水平基本达到国内先进水平。

（二）吉林省能源消耗总量趋于稳定

从 2004 年开始，吉林省能源消费总量不断增加，越过 2012 年的高峰后逐渐下降，直到 2015 年以后又回归上升趋势，但增幅较小。2019 全年全省能源消费总量 7132.19 万吨标准煤，比上年增加 131.82 万吨；2020 年全年全省能源消费总量同比增长 0.8%。吉林省能源种类较为齐全，风能、生物质能、太阳能等新能源发展潜力较大，2021 年太阳能发电量 52.26 亿千瓦时，比上年同期增长 15.6%，风力发电 137.94 亿千瓦时，同比增长 6.5%。吉林省能源总体呈现缺煤、贫油、少气的特点，2020 年全省煤炭消费量 8489 万吨，煤炭消费量在能源消费总量中占比仍然过半，比重为

60.66%，但比 2015 年低了 8.61 个百分点；2019 年吉林省天然气、水电、核电、风电等清洁能源消费量占能源消费总量的 10.1%，上升 0.6 个百分点。而同期全国天然气、水电、核电、风电等清洁能源消费量占能源消费总量的 23.4%，上升 1.3 个百分点，吉林省天然气、水电、核电、风电等清洁能源消费量占比与全国平均水平存在一定差距。

（三）吉林省能源效率低于全国水平

我国能效水平总体呈现"东部和南部较高、中部次之、西部和东北较低"的分布格局。与早年相比，吉林省推动绿色发展取得明显成效，但近几年呈小幅度下跌趋势。其中 2004~2016 年呈明显上升趋势，2016~2017 年增速有所放缓，2017~2019 年小幅下降。2019 年吉林省单位能耗产出达 16442 元/吨标准煤，是 2004 年的 2.52 倍。2021 年吉林省新能源利用率达 97.5%，连续三年保持在 95% 以上。吉林省增加值占比前两位的是工业部门和农业部门，这两个部门的能效指数均为中等水平，导致吉林省各部门的综合能源效率停留在中等水平。2020 年吉林省万元地区生产总值能耗减少 1.6%，比全国低了 1.5 个百分点；2021 年吉林省万元地区生产总值能耗减少 4.9%，比全国低了 2.2 个百分点。吉林省需重点关注工业部门和服务部门。

二 吉林省低碳转型所面临的问题

吉林省经济以制造业为主导，因而制造业的低碳问题代表了吉林省经济的低碳转型问题。这其中主要包括制造业能源消费量问题、制造业碳排放量问题、制造业碳排放因素分解问题三个方面。

（一）制造业能源消费量问题

现有数据显示，吉林省制造业能源消费量与工业总产值增长率的曲线变化趋势基本类似，反映出吉林省制造业发展对能源消费的依赖性较强。但是，在第一轮振兴的后期，特别是 2011 年以后，吉林省制造业的能源消费量开始逐渐下降。能源消费量的多寡与各地区的产业结构密切相关。吉林市制造业中化学原料及化学制品制造业占主导地位，从而导致其总体能源消费量为全省最高。其他地区制造业能源消费量都未超过 1000 万吨标准煤。区域上，由于吉林省非金属矿物制品业在近年来的快速发展，中部地区制造业能源消费量增长迅速。

（二）制造业碳排放量问题

从碳排放总量变化来看，吉林省制造业碳排放总量变化趋势与能源消费量保持一致。吉林省制造业碳排放量由 2002 年的 1967.72 万吨当量，增长到 2011 年的 4001.85 万吨当量，随后逐年下降。总体来看，未来碳排放强度下降趋势将会逐渐放缓。石油加工业、化学原料及化学制品制造业、非金属矿物制品业、黑色金属冶炼及加工业、交通运输业和农副食品加工业是在第一轮振兴期间碳排放量和碳排放强度最高的。从碳排放量来看，交通运输业、石油加工业和农副食品加工业波动相对较小，另外三个行业波动较大。交通运输业碳排放量总体呈缓慢下降趋势，化学原料及制品与非金属矿物制品业碳排放的变化曲线比较相似，在 2011 年以前一直保持增长趋势，随后逐年下降。黑色金属冶炼及加工业碳排放量于 2011 年达到极值，随后以较大幅度逐年下降，碳排放量趋于平稳。这些行业的碳排放量变化曲线与能源消费量变化曲线非常类似。

（三）制造业碳排放因素分解问题

近年来，由于经济规模扩张制造业碳排放增加，制造业能源结构相对稳定，能源结构因素对碳排放变化的影响很小。第一轮振兴期间，经济规模因素导致碳排放量大幅度增长，而产业结构和能源强度因素分别导致碳排放量降低。从分解结果来看，经济规模因素是制造业碳排放量增加的主导因素，能源强度因素则是抑制碳排放量增加的主导因素；产业结构因素同样对碳排放量增加起到了抑制作用，不过减排力度要明显低于能源强度因素；能源结

构因素虽然对碳排放变化的影响很弱，但是从结果上看仍然导致碳排放量
增加。

三 其他城市绿色低碳转型的经验

中国作为制造业大国，大多数城市都曾面临快速发展带来的高能耗与碳
排放问题，在"力争 2030 年前实现碳达峰、2060 年前实现碳中和"目标提
出之后，城市纷纷加快转变发展方式，把绿色低碳理念融入规划、建设、管
理的全过程。

（一）绿色低碳转型的"龙岗经验"

龙岗区位于深圳市东北部，是全国百强工业区第一名。近年来，龙岗区
坚持减污、降碳、扩绿协同推进，打造绿色低碳生产生活场景，探索传统工
业大区绿色发展新路径，努力实现"金色 GDP+绿色 GDP"双丰收。

1. 做污染防治的"减法"

在发展与环保齐头并进的过程中，污染治理是重中之重。在河流治理方
面，2014 年，龙岗区制定了"河长制"方案，使全区的每条河流、每段水
域都纳入管理，实施管网雨污分流、小区正本清源和支流统筹整治。如今的
龙岗河流水质达到监测以来历史最高水平。在大气污染治理方面，从 2013
年开始，龙岗区每年制订大气质量提升计划，近年来创新应用"大气网格
化监测+预警响应+无人机巡查"先进数字化手段对空气质量进行监察。数
据显示，龙岗区 PM2.5 年均浓度下降至 19.1 微克/米^3，连续 8 年实现大幅
下降，优于欧盟 PM2.5 第二阶段目标值，目前空气优良率达到 94%。

2. 做生态低碳发展的"加法"

龙岗区在"双碳"目标驱动下，大力发展绿色产业经济。2021 年 12
月，龙岗区发布了《龙岗区节能减碳总体方案》与《深圳国际低碳城综合
发展规划》两大核心政策，着力构建科技创新突出、产业绿色低碳、空间
布局合理、体制机制创新的高质量低碳发展新样板。龙岗区将以光伏、风

能、氢能等为代表的新型清洁能源作为生产生活的重要动力来源，与国家电投集团广东公司达成合作，加快打造"清洁低碳、安全高效"的现代能源体系。龙岗区培育引进了一批绿色低碳产业的领军企业，通过龙头企业对上下游产业链进行辐射，加速构建起高效节能、绿色环保、资源循环利用的绿色低碳产业链与产业集群。"1+1+4"产业创新体系正在稳健形成。2021年，龙岗区绿色低碳产业总产值达到789.01亿元，增速17.5%。

3. 共建共享"低碳生活"

龙岗区以近零碳社区为试点，为居民建立了自己的碳账户，用户可以通过碳排放获取碳积分，碳积分可以在商城兑换商品。龙岗区将低碳行动深入小学校园，邀请学生参观污水处理再利用环节，进而"反哺"家长，影响每个家庭的低碳生活。龙岗区还拥有深圳市首条氢能公交示范线，打造了国内首个零能耗场馆，以低碳科普为主题的"零碳公园"计划于年内完工。截至2022年8月，龙岗区已建有公园248座，累计建成碧道近47公里、绿道549公里，森林覆盖率达31.18%，人均公园绿地面积达19.3平方米。

龙岗区在第十三届"绿色发展 低碳生活"主旨论坛上获评"2022年度低碳榜样"，成为唯一入榜的地方政府案例。作为绿色低碳的"先行者""金山+青山"，龙岗区为我国其他城市绿色低碳转型提供了"龙岗经验"。

（二）绿色低碳高质量发展的"北京经验"

"十三五"以来，北京大力推进制造业领域产业结构调整和用能结构调整，不断提升能源利用效率，降低碳排放水平，在碳排放总量和强度"双控"机制、碳市场运行机制等多方面进行创新探索。经过多年努力，形成促进制造业绿色低碳高质量发展的"北京经验"。

1. 产业绿色低碳化与绿色产业低碳化互相促进

2016~2021年，北京全市共关停退出一般制造和污染企业2206家，完成1.1万家"散乱污"企业清理整治工作，传统高耗能、高碳排放行业企业基本完成退出。此外，北京市全面推进煤改清洁能源工作，基本实现制造业无燃煤。2020年万元工业增加值能耗为0.399吨标准煤，比2015年下降

22.7%，全市已累计创建国家级绿色工厂 93 家，绿色供应链管理企业 19 家，工业产品绿色设计示范企业 9 家，北京经济技术开发区被评为国家级绿色园区。

2. 新能源汽车推动碳减排目标实现

北京是我国最早发展新能源汽车的城市，于 2009 年率先建立了新能源汽车联席会议制度，经过多年的积累和发展，北京市通过加大公共领域车辆电动化推进力度，促进私人领域实现增量稳定、存量撬动，北京市新能源汽车占比不断提升。截至 2021 年底，新能源汽车保有量达到 50.7 万辆。目前，北京市经信局正在积极推动新能源汽车换电模式应用试点。北京市经信局制定了《北京市新能源汽车换电模式试点实施方案》，已于 2021 年 10 月获得批复，北京成为第一批新能源汽车换电模式应用试点城市之一。

3. 绿色交易所助力碳达峰碳中和

北京绿色交易所是国家先行先试的首批碳排放权交易试点市场，率先探索建立了较为完善的碳交易法规和市场规则，以及公开透明的排放报告、核查、履约和执法体系，确立以市场交易方式形成社会公认的碳价机制。市场手段有效降低了社会综合减碳成本，有力支撑了全市碳排放控制目标的实现，同时也为全国碳市场的启动提供了经验。目前已有发电、石化、水泥及服务业等 8 大行业 800 多家重点碳排放单位被纳入碳市场管理，在全国 7 个试点碳市场中碳价最高。截至 2022 年 10 月底，2022 年碳配额线上成交均价为 93.66 元/吨，单日均价最高突破 124.20 元/吨。截至 2022 年 11 月，北京碳市场配额累计成交额超过 22.3 亿元。

4. 碳普惠项目养成公众绿色生活方式

北京市于 2020 年 9 月在交通绿色出行一体化服务平台（MaaS 平台）推出的绿色出行碳普惠激励措施，通过"碳普惠"助力公众养成绿色生活方式，市民日常搭乘的公交、地铁、自行车、步行等任一种绿色出行方式都可以折算成购物券、公交卡，或参与植树、水系保护等公益活动。

四 "双碳"背景下吉林省低碳转型的路径

当前吉林振兴发展正处于新旧动能转换和碳低化、绿色化转型的关键时期，产业结构优化、能源结构调整任务十分艰巨。经济低碳化发展机制需要恰当的路径进行引导，吉林省应下大力气统筹全省经济社会发展和碳达峰工作，积极探索绿色低碳循环经济体系，寻找相应的产业优化路径。

（一）吉林低碳转型的目标设计与阶段分解

面对东北经济的困境，中央政府制定了一系列促进东北地区经济结构改革的新型政策以帮助东北地区顺利转变经济增长方式和调节产业发展模式。为此，吉林省也根据中央精神制定了相应的吉林振兴战略。《中华人民共和国国民经济和社会发展第十四个五年规划和 2035 年远景目标刚要》提出要推动东北振兴取得新突破，推动老工业基地制造业竞争优势重构。《吉林省国民经济和社会发展第十四个五年规划和 2035 年远景目标纲要》规划了吉林省全面振兴全方位振兴三个阶段的战略目标，以此为节点，吉林省的低碳转型目标也应与之相对应，进行阶段性分解。

第一阶段是到 2025 年，率先实现振兴突破。党的十九届五中全会明确提出"推动东北振兴取得新突破"。习近平总书记明确要求"新时代东北全面振兴，'十四五'期间要有突破"。贯彻落实党中央部署，吉林省 2025 年振兴发展总目标概括为一句话，即确保全面振兴全方位振兴率先实现突破。鉴于目前吉林省从发展阶段来说，主要指标都开始落后于全国平均水平的现状，制定和出台经济社会低碳转型中长期规划，以抓经济增长为这一阶段的主要任务，发展低碳金融，更多地投资于新能源类的基础设施建设和低碳的技术创新、创业，在生产中逐渐降低化石能源的使用比例，在区域上形成产业链集聚效应，在产业结构上积极推进高级化，提高碳生产率。在生活中宣传和提倡低碳环保的生活、消费和出行方式，对购置新能源车等节能降耗行为进行补贴，培养公众的低碳环保意识，在发展中降低碳排放增长率。

第二阶段是到 2030 年，实现全面振兴全方位振兴。推进形成支撑全面振兴全方位振兴的市场体系、产业体系、城乡区域发展体系、绿色发展体系、全面开放体系、民生保障体系"六大体系"，建成具有国际竞争力的先进装备制造业基地、国家新型原材料基地、现代农业生产基地和重要技术创新与研发基地"四大基地"，形成对国家重大战略的坚实支撑。这一阶段低碳转型的主要目标是在经济上全面振兴的基础上实现碳达峰。具体包括争取火电比例的大幅度降低，争取形成一批绿色低碳的产业体系，争取制造业的低碳化改造完成，争取发展一些绿色低碳现代农牧业的示范区，争取碳捕获、利用与封存技术（Carbon Capture，Utilization and Storage，CCUS）等相关低碳技术的战略性突破。

第三阶段是到 2035 年，与全国同步基本实现社会主义现代化。全面形成营商环境好、创新能力强、生态环境优、发展活力足的现代化新局面，有力维护国家国防、粮食、生态、能源、产业"五大安全"，人均地区生产总值超过全国平均水平，创新能力进入全国前列，在国家发展大局中的战略地位更加巩固。这一阶段吉林省的低碳转型目标是巩固碳达峰的成果，形成碳排放增长的平台期和下降趋势，争取形成低碳和能源—经济—环境系统耦合协同发展的新局面，主动融入国家低碳转型大局，争取为下一步的碳中和打下坚实的基础。

（二）吉林低碳转型产业省际优化路径选择

1. 基于新能源视角的吉林低碳转型路径选择

推动"双碳"工作是一项复杂的系统工程，能源领域是重中之重。吉林省应立足能源禀赋，提升能源安全底线保障能力，加快构建清洁低碳安全高效的能源体系，大力发展新能源，推动风电、太阳能发电大规模开发和高质量发展。吉林省应狠抓绿色低碳技术攻关，加快先进技术推广应用。要科学考核，完善能耗"双控"制度，创造条件尽早实现能耗"双控"向碳排放总量和强度"双控"转变，加快形成减污降碳的激励约束机制。吉林省在保证经济增长的同时，也要保障民生的需求，立足"以煤为主"的基本国情，坚持先立后破、通盘谋划。"立"是大力发展风、光等新能源，建立新型电力系统，"破"是要打破传统的以煤电为主的旧电力系统，通过建设新型电力系统实现能源系统减污降碳。吉林省要高质量推进能源低碳绿色转型发展，还需要风光技术进步和产业链、供应链能力的进一步提升；实现"双碳"目标，中远期需要需求侧响应、储能、V2G、绿氢协同发展，实现能源系统近零排放。

2. 基于市场视角的吉林低碳转型路径选择

气候问题是典型的公地悲剧问题，由于碳排放的负外部性没有被很好地纳入企业的生产成本，出现了市场失灵。解决之道在于基于市场的战略积极发展低碳金融，鼓励金融机构扩大绿色信贷比例，设立专门的绿色低碳投资基金，鼓励吉林省新能源基础设施投资、支柱性产业低碳技术改造升级、低碳技术相关的创新和创业。银行作为间接融资的主要中介机构，是引导经济结构低碳转型和调整的强大力量。中国是最早建立绿色信贷政策体系的国家。2007 年以来，银监会、中国人民银行先后发布了《节能减排授信工作指导意见》（2007 年）、《绿色信贷工作指导意见》（2013 年）和《银行业金融机构绿色金融评价方案》（2021 年）等，对绿色信贷工作做出了规定。这些文件不仅提出了绿色信贷的定义和重点支撑产业，对能源密集型和高污染企业的贷款也很谨慎，鼓励建立和完善环境和社会风险评估体系，以及绿色信贷的计量、报告和验证（MRV）。绿色信贷有着广阔的发展空间。据银监会统计，在贷款方面，绿色信贷约占贷款总额的 7.2%，绿色低碳金融发展前景广阔，在低碳转型中大有可为。另外，还可以鼓励绿色低碳消费，实施购买新能源车的信贷额度扩大和贴息。

3. 基于政策视角的吉林低碳转型路径选择

现有研究认为，适宜的环境规制能够产生创新补偿效应，促进企业的绿色低碳竞争力和行业的低碳转型。吉林省乃至整个东北的产业结构决定了其经济的一个主要特点是受国家宏观经济大环境的影响较大，因而应根据《2030 年前碳达峰行动方案》和《吉林省碳达峰实施方案》制定的低碳转型的目标完善顶层设计，制定中长期低碳发展规划，充分利用好新一轮振

兴、供给侧结构性改革和"一带一路"建设等政策,政府各部门制定低碳转型专门预算,出台鼓励绿色低碳技术创新、促进低碳和能源—经济—环境系统耦合协同发展的政策措施,提高碳生产率,提升经济和社会的绿色低碳水平。

4. 基于市场—政策协调机制的吉林低碳转型路径优化

总体来看,低碳转型能力的提升是一个循序渐进的过程,需要利益相关者的共同努力。综合利用好行政的、市场的和公众参与型的环境规制政策措施工具,积极发挥市场和政策的协调作用,促进吉林省的低碳转型。具体来说,可以设立专门的绿色低碳投资基金,从以下四个方面助力低碳转型。

一是能源转型。吉林省化石能源占比高于全国平均水平,尤其是电力行业,火电比例偏高,是碳排放的主要来源,因而能源系统,尤其是电力行业的低碳转型迫在眉睫。电力是经济社会发展的重要能源,电力安全需要得到有效保障,因而首先应该做好开源工作,即发展新能源,主要包括风电、太阳能、生物质能、核电等。对新能企业进行贷款支持和利息补贴。随着新能源的不断开发,有序关停低效的小型火电项目。同时,对于电厂进行排放物(二氧化碳和硫化物等)处理设备升级改造,捕获、利用和封存二氧化碳排放物等项目进行投资、财政补贴和税收减免。

二是制造业转型。制造业作为吉林省的支柱性产业,制定中长期的低碳化政策,鼓励其进行绿色低碳创新,进行低碳制造生产(LCM)改造,促进其向先进制造转型升级,支持和培育新型电动汽车示范项目,争取在发展中实现低碳转型,成为全国低碳制造示范区。

三是第一产业转型。吉林省是农业大省,肩负保障国家粮食安全的重任,需稳定发展。在种植业上,需要采取措施降低生产过程中的温室气体排放;林业是吉林省的重要碳汇资源,需加以保护,并重视植树造林工作;畜牧业是高碳产业,需要先进的低碳技术以保证其发展的低碳化;渔业特别是冬捕需继续做大做强,发展生态产业链,继续向冰雪旅游和电商方向发展。

四是出行方式转型。继续扩大公共交通的绿色低碳化,出台补贴政策,鼓励民众更多地使用公共交通工具出行。广泛设立充电桩，对新能源车的购买给予财政补贴。

参考文献

［1］国家统计局编《中国统计年鉴2021》，中国统计出版社，2021。

［2］国家统计局国民经济综合统计司编《新中国六十年统计资料汇编》，中国统计出版社，2010。

［3］白静：《精准施策助科技创新　稳字当头促全面发展——中央经济工作会议精准部署2022年经济工作》，《中国科技产业》2022年第1期。

［4］王秀强：《"双碳"战略纠偏：坚守能源安全底线，先立后破》，《能源》2022年第1期。

［5］杨悦：《坚定不移走好生态优先绿色低碳的高质量发展道路》，《吉林日报》2022年8月9日。

［6］李锋：《〈辽源市国民经济和社会发展第十四个五年规划和2035年远景目标纲要〉系列解读之一》，《辽源日报》2022年4月28日。

［7］习近平：《正确认识和把握我国发展重大理论和实践问题》，《新长征》2022年第6期。

［8］任平：《能源的饭碗必须端在自己手里》，《人民日报》2022年1月7日。

［9］宗言：《奋力开启新时代吉林全面振兴全方位振兴新征程——学习贯彻省委十一届八次全会精神》，《新长征》2021年第1期。

［10］《吉林省国民经济和社会发展第十四个五年规划和2035年远景目标纲要》，《吉林日报》2021年4月24日。

［11］北京理工大学能源与环境政策研究中心：《中国省际能源效率指数（2010～2018）》，《能源经济预测与展望研究报告》2021年第56期。

［12］谢方、张楠：《四大产业助力吉林工业新突破》，《东北之窗》2021年第3期。

［13］孙亚静、安佳、侍术凯：《产业结构调整视角下吉林省低碳经济发展研究》，《税务与经济》2020年第5期。

［14］《省委十一届八次全会决议》，《吉林日报》2020年12月5日。

［15］《中共吉林省委关于制定吉林省国民经济和社会发展第十四个五年规划和2035年远景目标的建议》，《吉林日报》2020年12月9日。

［16］喻超：《吉林省制造业碳排放变化的动力机制与调控路径研究》，博士学位论文，中国科学院大学（中国科学院东北地理与农业生态研究所），2017。

B.12
吉林省农业综合服务体系发展对策研究

丁 冬*

摘　要： 完善的农业综合服务体系能够提高农业生产效率、提升管理水平、完善监管措施、保障粮食安全，可以为加快推进脱贫致富与发展农业现代化发挥积极作用。当前，吉林省正因地制宜开展农业社会化服务、不断提升农业综合服务的信息化水平与农业科技服务水平，但同时也存在农业综合服务管理水平有限、专业人员素质达不到要求与农业专业化服务程度不突出等问题。通过提出搭建"一站式"服务平台、完善现代农业三大体系建设、强化政策支持与协调管理、组建农业综合服务高层次团队等对策，完善吉林省高效能农业综合服务体系，推进新农村建设与现代农业发展。

关键词： 农业综合服务　技术创新　服务体系　吉林省

党的二十大报告提出，推进国家安全体系和能力现代化，坚决维护国家安全和社会稳定。需要健全共建共治共享的社会治理制度，提升社会治理效能。构建与完善农业综合服务体系，是实施乡村振兴战略、实现农业农村现代化的重要措施。农业综合服务体系的参与主体较多、组织链条较长，具有涉及学科丰富、制约因素多、服务链条长、应用主体分散、外部性强等特点，对综合技术集成的创新与应用要求较高，对各主体组织难度与创新激励难度更大。

---

* 丁冬，博士，吉林省社会科学院农发所助理研究员，研究方向为"三农"问题与乡村振兴。

一　吉林省农业综合服务体系发展现状

近年来，吉林省落实党的十九大提出的"三位一体"新机制精神，加快打造为农服务大平台，农业综合服务体系建设初具成果，并稳步发展。

（一）因地制宜开展农业社会化服务

目前，吉林省各地区不同类型新型经营主体围绕产业链重点环节，因地制宜开展灵活多样的农业社会化服务。面向小规模分散经营农户，开展全程生产托管，提供耕、种、管、收、销等环节的规范化、标准化服务；针对季节性外出务工农户，推出关键环节托管，重点提供定期技术指导与农业机械服务；针对机械配套不全、耕作粗放的小型农机户，采取农机"返租倒包"的形式，整合盘活农机资源，推动托管规模扩大，完善农机社会化服务网络。为解决省内玉米主产区种植春旱偏重、出苗不齐等实际问题，玉米主产区可推广"免耕+精量化播种"，每亩节约种子0.08千克，亩均节约肥药7.3%，出苗率达九成以上。

（二）农业综合服务的信息化水平逐步提升

现代化农业综合服务离不开农业信息化。当前，吉林省构建了"三农"综合信息服务平台，成立了现代农业综合服务中心，聚焦"双千工程""万亿级产业"等省委省政府重点工作，整合厅属各单位信息化资源，加快农业综合服务管理模式和创建方式的推广，促进省内农业农村信息化工作，为新时代吉林振兴发展奠定了坚实的基础，争取在农业信息化、数字乡村建设方面走在全国前列。目前，吉林省正建立信息咨询服务组织，省、市、县三级有66个农业信息专门机构，相关工作人员达到近200人，逐步形成现代信息服务网络。吉林省委书记景俊海先后在农业信息化平台、开犁网运营服务中心、"三农"综合服务平台等处调研时强调要"深入推进'数字农业'

和'数字吉林'建设，提升农业信息化水平，促进农业转型升级，让农业信息化走在发展现代农业、推动全面振兴的前列"。

（三）不断强化科技创新驱动农业综合发展

近年来，吉林省既注重巩固公益性服务机构，又重视多元化服务体系建设。已经建成了省、市、县、乡四级农业技术推广网络，并围绕保护模式、智能农机装备、盐碱地改良利用等 6 个方面 28 项课题开展关键技术攻关。通过大力支持农业产业化龙头企业与科研院所、新型研发机构、金融机构等建立合作机制，共建黑土地保护"产学研推"平台，推动协同创新。为了加快转化科研成果，当前吉林省已经建成万亩中心示范基地 3 个、千亩辐射示范基地 30 个，启动了 100 个整乡示范，培育扶持了 100 个以上社会化服务组织、1000 个示范样板村以及一批示范户，并因地制宜推广黑土地保护"梨树模式"。

二 吉林省农业综合服务体系现存的问题

吉林省是典型的农业大省，也是科技教育强省，域内高校、科研院所众多，人才聚集，有着得天独厚的农业综合服务资源优势。但与发达省份相比还存在农业科技资源利用不充分、科研成果转化应用不到位以及科教支撑服务"最后一公里"没有得到彻底解决等问题。

（一）农业综合服务管理水平有限

伴随农业经济的逐步转型，吉林省将农业相关资源进行了整合，成立了农业信息化平台、"三农"综合服务平台以及农业综合服务中心。这些平台为农业综合服务提供了信息与智力支撑，但是在资源整合的过程中，由于多主体、多产业链的资源融合，缺乏制度规范性与政策性引导，组织机构与服务功能不完善，自我发展、自我完善的机制与动力不足。基层组织不够健全，审批环节与管理流程也相对复杂，使得各专业工作人员的融合也有较大难度，混岗现象存在，农业服务体系专业技术人员不足，缺乏畅通性，难以为现代农业发展提供全方位的服务。与此同时，相关专业工作人员的待遇尚未获得保障，管理难度较大、管理水平有限。

（二）农业综合服务专业人员缺乏

近年来，吉林省虽然逐步重视对新型职业农民、农业综合服务技术人员的培训，但是在规模壮大的同时仍然存在专业人员素质不高的问题。从整体上来看，目前地方农业综合服务中心的技术人员与农技推广专业人员还比较缺乏。调研数据显示，吉林省乡农技队伍中高中文化程度的约占1/2，有一部分人员并不是"三农"工作的专业人员，并且存在老龄化问题，其中40岁以上的工作人员约占70%，有的工作人员甚至不会使用电脑。可见，农业综合服务专业人员普遍存在受教育程度较低、文化素质不高、业务水平不高的问题，造成改革创新与综合型服务的推进难度较大，影响综合型服务与现代化管理成效。吉林省当前农业技术推广系统基础设施较陈旧、部分设备老化、经费与人员激励机制尚不足，使得农技推广队伍人心不稳定、人员流失现象普遍存在，其中中青年干部、业务骨干流失尤为严重。此外，农村空心化问题日益突出，在吉林省与朝鲜接壤的10个县（市、区）的农村空心化现象尤为突出。延边州的5个县（市、区）转移率为51.2%，白山市的4个县（市、区）转移率为63.0%，集安市的转移率为80.0%。原有的特色农村文化鲜有农民愿意传承，乡土文化受到城市文化的严重冲击，逐渐被边缘化，乡村文化发展后继乏人导致文化空心化。农业技术推广人员的缺乏导致吉林省现代农业发展缺少科技支撑，率先实现农业现代化任重而道远。

（三）农村三次产业融合配套体系不完善

构建农业综合服务体系需要融合农村三次产业发展，需要建立一系列与之配套的政策支持体系。当前，吉林省农村三次产业融合发展配套体系不完善，融合深度有待挖掘。首先，农村三次产业融合发展不仅仅是三次产业自

身的问题，还需要相关政策、信息、金融等相关服务业体系的支撑。当下，吉林省农村三次产业融合发展更注重发展核心产业，而与之配套的支持体系要素，诸如信息、金融、研发、人才、营销、物流、广告等配套产业发展明显滞后，配套体系也不够完善。其次，政府为农村三次产业融合发展提供的公共服务不足。农村三次产业融合发展属于新生事物，发展环境、发展经费、技术开发、人才保障、基础设施建设等都需要各级政府出台相关政策加以支持，实施调控。最后，当前吉林省缺乏农村三次产业融合发展的具体规划。缺失具体的发展规划，三次产业融合发展方向与目标就不明确，导致地方存在"行政捏合"、半强制性地外部"植入"等情况，市场机制难以发挥其自身作用，致使三次产业融合发展体系不完善。

（四）缺乏农业综合服务科技支撑

农业发展的历史实践证明，正是依靠科学技术才实现了由传统农业向现代农业的飞跃，农业科技的发展与应用是现代农业综合服务体系得以构建的基础支撑和重要推动力。当前，吉林省科技创新已经取得了一定的成绩，但是农业科技大型项目与重点产业仍然缺少，难以满足农业现代化发展对农业现代技术的需要。与此同时，吉林省龙头企业的科技创新能力不强，使得内生动力不足。农业科技创新平台条件相对落后，传统科研管理模式仍占主流，缺乏交叉融合、相互衔接的机制。农业科研创新程度与发达地区相比仍有较大差距，难以满足农业科技创新的需要。目前，吉林省主推的"专家+农技人员+基地+科技示范户"的科技成果推广模式，主要是推广种植养殖技术、良种普及、测土配方施肥等，高新技术的农业科技推广面积较小。农业科技进步贡献率平均值为60%，远低于发达国家80%以上的水平。此外，农业创新科研经费占比不高，发达国家农业科研经费一般占到农业总产值的0.6%~1%，而吉林省仅为0.4%左右。近年来，吉林省"双十工程"谋划设计的13个重大科技专项中，涉及农业产业方面的项目仅有吉林省主粮作物良种自主创新重大科技专项、油莎豆产业发展重大科技专项、农产品绿色生产科技工程重大科技专项、人参产业战略提升重大科技专项共4项，约占31%。

三 促进吉林省农业综合服务体系发展的对策

（一）搭建"一站式"服务平台

依托基层农业综合服务站，制定综合服务计划，整合农业主体多方资源，构建诸如"一站式"农业服务超市与"粮食银行"等"一站式"服务平台，提供农业技术咨询、农业劳务、农业机械化、农资配送、专业育苗、田间运输、"粮食银行"等全程农业生产"一条龙"社会化经营性服务，满足粮食适度规模经营对耕、种、管、收、卖等环节多样化的服务需求。通过搭建电商营销平台，创新"互联网+农业"创业，成立市农村电子商务运管办公室，引入社会资金搭建农村电商平台，采取O2O销售方式，同"京东"等网上供销平台等合作，建成线上供销线下体现吉林特色、特产民俗体验馆，培育吉林电商品牌，开展网上推介、预约、预订、配送农产品等电商服务，拓展农产品销售渠道。

此外，集聚专业化服务功能，形成一批全产业链技术标准。围绕区域特色产业发展需求，加强良种选育、农业节水、疫病防控、籽粒收获、采收分级、贮藏加工、冷链物流、质量控制追溯、畜禽粪污资源化利用等关键共性技术、设施装备的研发引进和集成熟化，注重农机农艺融合，集成推广一批简约适用的菜单式、傻瓜式技术操作模式，加快成熟技术和模式的示范推广。加强设施农业和农机装备研制推广，努力攻克重大关键技术难题；在动植物品种选育、绿色有机食品标准推进和节水灌溉、动植物重大疫病防控、食品安全保障技术、农产品品牌建设、物联网、电子商务、产业扶贫等方面取得创新突破，提升农业综合服务的高效化、绿色化、智慧化水平。

（二）加快完善现代农业产业体系

现代农业三大体系的完善是实现产业兴旺的基础，是实现农业现代化的保障，也是提高农业综合服务质量、完善农业综合服务体系构建的前提。

首先，保障粮食综合生产能力。吉林省稳定粮食综合生产能力是保障国家粮食安全的压舱石。在坚持农业供给侧结构性改革的基础上，全省鼓励"旱改水"和"粮改饲"，在促进"粮经饲"三元种植结构协调发展的同时，一是扩大绿优水稻品种种植面积，打造吉林省现代黄金水稻带，优质水稻占比提高到70%。二是扩大优质专用型粮食作物种植面积，实施粮豆轮作，调减籽粒玉米500万亩以上，增加鲜食玉米种植面积。三是用科技进步提高单产水平，保障粮食产量稳定在700亿斤阶段性水平。

其次，全力打造特色农业产业体系。一是打造吉林省西部的杂粮杂豆产业体系，包括绿豆、红小豆、高粱、谷子、燕麦、藜麦、花生、马铃薯等。二是打造东部的长白山林下产业体系，包括人参、木耳、菌类、林下中草药、林蛙、梅花鹿等。三是打造中东部果蔬产业体系，包括中部的苹果、大樱桃、蓝莓、西瓜、香瓜、桃、一二三小苹果、海棠果等，东部的苹果、苹果梨、葡萄等，各种大地应季蔬菜、大棚的反季蔬菜等。

最后，加快农产品加工业转型升级。重点打造优质粮食产品初加工及精深加工产业、优质畜禽产品粗加工及精深加工产业、优质林特产品加工产业、人参产品粗加工及深加工产业等产业集群集聚发展。

（三）强化科学技术支撑

首先，提升农业机械化水平，完善农机化服务体系。一是继续落实好国家农机购置补贴惠农政策。在全省范围内继续组建农业机械合作社，鼓励发展大型机械，提高全省大型机械化水平。二是推进农机农艺配套，扩大农机在园艺特产、生态、林地资源开发等方面的应用，解决山区农机发展需求。三是支持科研单位与有关企业联合攻关，围绕吉林省农业机械化发展需求，研发出具有国内领先水平的农业机械，支撑吉林省率先实现农业现代化。

其次，提升农业信息化水平。加强与知名电商合作，培育吉林特色农产品电子商务平台，鼓励优秀农产品生产加工企业进驻淘宝吉林馆、京东特色吉林馆等电商平台，推选优秀种子、农药、化肥等企业进驻开犁网，强化线上"吉字号"品牌建设，打造一批吉字号线上知名品牌，比如吉林大米、洮南绿豆、双阳梅花鹿、新开河人参、吉林玉米、通化葡萄酒等。

（四）加快建立新型农业经营体系

首先，鼓励农民以专业合作、股份合作、土地入股、土地托管等形式促进农业适度规模经营。在坚持家庭承包经营权长久不变的前提下，鼓励农民合作经营。适度规模经营能够提高土地利用率和劳动生产率，并且一定规模的农产品能够在市场定价时有话语权。目前，全省有很多农民合作经营的成功经验值得借鉴。

其次，加快"三权分置"，强化土地承包经营权纠纷调解仲裁。继续加快吉林省土地确权颁证工作，加快土地经营权抵押贷款工作进入实质性程序，充分利用土地确权，解决好农业贷款抵押物问题。同时，在县乡两级建立土地经营权调解仲裁机构，及时解决好土地经营权纠纷问题，维护好农村社会稳定。

最后，推进政策性农业保险。吉林省农业政策性保险尽管面很广，但是不切合实际。该增加保险范围的，政策不允许；该增加保险产品数量的，企业不愿意等。目前的政策性农业保险产品不适合吉林省现代农业发展，需要进一步调查研究，推出更加适合吉林省农业发展实际的农业保险产品。

（五）强化政策支持与协调管理

传统的农业服务往往只注意某些组织与某些结构，而忽视"工程系统"；只注意局部优化设计，而忽视整体优化设计；只强调中间优化设计，而忽视整个体系的优化设计。构建完善的农业综合服务体系，应制定全局优化创新策略，既考虑关键链条子系统的局部优化，同时也需要考虑体系的整体优化和全局可靠性设计。政府通过顶层设计，加强组织指导，及时通报各地进展情况，明确路线图和时间表，明确责任分工，对推进工作中遇到的问题共同研究推进措施，督促指导整改。以国家与省级农技推广和重大技术协同推广项目为依托，活化资金使用方式，同时省财政再拿出一笔配套资金专

项支持农业综合服务体系建设的技术研发、服务与新技术新装备等引进示范，并保障技术咨询和人员培训等的相关服务与管理费用。

根据各项目资金利用方向和优势，统筹支持农业综合服务平台建设，确保工作顺利开展。各市县也要筹集专项资金，支持本地农业综合服务建设和技术团队的必要工作保障，以及劳务、专家咨询、会议培训、科研等补助费用。此外，落实科技成果转化收益分配有关政策，建立与岗位职责目标相统一的收入分配和股权激励机制，技术成果在同等条件下优先参评农业技术推广奖。在金融方面，完善吉林省农业政策性投融资平台。发挥财政资金撬动金融、社会资金投入的作用，同国家农发行合作，用好新村建设节余集体建设用地，由市土地储备中心作为承贷主体，开展集体建设用地抵押贷款，推进 10 万亩粮食综合示范基地建设。同时，强化宣传引导。加强对农业综合服务体系建设过程中农科教协作、技术集成创新、科技服务、技术培训等新模式新机制的总结提炼和推广，对新技术应用取得的成效进行广泛宣传，强化典型示范引领。充分利用电视、报刊、互联网等媒介，宣传新服务模式典型案例和先进事迹，营造良好氛围。

（六）借鉴河北创新驿站打造农业科技服务新模式

近年来，河北省不断创新科技成果转化应用方式，探索出农业创新驿站科技服务新模式。创新驿站起源于保定太行山农业创新驿站，由河北农业大学发起，与保定市政府签署了《农业科技创新战略合作协议》，提出在全市共建一批研发推广新型农业技术试验示范基地，在原有"六个一"的基础上，又增加了"打造一个特色优势农产品品牌、培育一批农业科技人才、明确一套绩效考核目标、探索一套有效运行机制"四项内容，形成了"十个一"驿站建设模式。2020 年，河北省共创建 160 个优势特色鲜明的农业创新驿站，涉及 14 个市、144 个县（市、区），涉及 185 家主体，600 多个新品种、380 多项新技术新成果实现了转化应用和推广，示范引领 800 多个新型经营主体发展，辐射带动 10 万农户增收致富，实现了全省县市区全覆盖。

在机制上，河北创新驿站是科技创新服务载体，每个创新驿站都围绕一个特色主导产业建设，整合政府、院校、驿站主体资源，推动科技服务下沉到产业，提高农产品附加值，打造集"产学研推用"于一体的现代农业科技创新高地；在方式上，河北创新驿站是服务基层农业生产的科技组织，也是农业科技创新联合体，特点是其汇聚各方面、各环节和各领域专家学者组成，涉及的领域主要包括育种、栽培、植保、土壤、肥料、营销等方面，实现了政府搭台、企业唱戏、科技支撑、促进增收的良好效果；在路径上，河北创新驿站作为加快农业主导产业和特色产业发展、促进农民增收的突破口，以科技为引领，通过利益联结机制，建立"驿站专家组—技术指导员—农业企业或示范户—带动农户"的科技入户长效推广机制。同时通过组织培训，培养高素质农民，提升农民种养技术水平，增强农民增收致富能力。借鉴河北创新驿站模式的经验，吉林省农业综合服务体系应以科技创新为支撑，与地方特色产业融合，带动周边农业发展。依托全产业链专家团队技术力量，把科技作为主线，发挥驿站科技示范引领作用。在科技指导上，每个驿站围绕当地特色产业发展制定产业发展规划，打造农业科技服务新模式。

（七）组建农业综合服务高层次团队

在人才培养上，吉林省应落实《中共吉林省委吉林省人民政府关于激发人才活力支持人才创新创业的若干政策措施2.0版》政策，以农业综合服务中心为平台，引进、组建高水平专家团队，并调动高层次科技人员服务基层的积极性、主动性。同时培育一批农业科技人才，组织青年科技人员到平台实习锻炼，把所学的理论用于工作实践，提高解决实际问题的能力。通过整合中小企业，形成育、繁、推、培、服一体化的集团式种业企业，以市场为导向，延长产业链条，构建高质量研发团队、管理团队及推广团队，实现科研、生产管理及市场推广的有效衔接，解决研发、生产及经营间的脱钩问题，形成设计科学、分工明确、规范标准、流水作业的专业性强、辐射范围广的现代商业化育种管理组织模式。通过定期、不定期举办各种形式的培

训班，对各类农民合作社董事、经营管理者、财务人员、技术人员等进行轮岗培训，提高农民合作社全体经营管理者的基本农业科技素质、经营素质、管理素质。农业农村农经部门按照农时季节分级分批进行专业技能和管理能力培训，在尽可能短的时间里培养出一批懂技术、能经营、会管理的人才队伍。此外，应完善团队的绩效激励机制建设。加强绩效考核结果应用，对考评优秀的市县和专家团队给予通报表扬、项目倾斜，对考评优秀的个人，在职称评聘、岗位考核、职务晋升方面给予倾斜。对带技术、带成果、带项目在创新驿站进行科技成果转化落地的省外高层次人才，在职称评定、项目申请、项目资助、奖励荣誉等各方面与吉林省人才享受同等待遇，充分发挥农业综合服务高层次团队示范引领和辐射带动作用。

参考文献

［1］蒋黎、蒋和平、蒋辉：《"十四五"时期推动国家现代农业产业园发展的新思路与新举措》，《改革》2021年第12期。

［2］刘潇蔚：《大力发展多元化、多层次、多类型的农业社会化服务》，《中国农机化导报》2022年9月5日。

［3］陈京：《强化农业社会化服务的新思考》，《农业经济》2022年第7期。

［4］刘界、廖望科、胡蓉、张楠楠：《数字经济驱动下农业服务化创新研究》，《农业与技术》2022年第15期。

［5］彭建仿、胡森森：《农业社会化服务供应链的商业模式创新》，《华南农业大学学报》（社会科学版）2019年第6期。

区域发展篇

Regional Development

B.13
吉林省县域城镇化发展路径研究

李　平*

摘　要： 随着我国人口省内流动的日益频繁，县域作为城乡融合的重要载体，县域城镇化是当前及未来人口流动的必然选择。推进县域城镇化进程有利于促进县域经济的发展，加快乡村振兴的步伐。本报告在深入分析吉林省县域城镇化发展现状的基础上，着力探究目前吉林省县域城镇化发展依然存在的问题和面临的困境，围绕科学把握功能定位，分类引导县域发展方向；强化产业支撑，增强县域就业吸纳能力；完善基础设施体系，夯实县域运行基础支撑；增加县域公共服务供给，打造宜居宜业环境四个方面提出切实可行的促进吉林省县域城镇化快速健康发展的路径，以期加快形成吉林省县域高质量发展与新型城镇化协同发展的格局。

关键词： 县域城镇化　特色产业　城乡融合　基础设施　吉林省

---

* 李平，理学博士，吉林省社会科学院城市发展研究所副研究员，研究方向为城市发展与产业经济。

随着国内外环境的变化以及城市生活压力的不断增大，我国的人口流动已经开始出现新的特点，远距离跨省区的人口流动呈逐渐趋缓的趋势、近域化的省内人口流动趋势日益增强。县域城镇化对于县域经济的发展以及乡村振兴有着重要的推进作用，探究县域城镇化的路径选择，具有重要的理论和实践意义。为加快推进县域城镇化发展，2022 年 5 月，中共中央办公厅、国务院办公厅印发了《关于推进以县城为重要载体的城镇化建设的意见》，提出要逐步提升县域发展质量，更好地满足农民到县城就业安家需求和县城居民生产生活需要，为协同推进新型城镇化和乡村振兴提供有力支撑。当前，吉林省新型城镇化已经进入新发展阶段，进入由量变向质变转化的阶段，吉林省县域是实施"一主六双"高质量发展的重要支撑，是吉林省城镇体系中承上启下的纽带，是推动吉林省新型城镇化建设的重要空间。

一 吉林省县域城镇化发展现状

县域是吉林省加快新型城镇化建设的重要方面，是吉林省实施"一主六双"高质量发展战略的重要支撑。截至 2021 年，吉林省共有 20 个县级市、16 个县、3 个自治县、3 个区，共 42 个县（市、区），县域面积占吉林省地域面积的 90%以上，户籍总人口占吉林省户籍总人口的 60%以上。可见，吉林省县域不论是从土地面积方面，还是从人口规模方面，都占据了吉林省相当大的比重，是吉林省城镇体系中承上启下的纽带，是推动吉林省新型城镇化建设的重要空间。

（一）县域人口城镇化发展水平

据统计，2020 年吉林省县域总人口 1765.40 万人，占吉林省总人口的 68.50%，县域城镇人口 613.98 万人，占吉林省城镇人口的 48.47%，这表明吉林省将近一半的城镇常住人口在县域，县域城镇化率为 34.78%。从吉林省县域人口总体来看，2015~2020 年，受新型城镇化建设及人口外流的影响，县域总人口从 1861.65 万人减少到 1765.40 万人，城镇人口从 663.10

万人减少到 613.98 万人。从吉林省东中西三个区域来看，吉林省县域人口城镇化具有明显的区域差异性。吉林省东部地区的县域包括延边朝鲜族自治州、白山市、通化市所辖的 18 个县（市、区）。2020 年吉林省东部地区县域总人口 437.01 万人，城镇总人口 252.76 万人，城镇化率为 57.84%，城镇化水平超过同期的吉林省平均水平。以延吉市为例，2020 年延吉市总人口 55.78 万人，其中城镇人口 48.20 万人，城镇化率较高。吉林省中部地区的县域包括长春市、吉林市、四平市、辽源市所辖的 16 个县（市、区）。2020 年吉林省中部地区县域总人口 850.91 万人，城镇人口 220.14 万人，县域人口规模相对较大，但城镇化率较低，仅为 25.87%，城镇化水平低于同期吉林省的平均水平。吉林省西部地区的县域包括松原市、白城市所辖的 8 个县（市、区）。2020 年吉林省西部地区县域总人口 355.75 万人，城镇总人口 98.35 万人，城镇化率为 27.64%，同样低于吉林省同期的平均水平，这主要是与吉林省西部的自然条件与经济结构密切相关。

（二）县域经济整体水平持续提升

经过多年的发展，吉林省的县域经济实力不断增强，2020 年，吉林省县域的 GDP 达到了 5028.48 亿元，县域经济实力稳步增强。2020 年，吉林省 42 个县（市、区）中，GDP 达到 200 亿元以上的有 7 个县（市、区），其中，公主岭市的 GDP 达到了 314.75 亿元，居吉林省县域的第一位，延吉市的 GDP 达到 314.56 亿元，仅次于公主岭市，农安县的 GDP 为 292.31 亿元，榆树市的 GDP 为 269.45 亿元，德惠市的 GDP 为 249.34 亿元，梅河口市的 GDP 为 217.47 亿元，这些县（市）经济总量不断扩大，已经逐步发展成为吉林省城镇体系中重要的节点支撑城市。吉林省东部的梅河口市是吉林省直管县级市，是吉林省近年来发展较好的小城市之一。梅河口市着力推进吉林省重要节点城市建设，注重产城联动、以产兴城，重点打造医药健康、食品加工、商贸物流和现代服务业四大主导产业，发展成效较好。2020 年，梅河口市 GDP 达到了 217.47 亿元，人均收入水平在吉林省各县市当中一直名列前茅。通化县工业发展基础较好，现有规模以上工业企业 47 户，2021

年实现工业总产值 62.56 亿元，以东宝集团、青山实业、振国集团、华夏集团、四方山铁矿、宏信研磨材、通天酒业、大泉源酒业为代表的工业企业实力雄厚，产业发展态势较好。吉林省中部的公主岭市加快推进经济社会高质量发展，综合实力稳步提升，2021 年 GDP 实现 336.3 亿元，规模以上工业总产值增长 12%，强化项目建设，经济发展新动能培育取得较好的效果。吉林省西部的长岭县聚焦经济高质量发展，2021 年 GDP 实现 162 亿元，民营经济总户数达到 3.5 万户，产业结构更加优化，第三产业增加值实现 78 亿元，比重进一步提高。2020 年吉林省各县（市、区）GDP 情况如表 1 所示。

表 1　2020 年吉林省各县（市、区）GDP 情况

单位：个

GDP 规模	数量	县（市、区）名称
200 亿元以上	7	榆树市、德惠市、公主岭市、农安县、梅河口市、延吉市、九台区
100 亿~200 亿元	11	桦甸市、磐石市、舒兰市、梨树县、东丰县、抚松县、扶余市、长岭县、前郭尔罗斯蒙古族自治县、敦化市、双阳区
100 亿元以下	24	蛟河市、永吉县、双辽市、伊通满族自治县、东辽县、集安市、通化县、辉南县、柳河县、临江市、靖宇县、长白朝鲜族自治县、乾安县、洮南市、大安市、镇赉县、通榆县、图们市、珲春市、龙井市、和龙市、汪清县、安图县、江源区

资料来源：《2021 吉林统计年鉴》。

（三）县域城镇化发展的产业支撑更加明显

2018 年，吉林省提出打造"一主六双"产业空间布局的战略构想。2022 年，吉林省人民政府又编制了《"一主六双"高质量发展战略专项规划》。在产业总体布局的框架下，吉林省县域加快发展支柱产业，积极推动重大项目建设，不断壮大县域综合实力，发挥比较优势，做大做强特色优势产业，培育创新发展新动能，推动产业集聚集约集群发展，打造经济发展新优势。吉林省中部的双辽市作为环长春四辽吉松工业走廊的重要节点城市，立足自身

资源禀赋、优越的地理区位、政策环境优势，加快推进玻璃建材、基础化工、电力能源等产业集聚，种羊场风电、国能吉林双辽灰场 100MW 光伏、昊华化工、年产 4 万吨硫酸钾、新能源锂离子电池负极材料及辅助设备设施等一大批投资规模大、辐射带动作用强的项目正在建设中。吉林省东部的梅河口市作为医药健康产业走廊的重要节点城市，重点推动医药健康产业集聚发展，加快推进生物医药重点项目建设，延长医药产业链条，医药产业占梅河口市地方财政收入的 70%，是梅河口市经济发展的支柱主导产业，经济贡献度较高。敦化市抢抓吉林省医药健康产业走廊建设机遇，重点推进医药工业园区建设，形成了以敖东、华康、凯莱英、金赛、草还丹、健芝宁以及广亿、元宝枫八大医药工业园为主的产业集群，医药工业规模达 40 亿级。吉林省西部的前郭县是蒙古族自治县和农牧并重县份，围绕肉牛产业，充分发挥本地资源优势，强化项目带动，抓好品种繁育，促进肉牛产业高质量发展。

（四）县域城镇化发展示范引领作用不断增强

经过多年的不懈努力，吉林省的新型城镇化建设取得了较好的成效，长春现代化都市圈正在快速推进，初步形成了中心城市带动城镇协调发展的格局。同时，吉林省着力推进重要节点城市建设，重点建设梅河口市、公主岭市、榆树市、抚松县、扶余市、前郭县等，强化重要节点城市的示范引领带动作用，促进和带动区域经济的整体跃升。此外，2016 年吉林省发展改革委在吉林省范围内开展了生态城镇化的试点工作，2018 年吉林省的通化县、敦化市、临江市、镇赉县、东丰县等生态城镇化试点县（市、区）获得相应专项资金的支持，开展试点示范，大力推进生态城镇化建设进程。此外，吉林省将生态文明的理念全面融入城市建设之中，绿色生态城市建设稳步推进。2020 年吉林省的前郭县、珲春市、公主岭市、梅河口市入选国家发改委新型城镇化建设示范县，强化示范带动作用，进一步推进县域经济高质量发展。此外，吉林省还着力建设了一批国家级特色小镇、省级特色产业小镇，城镇经济实力不断增强，城镇吸纳人口的能力不断提升，特色产业不断发展壮大，城乡发展差距也在逐步缩小。

（五）县域城镇化发展政策环境不断优化

多年来，吉林省为促进县域的快速发展，不断优化县域发展的政策环境。早在2005年，吉林省就启动了"扩权强县"改革工作，先后向吉林省30多个县下放了1181项经济社会管理权限，2009年、2011年吉林省又先后两次出台具体扶持政策，鼓励县域经济社会发展。2015年《吉林省人民政府办公厅关于支持农民工等人员返乡创业的实施意见》（吉政办发〔2015〕70号），制定了多项政策措施支持和鼓励农民工返乡创业，为吉林省县域城镇化发展吸引人才、储备人才，推进吉林省特色城镇化建设。随后，2018年吉林省颁布了《进一步推进农民工等人员返乡下乡创业的政策措施》（吉发改就业联〔2018〕467号），从充分发挥财政资金支持引导和带动作用、加大融资支持力度、加强用地保障、注重人才培养培训、强化公共服务、建立健全风险防范机制、推进政策落实7个方面制定了22条具体政策措施。此外，《吉林省新型城镇化规划（2021~2035年）》中提出要提升县城重要载体功能，加快建成一批生活宜居、产业兴旺、生态优良的中小城市，推进县域城镇化进程。2022年9月，在《吉林省关于推进以县城为重要载体的城镇化建设的若干举措》中，从分类引导、培育发展特色优势产业、完善市政设施体系、强化公共服务供给等8大方面提出具体措施，扎实推动以县城为重要载体的城镇化建设。

二 吉林省县域城镇化存在的问题

目前，吉林省县域在城镇化发展方面取得了一定的成效，城镇化发展政策环境不断优化，县域城镇化整体水平持续提升，城镇化发展的产业支撑更加明显，示范引领作用不断增强。但是，我们在看到成绩的同时，也应该关注到吉林省县域城镇化发展仍然面临着一些问题亟待突破和解决。

（一）吉林省县域经济规模较小，对人才吸引力不足

虽然吉林省县域经济发展在各项政策措施的刺激下取得了一定的成效，但是由于吉林省整体经济运行仍处于新旧动能转换的阶段，县域经济发展依旧缓慢，经济总量相对较小。2020 年，吉林省内 GDP 超过 200 亿元的县（市、区）仅有 7 个，GDP 在 100 亿元到 200 亿元之间的县（市、区）有 11 个，绝大部分县（市、区）的 GDP 在 100 亿元以下，其中，图们市、和龙市、龙井市、长白县的 GDP 仅为 30 亿元左右，难以与发达省份的县域经济相比拟。这从全国百强县排名中可见一斑，江苏、浙江、山东三省的县域在入榜数量和发展质量方面持续保持在前列，而吉林省近年来均未有县市上榜。由于吉林省县域经济规模较小，并且县级城市相对于省会城市以及大城市，在人口集聚能力方面相对较弱，吉林省县域对人才的吸引力就更加不足。具体而言，吉林省县级城市对高端人才的吸纳能力不足，在外接受高等教育的人员大多数选择留在就读城市或更大的城市，较少回到县级城市就业和生活。此外，农村剩余劳动力中的青壮年大多进入能提供更多就业机会的大中城市，县域青壮年劳动力外流问题较为突出。当前，吉林省大多数县域面临着高素质人才外流、本地劳动力素质不高的问题，这在一定程度上不利于县域经济的持续健康发展。

（二）吉林省县域产业转型升级缓慢，对城镇化发展的支撑不足

优势主导产业是推动县域城镇化发展的核心力量。目前，吉林省大部分县（市、区）第一产业农业在经济发展中所占的比例较大，而农业发展又相对粗放，融合发展程度不高，而第二产业工业一般以传统的产业类型为主，存在产业链不长、科技含量不高、创新驱动不足等问题，工业经济发展后劲不足，第三产业发展不充分，在经济发展中所占的比重不大。由于缺乏必要的产业支撑，吉林省县（市、区）人流、物流、信息流的集聚能力相对较弱，城镇的辐射和带动效应没有显现，吸纳人口就业的能力明显不足。同时，吉林省又属于资源型省份，资源型县（市、区）较多，如舒兰市、

汪清县、磐石市、洮南市等县（市、区），由于资源型产业的衰落，接替产业尚在培育，县域经济发展的产业支撑能力明显不足。此外，吉林省县域民营经济发展滞后，普遍存在"小而散"的问题，大多依靠要素低成本优势实现规模扩张，企业创新意识缺乏，优势产品的科技含量不高，不利于县域产业升级和创新发展。

（三）吉林省县域基础设施相对落后，承载能力有待提升

从 2020 年起，国家开始着手推进县城城镇化补短板强弱项工作，吉林省高度重视基础设施建设，按照"补短、强弱、提质"的原则，县域基础设施供给能力得到了一定的提升。但是，由于目前在基础设施建设领域，政府投资作为主导，各县域经济发展相对落后，财力相对紧张，基础设施建设资金有限，道路、给水、供暖、通信等设施依然不完善，人均道路铺装面积、供水普及率低于全国平均水平，与发达省份差距较大，排水设施、停车场建设严重滞后，客运站设施落后；在县域污水处理设施方面，吉林省部分县市污水处理厂处理能力不足，大部分乡镇尚未建成污水处理设施。在县域垃圾处理方面，吉林省县域生活垃圾处理设施供给不足，处理能力也相对有限，短板比较明显，规划建设系统性不足，现有的收转运和处理体系难以满足分类要求，生活垃圾资源化利用水平不高，智能化水平低等问题，成为制约生活垃圾处理设施高质量发展的瓶颈。县域环境相对较差，县域承载能力不足，在一定程度上制约了县域的经济发展与功能完善，降低了县城对人口的承载力和吸引力，要推进县城市政公用设施提档升级，较好满足居民居住和出行等生活需要。此外，吉林省内区域间交通基础设施建设水平不高，高速公路建设相对滞后，截至目前还没做到"县县通高速"。

（四）吉林省县域公共服务供给不足，配套建设急需提速

县城已经成为为城乡居民提供高品质公共服务、保障民生福祉的重要空间。当前，吉林省不少县城的公共服务供给总量不足、质量不高，优质公共服务资源较为短缺，大部分县（市、区）级医院和疾控中心防控救治能力

不强，基础教育、养老托育、文化体育等公共服务难以满足人民群众需要。具体来讲，县域地区各类教育配套设施较为落后，无论在软件设施还是在硬件设施方面都极大地落后于省会城市和大城市。县域地区在医疗卫生服务方面由于基础较差，虽然近年来对县域的医疗卫生投入不断增加，但是县域的整体医疗卫生水平依然远远落后于城市地区，医疗机构承载服务能力不强，缺少优质的医疗卫生资源。在养老服务方面，县域养老机构的数量和质量都与大城市难以比拟，并且现有养老机构缺乏专业的护理人员，老人的生活得不到很好的照料。

三　吉林省县域城镇化发展路径

针对吉林省县域城镇化发展中存在的县域经济规模较小、产业转型升级缓慢、基础设施相对落后、公共服务供给不足等问题，本报告从科学把握功能定位，分类引导县域发展方向；强化产业支撑，增强县域就业吸纳能力；完善基础设施体系，夯实县域运行基础支撑；增加县域公共服务供给，打造宜居宜业环境四个方面提出提升吉林省县域城镇化发展质量的具体路径。

（一）科学把握功能定位，分类引导县域发展方向

吉林省各县（市、区）拥有土地和空间等资源优势，具备一定的产业竞争力和就业吸纳力。在未来的发展中，要充分考虑不同区域、不同发展类型县（市、区）的发展基础、条件以及阶段，明确县城发展方向和功能定位，分类引导县城发展。加快发展长春现代化都市圈周边县（市、区），要突出转型提质，主动承接长春市、吉林市人口、产业、功能疏解，强化主导产业链式配套、基础设施统一构建、公共服务便利共享，形成与邻近大城市中心城区梯度发展、优势互补的产业体系和联建共享、畅通快捷的交通体系。支持具有较好资源禀赋和产业基础的县（市、区）发挥比较优势，围绕吉林省推进"双廊""双线""双基地"建设的契机，带动相关产业快速发展，强化产业平台支撑。位于吉林省农产品主产区内的县

（市、区）要坚持农业优先发展，着力培育特色农业产业，延长农业产业链条。吉林省东部和西部大部分县域位于国家重点生态功能区内，重点发展绿色生态产业，着力增强生态、文化、旅游和产业配套综合功能，保障国家生态安全。

（二）强化产业支撑，增强县域就业吸纳能力

产业是县域建设发展的根基，有产业才有就业岗位、才有人口集聚。根据吉林省不同区域的县（市、区）地理区位和产业发展定位，积极培育县域特色优势产业，推进县域产业的规模化和产业化升级，加强县域产业园的精准化定位和可持续发展，促进城乡居民就地就业，从而实现带动农业农村发展以及提高就业吸纳能力的要求。着力推进梅河口市、敦化市、珲春市、前郭县、大安市等10个左右重要节点城市培育壮大特色资源产业。敦化市立足于自身的资源禀赋和基础，以保护生态环境为前提，重点推进工业转型升级，围绕绿色转型创新发展，大力发展医药健康产业、生态旅游业等，不断壮大战略性新兴产业以及旅游业的规模，促进经济发展方式转变。公主岭市着力发展装备制造、现代物流、现代种子产业，加快构建现代产业体系。前郭县立足资源禀赋及产业基础，重点发展现代农业和生态旅游业，在现代农业领域加强示范和引领。延吉市重点打造食品加工、新能源汽车、医药健康等优势产业集群，建设具有区域影响力的现代产业集聚地。同时，在吉林省县域城镇化过程中，要重视产业平台和配套设施的建设，加大县域产业集聚区、创新创业园区、经济开发区等平台建设与设施配套，促进县域产业集中集聚发展。此外，把科技创新作为壮大工业经济的重要任务，坚持推动传统产业绿色化改造提升含绿量、技术改造提升含新量、智能化改造提升含金量。

（三）完善基础设施体系，夯实县域运行基础支撑

基础设施建设直接服务于县域的居民，是宜居县（市、区）建设的重要硬件基础。强化吉林省县域基础设施建设，进一步完善县域的城市功能，加快提升县域整体实力。在对外交通建设方面，加快推进连接县（市、区）

的高速公路建设进度，畅通吉林省县域对外连接通道，提升县域对外联系的便利度，重点建设长春都市圈环线和大蒲柴河至烟筒山、烟筒山至长春、白山至临江、松江河至长白、集安至桓仁、珲春至防川等连通县市通道、省际通道项目，加快实现吉林省所有县（市、区）通高速。在内部道路建设方面，优化县城道路网的布局，建设主次干路和支路完善的城市道路网络，拓宽较狭窄道路，打通长期断头路，提升县城居民的出行便利度。优化县域的交通出行结构，推动公交更新改造，完善公交场站布局，合理增设公交线路和站点，增加公交班次，提高公交出行便利度。进一步完善县城市政设施，结合群众意愿，改造提升老旧小区的管网以及生活设施，加强适老设施、无障碍设施的建设和改造。实施智能化市政基础设施建设和改造，加强物联网建设，利用信息技术为县域居民提供更好的服务，提高县域的智能化管理水平。

（四）增加县域公共服务供给，打造宜居宜业环境

公共服务关乎群众切身利益，坚持以人为本的原则，完善吉林省县域的生活功能，县域建设要与产业发展相协调。推动吉林省县域因地制宜强弱项补短板，重点完善县域医疗卫生服务体系、扩大教育资源供给、发展养老托育服务、优化文化体育设施、完善社会福利设施等，强化公共服务的供给。贯彻共享发展的理念，建立城市生活服务设施的长期投入机制，不断提升城市居民的幸福感和获得感。县域的不断发展和壮大，势必吸引外来人才以及农村转移人口，增强县城的生活服务功能，提高城市的生活舒适度以及居民的幸福感，打造宜居"生活空间"，为城市的进一步发展留住人才和集聚人才。在县城生态空间的布局和建设上，要以原有生态环境为本底，合理规划和布局城镇生态廊道、绿化小品、公园等绿化美化设施，为人才居住生活和就业发展创造良好的环境，从而吸引更多的高层次人才和农业转移人口到县城生活和创业，为县域经济发展提供人才支撑，进而推动县域经济的持续发展。

参考文献

［1］ 范德珩：《县域新型城镇化建设实践探索》，《唯实》2022 年第 8 期。

［2］ 孔祥智、何欣玮：《乡村振兴背景下县域新型城镇化的战略指向与路径选择》，《新疆师范大学学报》（哲学社会科学版）2022 年第 6 期。

［3］ 杨守德、吴娟：《新时代背景下东北地区县域城镇化高质量发展研究》，《商业经济》2022 年第 4 期。

［4］ 金东：《新时代河南县域城镇化高质量发展研究》，《中共郑州市委党校学报》2021 年第 5 期。

［5］ 唐哲：《关于发展县域经济推进城镇化进程的思考》，《学理论》2011 年第 17 期。

［6］ 刘国斌、汤日鹏：《长吉图开发与吉林省县域经济发展》，《东北亚论坛》2010 年第 4 期。

［7］ 叶爱萍：《推进吉林省农民工返乡创业的思考》，《长春市委党校学报》2015 年第 6 期。

［8］ 李晓斌：《以产业转型升级推进新型城镇化的动力机制研究》，《求实》2015 年第 2 期。

［9］ 韩俊：《吉林省政府工作报告——2021 年 1 月 25 日在吉林省第十三届人民代表大会第四次会议上》，吉林省人民政府网，http：//www.jl.gov.cn/zw/yw/jlyw/202102/t20210201_7932049.html。

［10］ 曹亚梅：《浅谈县域经济发展对实现脱贫攻坚、乡村振兴的促进作用》，《全国流通经济》2020 年第 21 期。

B.14
吉林省加快推进特色小镇建设研究

摘　要： 特色小镇关系城乡融合与一体化发展和新型县域城镇化发展的进程，是其中重要节点，是乡村振兴战略实施的关键所在。吉林省正处在迈进中国特色社会主义现代化新征程的特殊时期，必须抓好乡村节点，加速特色小镇规划布局，根据地域特色打造产业优势、文化厚重、承载力强、环境良好的特色小镇，促进城市先进生产力向农村转移，加速乡村优质产品服务向城市流动，形成乡村振兴的"增长极"，带动全省乡村振兴战略迈出更大的步伐。最后提出加快吉林省特色小镇建设的对策建议：统筹推进培育工作，创新政府职能设置；强化科技创新服务功能，深挖特色与优势产业；加强基础设施建设，提升特色小镇承载能力；寻求差异化发展，打造特色小镇个性化品牌。

关键词： 特色小镇　城镇化发展　乡村振兴　吉林省

近年来，吉林省持续加快特色小镇培育工作，实现乡村振兴与城乡融合发展，特色小镇肩负着推动乡村振兴、巩固脱贫攻坚成果、推进城乡实现经济高质量发展的多项重任。稳步推进特色小镇建设工作是保证村镇经济可持续、个性化及健康发展的重要途径之一。吉林省应该积极在培育特色主导产业、挖掘传统特色文化、改善城镇风貌和创新体制机制等多方面进行积极的探索，推进特色小镇建设高质量培育成果，加快产城融合，增强要素集聚，助力全省经济高质量发展。

---

* 徐嘉，吉林省社会科学院城市发展研究所副研究员，研究方向为城市发展、产业发展。

一 吉林省特色小镇建设概况

（一）培育数量持续增长

吉林省按照国家相关部委要求，加快地域特色小镇的培育引导工作，自2017年推出培育通知以来，持续围绕着特色小镇建设进行谋划，目前已经进入加快发展期。吉林省先后有两批特色小镇入围住建部国家级特色小镇名单，先是具有民族特色的延边州东盛涌镇、旅游特色的通化市金川镇以及农业特色的辽源市辽河源镇在2016年首批入围，随之2017年度的二道白河镇等6个特色小镇跟进入围。根据国家部委精神要求，吉林省住建厅于2017年公布了省级首批40个特色小镇名单。吉林省发改委又分别于2019年、2020年和2021年分三批公布了吉林省特色产业小镇的入围名单，第一批55个，第二批29个，第三批20个。截至2021年底，吉林省特色产业小镇小城镇共计104个，覆盖了全省主要市州及保护区，长春市和吉林市均超过20个，位列第一梯队，辽源市和通化市及延边州均在10个以上，位列第二梯队，白山市、四平市和松原市则分别拥有5个以上，位列第三梯队，白城市、长白山保护开发区、梅河口市及公主岭市也均超过2个，暂列第四梯队。吉林省紧扣十大新兴产业和三大支柱产业，围绕"一镇一业"开展个性化建设，吉林省在准确资源定位、发挥产业特色、加速转型升级的县域经济发展道路上勠力前行，特色小镇建设推进工作进展良好，成果显著（见表1）。

表1 吉林省各级各类特色城镇情况

等级	批次	城镇
国家级	住房和城乡建设部国家级特色小镇（2016年第一批3个）	辽河源镇、金川镇、东盛涌镇
	住房和城乡建设部国家级特色小镇（2017年第二批6个）	二道白河镇、合心镇、松江河镇、叶赫满族镇、乌拉街满族镇、清河镇

续表

等级	批次	城镇
国家级	国家林业和草原局森林小镇（2018 年第一批 2 个）	露水河森林特色小镇、红旗林场森林矿泉文旅特色小镇
	国家体育总局运动休闲特色小镇（2018 年第一批 2 个）	延边州安图县明月镇九龙社区运动休闲特色小镇、梅河口市进化镇中医药健康旅游特色小镇
省级	吉林省住房和城乡建设厅特色小镇（2017 年第一批 40 个）	长春市 8 个：鹿乡镇、奢岭镇、波泥河镇、合心镇、玉潭镇、泉眼镇、伏龙泉镇、朱城子镇
		吉林市 13 个：岔路河镇、乌拉街镇、小白山乡、旺起镇、前二道乡、孤店子镇、桦皮厂镇、万昌镇、北大壶镇、庆岭镇、红石砬子镇、平安镇、烟筒山镇
		四平市 4 个：叶赫满族镇、石岭镇、蔡家镇、大孤山镇
		通化市 4 个：金厂镇、西江镇、三源浦朝鲜族镇、清河镇
		白山市 1 个：松江河镇
		白城市 2 个：青山镇、莫莫格乡
		延边州 5 个：月晴镇、雁鸣湖镇、西城镇、百草沟镇、松江镇
		长白山管委会 1 个：漫江镇
		梅河口市 1 个：进化镇
		公主岭市 1 个：范家屯镇
	吉林省发展改革委特色产业小镇（2019 年第一批 55 个）	长春市 12 个：红旗绿色智能小镇（培育类，非建制镇）、关东文化小镇（成长类，非建制镇）、健康山谷小镇（规划类，非建制镇）、皓月国际农业小镇（培育类，非建制镇）、吉商小镇（规划类，非建制镇）、人工智能小镇（规划类，非建制镇）、鹿乡梅花鹿小镇（培育类，建制镇）、波泥河苗木花卉小镇（规划类，建制镇）、五棵树玉米深加工小镇（成长类，建制镇）、朱城子小食品生产小镇（成长类，建制镇）、烧锅酒工坊小镇（培育类，非建制镇）、北斗科技小镇（规划类，非建制镇）
		吉林市 13 个：大荒地稻香小镇（成长类，非建制镇）、搜登站温泉小镇（培育类，非建制镇）、左家北药小镇（培育类，建制镇）、小白山医养小镇（培育类，非建制镇）、棋盘智慧农业小镇（培育类，非建制镇）、乌拉街雾凇满族小镇（规划类，建制镇）、瑞士小镇（规划类，非建制镇）、中新食品区奶酪小镇（规划类，非建制镇）、上营冰雪小镇（培育类，非建制镇）、磐石市经济开发区中医药小镇（成长类，非建制镇）、明城新型金属材料小镇（成长类，建制镇）、庆岭冰酒小镇（培育类，非建制镇）、红石影视小镇（培育类，建制镇）

续表

等级	批次	城镇
省级	吉林省发展改革委特色产业小镇（2019年第一批55个）	四平市2个：十家堡物流小镇（规划类，非建制镇）、伊通县皇家鹿苑小镇（规划类，非建制镇）
		辽源市6个：袜业小镇（成长类，非建制镇）、汽车商贸物流小镇（规划类，非建制镇）、安恕蛋品加工小镇（培育类，建制镇）、辽河源生态农业小镇（规划类，非建制镇）、沙河影视旅游小镇（成长类，非建制镇）、那丹伯畜牧小镇（培育类，建制镇）
		通化市4个：清河野山参小镇（培育类，建制镇）、西江稻米小镇（培育类，建制镇）、龙湾康养小镇（培育类，建制镇）、安口榛榛小镇（培育类，建制镇）
		白山市3个：六道沟硅藻土小镇（成长类，建制镇）、万良人参小镇（成长类，建制镇）、长白县边贸小镇（培育类，非建制镇）
		松原市1个：太平川农贸小镇（培育类，建制镇）
		白城市3个：青山牧业小镇（培育类，建制镇）、安广新能源小镇（培育类，建制镇）、福顺辣椒小镇（培育类，建制镇）
		延边州7个：延龙图新区海兰湖文旅小镇（培育类，非建制镇）、吉澳中医药健康小镇（规划类，非建制镇）、雁鸣湖旅游小镇（培育类，建制镇）、东盛涌足球小镇（培育类，非建制镇）、敬信望三国旅游小镇（培育类，非建制镇）、红丰矿泉水小镇（成长类，非建制镇）、天桥岭木耳小镇（培育类，建制镇）
		长白山保护开发区2个：二道白河休闲运动小镇（成长类，建制镇）、长白山冰雪运动小镇（规划类，非建制镇）
		梅河口市1个：进化中药材小镇（规划类，非建制镇）
		公主岭市1个：大岭汽车物流小镇（成长类，建制镇）
	吉林省发展改革委特色产业小镇（2020年第二批29个，特色产业小镇22个，特色产业小城镇7个）	长春市特色小镇2个：华家马术小镇（培育类）、合隆玉米工坊小镇（培育类） 特色小城镇1个：秀水田园小城镇（规划类）
		吉林市特色小镇3个：大口钦陶瓷小镇（培育类）、天岗花岗岩小镇（培育类）、北大湖林果小镇（培育类） 特色小城镇2个：平安稻米小城镇（培育类）、取柴河食用菌小镇（培育类）

等级	批次	城镇
省级	吉林省发展改革委特色产业小镇(2020年第二批29个,特色产业小镇22个,特色产业小城镇7个)	四平市特色小镇3个:专用车小镇(培育类)、郭家店生态化工小镇(培育类)、樱桃小镇(培育类)
		辽源市特色小镇2个:白泉汽车模具小镇(规划类)、梅花鹿小镇(培育类) 特色小城镇1个:东辽县金州鸳鹭湖生态小城镇(培育类)
		通化市特色小镇2个:金厂冰雪运动小镇(培育类)、参业小镇(培育类) 特色小城镇1个:样子哨生态农业小城镇(培育类)
		白山市特色小镇3个:道地药材小镇(培育类)、泉阳森林食品小镇(规划类)、江源区松花石小镇(培育类) 特色小城镇1个:靖宇县三道湖蓝莓小城镇(培育类)
		松原市特色小镇2个:赞字绿色果蔬小镇(培育类)、查干湖生态小镇(培育类) 特色小城镇1个:三井子花生小城镇(培育类)
		延边州特色小镇3个:石岘木质素小镇(规划类)、东盛涌休闲小镇(培育类)、八家子桑黄小镇(培育类)
		梅河口市特色小镇1个:梅河口市教育小镇(培育类)
		公主岭市特色小镇1个:迎新鲜食玉米小镇(培育类)
	吉林省发展改革委特色产业小镇(2021年第三批20个)	长春市8个:轨道交通小镇(成长类)、天定山旅游度假小镇(成长类)、中法智能制造小镇(培育类)、光电小镇(培育类)、新湖慢山里营地教育小镇(培育类)、乐山农旅小镇(规划类)、巴吉垒牛肉小镇(规划类)、范家屯生态农业小镇(培育类)
		吉林市2个:红旗岭冶金新材料小镇(培育类)、万昌生态农业小镇(培育类)
		四平市1个:大孤山温泉小镇(培育类)
		辽源市1个:职教小镇(培育类)
		通化市3个:国际陆港小镇(培育类)、光华蓝莓小镇(培育类)、庆阳兵工小镇(规划类)
		白山市1个:漫江四季运动小镇(成长类)
		白城市1个:林海弱碱稻米小镇(培育类)
		松原市1个:三青山马铃薯小镇(培育类)
		延边州1个:汪清延边黄牛小镇(培育类)
		梅河口市1个:山城香菇小镇(培育类)

资料来源:根据相关文件整理。

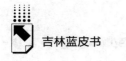

（二）培育种类相对齐全

根据 2019 年出台的特色产业小镇创建实施方案，对特色小镇进行细化分类指导，同时区分建制和非建制，划分出培育类、规划类与成长类三类特色产业小镇，涵盖了全省九市州和长白山保护开发区及梅河口市和公主岭市。成长类产业小镇聚焦高端产业和产业高端方向提升产业层次，打造吉林特色产业小镇升级版；培育类产业小镇重点在产业培育、破解建设资金瓶颈，延长产业链，构建产业集群；规划类产业小镇重点在规划编制、引进战略投资者，推动项目尽早落地。同时，根据地域特色产业分类，特色小镇也形成几大主导优势产业，总结 104 个特色小镇，其中以生态农业与农牧产品加工业为主导产业的特色小镇占比最高，达到 45%，其次是文化旅游与休闲度假运动康养为主导产业的特色小镇，占比达到 26%，先进的现代化智能制造业为主导的特色小镇占比为 21%，其他物流商贸等主导产业特色小镇占比约为 7%。前三类占比超过 90%，说明吉林省特色产业小镇的产业主导特征明显。以旅游休闲与文化生态为主的特色小镇，形成了冰雪运动旅游、生态休闲旅游、民俗风情旅游、医疗养生旅游、历史文化旅游、工业文化旅游等多种形式；以工业为主的特色小镇，形成了石油化工、轨道交通、通信卫星技术、汽车装备制造、医药健康、安全健康食品等产业特色；以农业为主的特色小镇，形成了可追溯"有机农业+温泉度假""有机农产品+生态旅游"等产业特色；以商贸为主的特色小镇，形成了商贸物流、汽车贸易等产业特色。大部分特色小镇特色鲜明、优势突出、错位发展的良好格局基本形成。

（三）政策方案陆续出台

吉林省针对特色小镇培育先后出台了诸多政策与方案，2019 年率先出台了《支持特色小镇和特色小城镇建设的若干政策》《吉林省加快特色产业小镇创建实施方案》。其中，《吉林省加快特色产业小镇创建实施方案》从全局战略高度，统领性地提出了特色小镇的引导策略与规利方案，从创建方式与推进分类等方面，给全省特色小镇进行细化，提出"三生融合"与运营方式创新等多项重点任务。《支持特色小镇和特色小城镇建设的若干政策》则从行政区划、赋税、创新、土地、产业等7个方面提出40条政策举措，布置了特色小镇的建设工作。各地陆续运用政策着手进行特色小镇规划建设。特色小镇在开发建设过程中，重要的一点就是要求合理合规地完成迁村腾地工作。以土地政策为例，用土地增减挂钩、创新土地政策，占补平衡，加大土地开发力度，同时拓展特色小镇建设用地空间。比如合隆镇陈家店村，全村顺利完成拆迁任务，土地面积达到147公顷，利用增减挂钩，顺利完成，得到了村民的一致认可，提高了拆迁效率，其整理土地最终受益超过4亿元，完成了居民社区安置工作以及拆迁复垦工作的资金投入，缓解了政府的财政压力，也确保了农民的权益最大化。在资金政策方面，政府不断加大特色小镇资金投入力度，省级专项资金对口支援特色小镇项目建设工作，由政府出头，与银行等金融机构对接，引导各级政策性资金投入特色小镇建设，并鼓励民间资本、各种融资渠道的资金参与进来支撑特色小镇建设，金融机构共投放信贷资金接近百亿元。

（四）考核评估工作严格执行

从2017年吉林省住建厅公布第一批省级特色小镇至今，特色小镇建设指导与管理部门虽然从住建厅转接到发改委，但培育建设工作持续推进。根据2021年国家发改委、自然资源部、生态环境部等多部门联合出台的《全国特色小镇规范健康发展导则》，针对特色小镇的数量与质量做出了导向要求，从重数量过渡到重质量，要求在效益质量与规划设计空间协同方面进行有效引导，同时要求加强特色小镇的评估与考核工作。吉林省贯彻落实指导意见，在2021年公布第三批特色产业小镇名单的同时，梳理了前两批省级特色产业小镇的发展情况，根据指标进行综合评比，对成长类和培育类小镇突出产业与规划、主体建设与投资和管理几个方面，强化产业与投资情况所占比重；对规划类小镇突出投资与主体落实方面，强调招商引资重大项目建设所占比重。以长春市红旗绿色智能小镇、敦化市吉澳中医药健康小镇等为

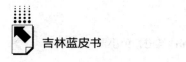

代表的 15 个特色小镇获评优秀级别，以汪清县天桥岭木耳小镇、四平市专用车小镇为代表的 26 个特色小镇获评合格级别，以东辽县安恕蛋品加工小镇、长春市关东文化小镇为代表的 26 个特色小镇获评基本合格级别，以东丰县沙河影视旅游小镇、吉林市搜登站温泉小镇为代表的 13 个特色小镇被评为不合格。另有 2 个培育类小镇，因考评数据优秀，晋级为成长类小镇，有 4 个规划类小镇晋级为培育类小镇。对 10 个连续两年无重大项目建设的小镇予以淘汰。

二 吉林省特色小镇建设存在的问题

（一）政策引导能力不强

近年来，吉林省在创建特色小镇方面做出了有益探索，陆续有指导特色小镇的政策文件出台，但吉林省尚未形成各种类型特色小镇培育的全面指导意见，政策与实施方案的精细化与专业化程度较低，政策方案尚未实现现有特色产业体系的全覆盖，在特色小镇的培育引导顶层设计方面仍需要制定全省大局层面的统筹规划，针对培育、规划与成长类特色小镇在产业行业细分、产业功能布局与规划空间建设等方面，需要持续跟进政策指导。在特色产业小镇方面，也需加快推出引导特色产业小镇建设的专项政策，形成产业特色小镇主导产业与项目支撑等各个方面的可持续推进的政策体系。同时针对三类特色小镇的评估考核与运营开发等方面，也需要制定更细致的实施方案。

（二）特色主导产业发育不足

通过分析吉林省近年来特色小镇产业比例可见，第一产业所属的生态农业与农产品畜牧业产品加工类，是所占比例最大的产业，高达 45%，接近全部特色产业小镇的一半。由此可见，第二、第三产业发展相对薄弱仍是困扰吉林省特色产业小镇发展的重要因素。在已经入选的特色产业小镇中，特别是第二、第三产业的特色产业小镇，主导产业发育不足，产业链不完善，

190

小镇的产业链延伸与技术研发都处于弱势，产城融合度有限，特色产业增长动力不足，核心企业的市场主体地位不明显，招商引资与重大项目的引领带动力仍待提升。传统产业的升级与转型问题在特色产业小镇培育建设中仍是主要问题，吉林省具有一定优势的绿色可持续发展等生态特色资源利用率相对较低，文化旅游产业、新能源产业、互联网大数据产业、高端制造业与生物制药产业等可以引发消费热点的产业亟待挖掘，传统农产品加工产业等线上线下的融合发展力度不足，大数据网络、供应链、生态康养、冰雪旅游等新业态模式的开发与特色小镇建设需要进一步培育融合，激发新动能活力，谋求新经济增长点。

（三）城镇基础设施建设滞后

特色小镇建设过程中，公共设施与基建工程是特色小镇建设的基础保障。吉林省由于经济基础较为薄弱，财政经费扶持力量相对薄弱，绝大多数小城镇都存在不同程度的基础建设落后、公共设施不完善的情况，城乡差距较大。一方面，政府资金的专项拨款以政府出资为主导，受困于政府财政状况，特别是近两年受疫情影响，整体经济下行压力大，造成特色小镇基础设施建设过程、重大项目财政经费支持力度弱，影响开工建设；另一方面，特色小镇的综合服务功能建设方面也存在较大的提升空间。特色小镇的宜居宜商程度普遍较低，受制于产业要素集聚度低、商贸物流规模较小，特色小镇的城镇规模较小与建设规划不够专业，社区生活圈中的餐饮娱乐、休闲商贸、文化体育设施、生态康养设施等公共服务设施建设与数智建设、环保治污、水电气、网络移动设施等基础设施建设均存在建设规模小与质量不高问题。宜居宜商硬环境的搭建不足，直接影响小城镇的吸引力和招商引资与人才招揽能力，亟须加大投入，加大规划设计与管理力度，全面提升承载能力。

（四）特色产业细化分类与个性化宣传仍需加强

特色产业小镇需要着重强调个性化与特色化，吉林省诸多小城镇具有同

质化的资源禀赋与区位条件，具有类似的主导产业和项目引导，因此要在特色小镇遴选与培育中增强优势，要避免其中的诸多同质化问题。吉林省是农业大省，相当多的小镇在申报农产品加工与生态农业方面自觉具有自身特色，但放在一起类比的过程中会发现，特色产业的精细化程度不高，产业资源深挖度不够，产业技术含量不足，缺乏核心企业主体，不能形成自身独特的产业优势，地方性的个性化元素含量不足，百镇一面的现象普遍。另外，小城镇的地域文化与产业特色融合度不够，差异化内涵打造的原动力不足，小城镇的可持续竞争力匮乏，城镇资源要素储备有限，城镇的知名度与吸引力较弱，难以形成基础发展优势，针对招商引资、贸易物流、平台搭载、要素汇集的难度相对较大。

三　加快吉林省特色小镇建设的对策建议

（一）统筹推进培育工作，创新政府职能设置

吉林省培育工作初见成效，但已有的政策与引导方案需要根据实践情况持续更新完善。

一是突出规划设计引导，加强顶层设计理念，明确监督管理部门。要在省级管理层面明确特色小镇评选牵头部门及诸多参与部门，落实联席会议制及专项培训制，捋顺政令出台部门，强化培育与建设工作效率，统领全局。要加强产城融合的设计思路与三生融合的设计思路相结合，统筹考虑不同小镇的产业主导特色、人口城镇规模和空间定位结构等方面，有针对性地制定不同类型的小镇规划细则，确定房地产与重大项目开发比重与建设原则。

二是鼓励多部门协同合作，增强资源要素的凝聚合力。在项目建设方面，协同合作，简化办事流程，设置专门办事通道，重大项目审核提升办事效率，突出政策的精准性与灵活性，强化时效性与针对性；在招商引资方面，严格限制与产业功能定位不配套的项目，避免资源浪费。鼓励引导特色产业领头企业与核心技术主导企业加大全方位投入，搭载平台、团队与合作

机构，调动资源要素参与建设的积极性与能动性。

三是细化职能部门工作。省政府强化工作督导，逐级落实工作责任，逐项细化目标任务，加强重点任务的跟踪问效，抓好各项改革发展政策的落地；发改等相关部门加强工作指导，组织专家对特色小镇的特色产业发展、项目谋划包装、争取社会资本和国家资金等薄弱环节予以培训指导，加强信息化公开，加大社会监督执法力度，充分利用各级各类优惠政策，形成工作合力。

（二）强化科技创新服务功能，深挖特色与优势产业

吉林省近年来特色小镇的培育重点聚焦特色产业小镇，既包括传统的建制镇，也包括一些非区非镇的特色产业开发区等，这表明吉林省在未来一段时间特色小镇的培育重点仍旧是围绕着产业进行，唯有特色产业才是特色小镇的立镇之本。

一是立足吉林省传统特色产业及各特色小镇自身的禀赋条件、地理区位、历史人文等特色，以市场为导向，以产业为依托，重点扶持已入围特色产业小镇的优势产业，加快主导企业品牌打造，提升企业与产业核心竞争力，构建细分领域产业格局，加快产业园区建设，实现资源要素集聚，选准主导产业和具有比较优势的产业，推动产城融合发展，彰显小镇特色，做大做强潜力竞争力。

二是以项目资金为核心，主抓招商引资。通过不同形式的宣传招商政策及优势，主动承接核心城市产业转移，注重发展配套产业。

三是寻找经济发展新动能，创新产业发展思维。立足吉林省传统特色产业与主导优势产业，升级现有产业，与新技术加速融合，挖掘特色产业的地域文化属性，开阔思路嫁接新产品，形成集成上下游产业链条，进而形成镇区优势、县市优势、省级优势甚至全国优势的产业体系。

四是加大科技成果转化力度，重视优势产业的科技研发比例，开发新技术新产品，在特色产业中形成技术革新优势和专利技术优势，防止被同质化挤占市场资源，做大做强特色产业的龙头企业，以点带面，提升特色产业的行业创新影响力。

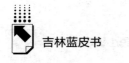

（三）加强基础设施建设，提升特色小镇承载能力

吉林省特色产业小镇的诸多发展类型，无论是宜居生态类型、宜商经贸类型、宜产特色产业类型，还是宜游文化旅游类型、宜智数字创新类型等，都需要有相应的配套设施与基础设施建设，这就要求在建设中重视基础设施的搭建。

一是要注重智能化建设，打造数智技术与大数据移动网络普及的智慧小镇，从网络硬件设施上为特色产业与营销渠道的铺设打好基础，充分利用互联网新技术，引入 5G 等信息集成与传输技术，加大智能服务 App 的开发与覆盖力度，实现镇区范围的广泛覆盖，完善网络硬件建设，提升覆盖率与信号质量，把数字技术和"互联网+"理念融入特色小镇运营与管理的整体设计思路之中，优化智慧小镇建设。

二是增强生产生活便利性。推进"三生融合"理念在各类特色产业小镇中的应用，规划好生产区的生态环保设施与生活区的公共服务与休闲娱乐设施，提升宜居宜商幸福感，加强商贸流通功能，完善交通网络建设，为招商引资与要素集聚打通路网设施，加快公路铁路衔接，增设城镇公交站点，强化共享专车与单车的网点铺设，打造畅通便捷小镇。

三是加快对接城镇体系，针对落户小镇的人口，提供高质量的公共服务，包括但不限于教育文化服务、医疗救助服务、就业与创业的资金技术法律与政策服务、社会保障与弱势群体救助、文化与体育休闲健身服务等，提升落户人口的居住体验，提高居民的满足感和幸福感，增强吸引力和归属感。

四是全力打造生态环保屏障，加强城镇污染防治工作。从人文环境生态宜居出发，协调特色小镇规划设计，让生产生活生态"三生融合"理念贯穿始终，以环境与资源可持续利用发展为主导理念进行空间布局设计，增强对企业和人才的吸引力。

五是要利用特色小镇的培育来彻底改变村镇的治理模式，加快法律法规出台，完善行政执法权限，加大执法力度，建立健全法规与地方制度和村镇民俗相结合的特色小镇法律体系。在制度上保障特色小镇承载能力全面提升，构建高效与良好的社会秩序，提升治理能力。

（四）寻求差异化发展，打造特色小镇个性化品牌

在全国轰轰烈烈的特色小镇建设浪潮之中，成百上千的特色小镇孕育而生，吉林省特色小镇的特色之处都是相对而言的，要发展好势必要寻求个性化与差异化的发展，避免同质化竞争。

一是要找准自己的特色产业细化定位，各地在申报特色小镇之初，要对自身情况有个全面摸底，充分挖掘自身的真实优势所在，针对自身特色，与国内和省内其他具有同质化特色的小镇进行比较，总结自身优势，最大限度突出自身独有的特点。

二是寻找特色的思路要广，不一定都要做工业特色或农业特色、旅游特色，也可以挖掘人文、教育、医疗、生态等多方面资源，在进行自画像的时候，要考虑到特色小镇的可持续发展。

三是定位好了特色之后，要运用各种营销手段来塑造特色小镇的品牌。品牌是对特色小镇形象的开发与传播，是特色小镇发展过程中的重要组成部分。优秀的城镇品牌可以作为名片，既是人才招聘过程的有力宣传，也是招商引资的活广告。

四是特色小镇品牌化建设过程中，品牌既要有产业与经济发展的基础环境，也要有文化与历史的沉淀与深挖，二者相互作用，互相成就。要求特色小镇建设从战略上和体制机制上做到重视，在建设发展中不断强化差异化与个性化，小到塑像一条街道的建设风格与规划，大到城市风格的定位与特色产品和特色企业的命名，以及小镇的对外宣传等。

五是加强特色小镇文化产业、新媒体传播与品牌形象的结合发展，增强特色产业、特色资源与特色小镇品牌的互动与结合，形成组合矩阵宣传，利用好新媒体传播手段和融媒体自媒体传播平台，实现整合营销效力最大化。

参考文献

［1］ 董兴林、牛春云：《青岛西海岸新区特色小镇可持续发展评价研究》，《青岛农业大学学报》（社会科学版）2017 年第 1 期。

［2］ 温燕、金平斌：《特色小镇核心竞争力及其评估模型构建》，《生态经济》2017 年第 6 期。

［3］ 张娜、冯志佰：《新时代背景下吉林省特色小镇发展现状及创新路径探析》，《长春师范大学学报》2018 年第 12 期。

［4］《中国一汽"红旗小镇"在长春正式启动》，中国新闻网吉林频道，http://www. jl. chinanews. com. cn/2018-08-01/43258. html。

［5］ 屈大磊：《国内外特色小镇建设经验与启示探讨》，《现代商贸工业》2019 年第 14 期。

［6］ 宋程：《国内典型特色小镇的案例分析与启示》，《工程建设与设计》2019 年第 6 期。

［7］《四川省特色小镇培育建设经验》，搜狐网，http://www. sohu. com/a/166835999_772581。

B.15
首位城市带动吉林省区域
高质量发展路径研究

刘　恋*

摘　要： 2019 年吉林省政府发布了"一主六双"产业空间布局规划，其中明确要建设以"一主"即长春市为主要发展城市，辐射带动吉林、四平、辽源、松原的"长春经济圈"，2021 年吉林省委省政府审议通过《中共吉林省委关于全面实施"一主六双"高质量发展战略的决定》，正式将"一主六双"产业空间布局规划提升到高质量发展战略层面，身担"一主"重任的长春市将充分发挥其首位城市的辐射带动作用，通过将区域内的特色产业有效整合科学规划，从而带动其他地区的高质量发展。

关键词： 首位城市　长春都市圈　区域发展

一　吉林省首位城市发展情况

长春市是在 1954 年正式成为吉林省省会城市，因其在东北地区的天然地理优势，东南与吉林市接壤，西南与四平市毗邻，西北同松原市相接，处于吉林省的核心位置，从而无可替代地成为东北亚经济圈的中心城市，同时也是"一带一路"北线重要节点城市、中蒙俄经济走廊节点城市、长吉图开发开放先导区战略腹地城市。

---

* 刘恋，吉林省社会科学院城市发展研究所助理研究员，研究方向为城市问题。

（一）吉林省首位城市首位度概况

1. 经济首位度

长春市历经几十年的发展，城市面积、人口总数、经济发展等方面都取得了极大突破，截至2021年城市总面积达到20593.53平方公里，人口总数突破900万，地区生产总值达到7103.12亿元，城市经济综合竞争力在全国排名第59位，东北三省排名第1，吉林省内排名首位，首位城市优势尽显，未来发展潜力无限。根据城市GDP占比测算排名，2021年全国省会城市经济首位度排名中长春位列第1（见表1）。

表1　2021年度经济首位度城市排名

单位：亿元，%

序号	省会城市	2021年GDP	省　份	省份GDP	省会城市GDP占全省比重
1	长　春	7103.12	吉　林	13235.5	53.67
2	银　川	2262.95	宁　夏	4522.3	50.04
3	西　宁	1548.79	青　海	3346.6	46.28
4	成　都	19916.98	四　川	53850.8	36.99
5	哈尔滨	5351.7	黑龙江	14879.2	35.97
6	西　安	10688.28	陕　西	29801	35.87
7	拉　萨	741.84	西　藏	2080.2	35.66
8	武　汉	17716.76	湖　北	50012.9	35.42
9	海　口	2057.06	海　南	6475.2	31.77
10	兰　州	3231.29	甘　肃	10243.3	31.55
11	长　沙	13270.7	湖　南	46063.1	28.81
12	昆　明	7222.5	云　南	27146.8	26.61
13	合　肥	11412.8	安　徽	42959.2	26.57
14	沈　阳	7249.7	辽　宁	27584.1	26.28
15	杭　州	18109	浙　江	73516	24.63
16	贵　阳	4711.04	贵　州	19586.4	24.05
17	福　州	11324.48	福　建	48810.4	23.20
18	乌鲁木齐	3691.57	新　疆	15983.7	23.10
19	广　州	28231.97	广　东	124369.7	22.70

序号	省会城市	2021 年 GDP	省 份	省份 GDP	省会城市 GDP 占全省比重
20	太　原	5121.61	山　西	22590.2	22.68
21	南　昌	6650.53	江　西	29619.7	22.45
22	郑　州	12691.02	河　南	58887	21.55
23	南　宁	5120.94	广　西	24740.9	20.70
24	石家庄	6490.3	河　北	40391.3	16.07
25	呼和浩特	3121.4	内蒙古	20514.2	15.22
26	南　京	16355.32	江　苏	116364.2	14.06
27	济　南	11432.22	山　东	83095.9	13.76

资料来源：各地统计公报。

　　长春市已经连续两年蝉联全国城市经济首位度排名榜首，且首位度占比也较上一年度有所提升，这在一定程度上肯定了长春作为强省会城市的地位，但同时也反映出吉林省内城市之间经济发展差异较大，发展不够均衡。综观首位城市排名，不难看出排名前几位的城市并非国内发展较为迅猛的一线城市，究其原因是城市所处发展位置不同，如沿海经济较为发达的省份，其省内城市发展均衡，整体实力均较为突出，省会城市的首位度就较低，而处于中西部的内陆城市整体经济发展较为迟缓，其省内无法做到全员优势发展，只能集中优势资源发展省会城市，因此省会城市首位度较高。

　　2. 人口首位度

　　目前针对城市首位度的评价指标，国际上普遍以人口数作为主要衡量因素，通常以一个国家或区域内最大城市的人口数与第二城市人口数之比值，作为城市首位度指标。吉林省省会城市长春市与省内第二城市吉林市的人口数比值为 2.5。截至 2021 年吉林全省人口总数为 2375.37 万人，受多方因素影响，吉林省乃至整个东北地区近年来都深受人口流失问题的困扰，2021年吉林省人口的自然增长率为 -3.38‰，年末城镇常住人口为 1505.15 万人，占总人口的比重（常住人口城镇化率）为 63.36%。按照全国第七次人口普查数据分析吉林省各城市人口数量分布，省会城市长春以人口总数 906.69

万人、占全省人口比重的 37.66% 排在吉林省城市首位，且与第六次人口普查相比，长春是吉林省人口唯一正增长的城市（见表 2）。

表 2   2020 年吉林省人口数量分析

单位：万人，%

地　区	2020 年 人口总数	全省人口占比		人口结构比重		
		2020 年	2010 年	0~14 岁	15~59 岁	60 岁及以上
吉林省	2407.35	100.00	100.00	11.71	65.23	23.06
长　春	906.69	37.66	31.94	12.14	67.01	20.85
吉　林	362.37	15.05	16.08	10.93	63.81	25.25
四　平	181.47	7.54	8.35	11.83	63.68	24.48
辽　源	99.69	4.14	4.28	10.71	63.89	25.41
通　化	130.28	5.41	6.23	11.24	62.86	25.90
白　山	95.19	3.95	4.72	10.97	63.70	25.33
松　原	225.30	9.36	10.49	13.19	65.31	21.50
白　城	155.14	6.44	7.40	11.06	65.34	23.59
延　边	194.17	8.07	8.27	10.96	64.10	24.93

资料来源：全国第七次人口普查数据。

（二）吉林省首位城市长春城市多维度分析

1. 城市经济维度

（1）经济总量

2021 年吉林省 GDP 为 13235.5 亿元，排在全国第 28 位，GDP 增速为 6.6%，长春 2021 年 GDP 为 7103.1 亿元，GDP 增速为 7.0%，占全省的 53.67%，遥遥领先于省内其他城市（见表 3）。

表 3   2021 年度吉林省地级市 GDP

单位：亿元，%

城　市	2021 年 GDP	省内占比	全国排名
长　春	7103.10	53.67	33
吉　林	1550.00	11.71	194

城　　市	2021 年 GDP	省内占比	全国排名
松　　原	817.70	6.18	269
延　　边	801.20	6.05	272
通　　化	567.90	4.29	292
四　　平	554.00	4.19	295
白　　城	548.80	4.15	297
白　　山	541.40	4.09	299
辽　　源	463.50	3.50	305

资料来源：各地统计公告。

从经济总量指标可以看出首位城市长春在吉林省内处于绝对优势的地位，但同时也表明吉林省内目前存在各区域之间发展严重不均衡的现象。首位城市长春占据了全省一半以上的经济体量，力量越大则责任越大，长春市作为吉林省的首位城市需要承担起全省经济发动机的功能，引领全省经济发展，要以省内领头羊的身份积极争取国家各类型重大项目与战略任务，以期为全省经济发展争取到更多国家层面的发展政策以及国家红利。

（2）产业发展

产业是城市经济发展的主要构成部分，2021 年吉林省三次产业比例为11.7∶36.0∶52.3，由于吉林省是农业大省，同时也是国家东北老工业基地，其第一、第二产业比重较大，但第三产业比重仍低于发达省份，目前正处于产业结构升级转型的关键时期。长春市 2021 年农林牧渔业总产值959.67 亿元，工业增加值 2473.01 亿元，分别占到全省的 59.8%和 64.4%。长春作为吉林省核心城市，承担着"一主"的发展重任，全力稳住工业、促进消费、加快转型、扩大开放，在经济社会平稳健康发展的同时，不断推进产业结构调整，促使产业结构更趋优化，2021 年长春三次产业比例为8.0∶41.6∶50.4（见表 4）。吉林省首位城市长春有多种优势产业，如汽车、生物医药、冰雪旅游等，以优势产业项目辐射引领周边区域打造优势产业集群，加速新旧动能转换，从而达到带动吉林省整体高质量发展目标。

表4 2021年吉林省城市三次产业比例

城　市	三次产业比例	城　市	三次产业比例
长　春	8.0：41.6：50.4	辽　源	11.6：28.1：60.3
吉　林	13.8：35.2：51	通　化	12.5：28.4：59.1
四　平	34.7：19.5：45.8	白　城	28.4：16.3：55.3
松　原	29.3：18.3：52.4	白　山	12.6：25.6：61.8

资料来源：各地统计公告。

（3）可持续发展经济力

可持续发展经济是更为合理的经济发展体系，城市发展在保证经济增长的同时，更应关注城市的可持续发展，通过科技创新提升产业先进化，保护生态环境促进城市健康发展，提升城市经济活力，保障城市可持续发展内生动力。根据《中国城市竞争力报告 No. 19》中最新统计，2021年长春市可持续竞争力排在全国第 49 位，是吉林省唯一进入全国百强的城市，省内排名第二的吉林市在全国可持续竞争力排在全国第 190 位，其余城市则均排在第 200 位之后（见表5）。报告同时显示，2021 年长春在经济活力、科技创新、社会包容竞争力及全球联系等可持续竞争力的关键性指标中均有不俗表现，特别是科技创新及全球联系均排进全国前 50 位，而吉林省其他区域在可持续经济发展方面还需要继续加强重视力度，省内第二核心城市吉林市近年来受多方因素影响，可持续竞争力下滑幅度明显，城市经济活力亟待激活。首位城市长春应积极发挥区域领头羊作用，加速长春现代化都市圈建设工作，提高在全省的核心辐射带动能力。

表5 2021年吉林省城市可持续竞争力

城　市	可持续竞争力指数	全国排名
长　春	0.400068	49
吉　林	0.211814	190
四　平	0.164081	228
辽　源	0.114369	257
松　原	0.104623	264

城　市	可持续竞争力指数	全国排名
通　化	0.102234	267
白　山	0.071411	277
白　城	0.066998	279

资料来源：中国社会科学院城市与竞争力指数数据库、吉林省社会科学院城乡发展指数数据库。

2. 城市科教文化维度

科技与人才是城市发展的源动力，城市的历史文化底蕴也彰显着这座城市文化内涵深厚，城市科教文化程度可以反映出城市居民的素质以及城市的科技创新能力，可以展现出城市强大的文化力量，也代表城市可持续发展的软实力。吉林省拥有厚重的历史文化底蕴，长春更是一座名副其实的科教文化城，拥有良好的科教基础和实力雄厚的科研力量，是吉林省的文化中心。2021年长春市教育支出147.46亿元，全年全市专利授权量21668件，全年登记的科技成果350项，技术合同成交额99.01亿元。对城市科教文化的高度重视使得长春科教文化指数在全国排名中均有不俗表现（见表6）。

表6　吉林省城市科教文化情况

城　市	历史文化指数	文化设施指数	专利申请指数	大学指数	学术论文指数
	2020年排名	2020年排名	2021年排名	2021年排名	2021年排名
长　春	43	20	42	18	24
吉　林	27	14	45	22	29
四　平	145	245	79	275	74
白　城	145	184	256	165	238
松　原	193	215	200	228	269
白　山	145	275	232	245	251
通　化	180	236	250	147	269
辽　源	222	232	207	252	283

资料来源：中国社会科学院城市与竞争力指数数据库、吉林省社会科学院城乡发展指数数据库。

3. 城市功能维度

作为省会城市，长春集聚了省内各种优势资源，使得城市中基础设施建

设相对完备。2021长春市5G基站建设超8000个，实现了城市建成区、县城城区5G网络连续覆盖，预计到2022年底，长春全市将建成5G基站1万个以上。2021年长春全市道路新建和扩建长度286.8公里，道路总长度5950.21公里，总面积10123.68万平方米。全市城镇企业职工基本养老保险参保人数达到265.91万人，比上年增长13.1%。基本医疗保险参保人数达到836.7万人，参保率达到95%以上。《中国城市竞争力》显示2020年长春市的电力充沛度及医疗机构数量等城市功能在全国排名皆属前列、省内首位。

4. 城市生态维度

东北地区气候恶劣，全年寒季较长相应供暖期也较长，供暖期空气质量无法得到保证，因此东北地区城市在空气质量方面不可避免地存在一定程度的空气污染。长春与吉林分属吉林省两大核心城市，人口占全省50%以上，城区居民居住密集，造成两座城市在空气环境、气候舒适生态环境指标中的表现均不佳，环境污染度长春排在全国第198位，吉林排在全国第191位，气候舒适度长春排在全国第277位，吉林排在全国第171位。天然气候无法更改，但城市生态绿化可以弥补，2021年长春全市公园面积6393.20公顷，建成区绿化覆盖面积达到23717.30公顷，建成区绿化覆盖率达到42.2%，其生态多样性在全国排在第9位，牢牢占据省内首位。

二 吉林省首位城市带动区域发展面临的问题

（一）首位城市辐射引领带动作用尚未凸显，省内各区域之间经济发展差异较大

目前吉林省内存在较为明显的经济发展差异，省会城市长春与其他区域之间经济发展存在较大差距，这种局势使得省内第二层级的城市难以充分实现与省会城市之间的产业衔接，不利于整体的产业结构升级与科学化布局。长春连续两年居于全国首位城市排名榜首位，其城市发展各项首位度指标值均大幅领先于省内其他区域，而其对其他区域的辐射引领成效尚未有显著体现。综观全国首位度经济排行榜，首位度高的城市均非国内发达地区城市，

且首位度越高，则所在地区非首位城市的发展水平越低。长春作为吉林省"强省会"城市，属于吉林省区域经济发展的绝对核心城市，近几年经济首位度提升速度明显加快，与省内其他地区经济发展水平差距渐大（见表7）。

表7 2017~2021年度长春市与吉林省、吉林市经济发展情况比较

单位：亿元，%

项　目	2017年	2018年	2019年	2020年	2021年
吉林省GDP	15288.94	15074.62	11726.82	12311.32	13235.52
长春市GDP	6530.0	7175.7	5904.1	6638.03	7103.12
吉林市GDP	2302.8	2358.067	1416.6	1452.6	1549.98
长春市GDP省内占比	42.71	47.60	50.35	53.92	53.67
长春市与吉林市GDP之差	4227.2	4817.633	4487.5	5185.43	5553.14

资料来源：各地统计公告。

通过表7可以看出长春市GDP在吉林省内的比重值总体处于攀升态势，2019年就已超过全省一半的经济体量，与省内第二城市吉林市的经济差距在2021年已达5553亿元。吉林省地域位置不占优势，发展资源也难以支持省内城市"多点开花"，因此打造"强省会"，大力发展首位城市，提升首位城市辐射带动能力，是目前吉林省发展最优选择。然而必须关注到省内优势资源过度向首位城市集中，容易造成社会资源分布不均，形成"虹吸效应"，从而反向制约其他区域经济发展，拉大区域内城市之间的发展差距，并不利于区域协调发展。

（二）双核心驱动格局尚未成形，首位城市"单核"引领带动作用期效较长

吉林省委十一届九次全会提出，全面实施"一主六双"高质量发展战略，以"一主"为核心主导，串联"六双"区域协同发展，"六双"中的"长吉一体化"是重点打造的"双核心"城市群发展机制。长春与吉林地域相邻，两市经济体量占全省的60%以上，各有优势产业支撑经济发展，长春是"汽车城"，以汽车产业为支柱，吉林市是"化工城"，拥有深厚的化工产业基础，通过做强两市的优势产业，构建以首位城市长春为主核心、吉林为副核心的

"双核心"驱动引擎来引领吉林省区域经济高质量发展。然而近年来吉林市由于受国际经济大环境及疫情影响，经济发展速度见缓，与首位城市长春的发展距离渐大，尚未能在真正意义上形成与长春相辅的双核心带动格局。2021年吉林市在全国城市经济竞争力排第224位，比上一年度下降15个位次，低于首位城市长春165个位次；经济增量竞争力全国排第267位，比上一年度同样下降15个位次，低于首位城市长春196个位次；经济密度竞争力全国排第200位，比上一年度下降24个位次，低于首位城市长春143个位次。2021年度吉林市在经济竞争力、经济增量竞争力和经济密度竞争力的排名是吉林省下滑幅度最大的城市，与首位城市长春在经济发展上的差距进一步拉大。作为"双核心"的吉林市经济发展动能不足，仅靠首位城市长春"单核"驱动明显驱动力不足，无法在短期内实现引领吉林省区域高质量发展的局面。

（三）首位城市集聚效应明显，中心城市资源环境问题凸显

2020年公主岭正式由长春代管，进入长春公主岭同城一体发展阶段，而长春也由此晋升为全国第三大城市，成为人口突破800万的特大城市。城市区域的调整，意味着城市的人口规模、辖区面积和经济总量都将会有很大提升，同时也意味着首位城市长春的发展实力进一步得到加强，城市集聚效应也相应增大。当城市规模发展到一定程度时，人口向核心城市集中，城市人口密度增大，产业大量集聚，城市发展资源环境问题便会慢慢凸显。长春市2021年人口总量突破900万，是吉林省唯一人口正增长的城市，加之吉林省由于受特殊的地理位置及空气气候等客观因素影响，本身就存在人口与资源环境的关系相对脆弱、生态资源环境压力日益加大的问题，因此"大城市病"是首位城市长春不可避免的发展难题。《中国城市竞争力报告No.19》数据显示，2021年吉林省可持续竞争力全国排第21位，省内全域城市可持续竞争力均处于下滑态势。城市可持续竞争力是反映一个城市持续高效发展的能力，与城市中居民生活环境、交通便利、空气污染等因素息息相关。首位城市长春2021年可持续竞争力较上一年度下滑5个位次，排全国第49位，是目前吉林省唯一留在全国百强行列的城市。通过分析可持续竞争力的

分项指标发现，长春在可持续竞争力大部分分项指标中均有不错表现，唯独在"环境韧性"这一分项指标中，排全国百位之外（第184位）。环境韧性指标主要是针对城市的生态资源环境做出评价，涵盖了城市交通便捷度、电力充沛度、生态多样性、气候舒适度、环境污染度以及自然灾害指数，其中长春在交通便捷度中仅排全国第275位，全省排最末位。同样排在全省最末位的指标是环境污染度，长春排全国第198位。除了城市生态环境问题，长春还应加大对城市社会安全问题的重视程度，2021年长春社会安全指数仅排在全国第210位，省内排在倒数第2位。通过表8可以清楚地看到，首位城市长春与副核心城市吉林面临的城市交通问题压力较大，这充分说明了核心城市承载了较大的人口密度，由人口密度带来的交通压力直接影响了城市居民的生活感受。除此之外，气候舒适度与环境污染度指数都表明作为首位城市所承受的环境压力仍然巨大。"城市病"是城市发展进程快速推进所引发的城市问题，如不及时加以重视治理，会使城市居民生活质量下降，城市经济发展成本提高，在一定程度上成为城市可持续发展的最大阻力。

表8　吉林省环境韧性竞争力

城市	交通便捷度 2020年排名	电力充沛度 2020年排名	生态多样性 2020年排名	气候舒适度指数 2020年排名	环境污染度指数 2020年排名	自然灾害指数 2020年排名	总指数	排名
长春	275	84	9	277	198	39	2.95632	184
吉林	268	209	33	171	191	39	2.875828	221
四平	34	164	84	275	185	1	2.948896	190
白城	16	250	184	284	30	150	2.713727	270
松原	124	214	32	282	131	151	2.688683	275
白山	24	271	53	279	76	1	2.818813	249
通化	13	213	78	255	92	39	2.990048	155
辽源	7	173	24	275	183	39	2.968387	175

资料来源：中国社会科学院城市与竞争力指数数据库、吉林省社会科学院城乡发展指数数据库。

（四）首位城市发展要重点关注高科技技术创新型人才缺失问题

东北地区人才流失问题一直是制约东北地区经济发展的痼疾，据统计，

截至 2021 年末东北三省人口总计减少 100 万，东北地区 36 座城市有 34 个面临着人口流失问题。东北地区的人口流失问题究其主要原因仍是经济发展相较东南沿海城市而言较为落后，而人才的流动又具有十分明显的趋向性，更趋向经济发展快、知名企业多的城市流转，因此逐渐形成经济水平较低造成人才流失、人才流失导致经济发展缓慢的恶性循环。《吉林省 2021 年国民经济和社会发展统计公报》显示，2021 年末吉林省常住人口规模为 2375.37 万人，这一数据相较 2020 年全国第七次人口普查数据 2407.35 万人减少了 31.98 万人。首位城市长春因在 2020 年并入公主岭市，因此成为省内唯一人口正增长的城市，但在全省人口流失的实际数据面前，长春未来发展仍要重点关注人口流失问题，因为人口流失就意味着人才的流失。人口体量是一个城市经济活动的基础，而人才则是创造城市经济的最重要资源。

首位城市长春拥有强劲的科研实力，教育资源雄厚，排名全国前十的高等院校、国家"双一流""211 工程""985 工程"重点建设学校吉林大学就坐落在长春市内。据统计，吉林大学 2021 届毕业生共 17472 人，在达成签约的毕业生中，32.62% 的毕业生选择在东北地区就业，26.53% 的毕业生选择在华东地区就业，15.14% 的毕业生选择在华北地区就业，也就是说至少有 41.67% 的高校毕业生流出东北地区。

高校人才的流失意味着高端人才竞争力的羸弱，未来城市发展将更加依赖高科技创新型人才，而各地针对人才的争夺战如火如荼，东北地区在全国的人才争夺战中并不占据优势，甚至可以说是处于劣势端，首位城市长春要重点关注高科技创新型人才的缺失问题，积极做好预防人才流失的应对方案。

三 吉林省首位城市带动区域高质量发展的对策建议

（一）完善长春都市圈建设，提升首位城市引领能力，带动区域均衡发展

长春现代化都市圈发展至今已经取得了显著成效，"六城联动"方案进

一步加快了长春的前进步伐，"一主六双"相关规划正在有条不紊地推进中，但核心城市带动全区域高质量发展并不是一蹴而就的事情，其带动引领的成效并不能在短时间内显现，需要漫长且复杂的实施进程。目前，吉林省内各区域间经济发展不均衡的现象仍较为突出，首位城市与其他地区经济发展差距较大，其"虹吸效应"要大过"溢出效应"，因此在稳步推进都市圈建设过程中要不断完善都市圈建设体制，加速深化首位城市与区域之间的产业协同集聚，提升政府机构在都市圈构建过程中的引导与监管能力，从而使都市圈带动机制更快运行并显现成效。

（二）优化首位城市和长春都市圈产业结构，带动区域经济高质量发展

都市圈的建立旨在打破地区之间的行政区划，使首位城市中的各种经济要素可以有效地向周边地区流动，从而带动区域发展。这其中需要充分发挥政府部门的宏观指引作用，建立都市圈特定权利机制，合理制定都市圈发展的长短期规划，形成科学的产业空间布局，进一步深化都市圈区域内的产业协同集聚。针对长春现代化都市圈的未来发展，政府机构应探索建立相应的领导组织机制，通过政府决策层面来制定完善都市圈产业全面协同发展的政策体系，形成有规范性的制度与法律保障。都市圈区域内的政府机构要敢于破除行政地域区划的束缚与限制，积极配合首位城市产业协同发展，优化升级产业结构。政府机构应积极出台各类优惠政策及切实可行的措施来引导、鼓励、规范都市圈产业合作发展模式。全力搭建都市圈产业协同发展从资金、高端技术到人才资源等多方面关系网，为都市圈产业发展做好政府服务工作和监管工作，以实现都市圈产业协同发展的最佳状态。长春现代化都市圈的产业协同发展应进一步全面开放都市圈区域内市场，加强区域内各类要素的有效流转和产业跨区域转移，细化都市圈产业分工体系，合理分工提升协同发展效率。要拓宽产业结构，加大创新型产业发展力度，避免出现产业结构单一化现象。

（三）加快"副核心"城市发展速度，形成双核心驱动发展格局，高效带动区域发展

长春现代化都市圈规划初便是以长春为都市圈的中心城市、吉林市为副中心城市，建设"一圈双核"的发展格局。以长春—吉林一体化发展为核心，同时推进长春—吉林和长春—四平一体化协同发展，通过长春、吉林和四平三个城市的一体化发展，带动整个长春现代化都市圈的一体化协调发展。但受多方不利因素影响，副核心城市吉林市经济发展速度见缓，发展动能不足，与核心城市长春的发展距离渐大，政府部门应及时做出相应调整，对吉林市在资源、产业、金融等多方面进行政策倾斜，加速"副核心"城市的经济发展，辅助首位城市带动区域高质量发展。

协调双核心联动，形成"双核"牵引，长春与吉林两市是目前吉林省内的两大经济主体城市，二者的双核联动，形成实质性的双核动力，将会进一步提升长春都市圈的引领带动作用。长吉一体化是"一主六双"高质量发展战略中最为关键的一部分，两市应尽快做实一体化发展，深入开展产业对接合作，深化两地科技成果转化合作对接，共享展会资源，争取更多合作成果。要在基础设施建设上深化对接合作，加快实现域内基础设施互联互通，形成畅通快捷的立体运输网络。要在干部人才交流上深化对接合作，促进两地人员流动，为长吉一体化协同发展提供支撑和保障。推进长吉一体化协同发展，坚持高位统筹，重点推动产业融合发展，加快长吉接合片区建设，推进生态环保一体化，携手跑出长吉协同发展"加速度"，共同打造全省高质量发展重要增长极。

（四）提升首位城市及其核心都市圈承载力，统筹城乡融合发展

都市圈建设是为了以核心城市的辐射带动能力来带动区域整体协同发展，最终让都市圈区域内的居民都可以享受到都市圈经济发展带来的红利。因此，长春现代化都市圈要不断提升城市承载力，加强民生福祉共享。加强城市公共服务软硬件基础设施建设，大力提高首位城市及都市圈的经济和人

口承载力。首位城市长春是省内人口最为集中的城市，但也由人口的密集带来了城市发展不可避免的各类"城市病"问题，因此要提升首位城市的人口承载能力，充分发挥首位城市的引领带动优势，使各类发展要素在区域内有效合理流动，形成高效集聚。不断加强区域城市公共服务软硬件基础设施建设，大力提升各城市公共服务均等化、普惠化水平。要以建设超特大中心城市标准打造首位城市的公共服务设施，构建现代城市交通网，最大限度缓解核心城市交通拥堵问题，提升各区域城市医疗卫生、教育和文化体育公共设施水平，做到全面且有序地优化全区域内城市居民享受优质公共服务的各项机制与规程，要逐步打破各区域城市公共服务供给中的户籍壁垒、学籍壁垒和社保壁垒，让高质量、普惠化的公共服务逐渐普及全省人民。

优化生态环境，打造宜居都市圈。在发展城市经济时要重点关注可持续发展，加速转变首位城市及其他区域经济发展方式，要强调以绿色发展为经济发展的主要形式。打造绿色生态的产业结构，大力发展循环经济与低碳经济。吉林省全区域均存在供暖季能源消耗问题，部分地区仍存在使用老式锅炉燃煤供暖，由此引发的空气质量不达标是造成环境污染的重要原因。因此，要加速推进全域供暖设备绿色升级改造，从源头遏制污染源的产生，还居民一份纯净的空气。同时以打造长春都市圈全面升级城市发展为契机，加速推进城市交通基础设施建设，缓解城市交通拥堵，打造绿色可持续发展的城市生活环境。

B.16
吉林省全面推进城市更新行动的
对策研究[*]

王天新^{**}

摘　要： 2021 年以来，吉林省加快改造老旧小区，着力提升市政设施水
平，推动城市更新与文化传承、生态建设相融合，相关工作取得
了积极进展，但仍在存量空间改造、内涝治理等方面存在问题和
不足。未来需要进一步活化利用存量空间，持续在基础设施建
设、特色场景营造、多元主体共治等方面做出改进和提升，全面
推进吉林省城市更新行动向高质量、可持续发展。

关键词： 城市更新　存量改造　基础设施　吉林省

随着城镇化进程的不断加快，城市发展普遍面临空间效能提升和人居环
境改善的问题，推动城市建设方式逐渐由做大增量向更新存量转变。在此背
景下，城市更新的重要性被提到了前所未有的高度，"实施城市更新行动"
更是首次被列入国家五年发展规划。2021 年，吉林省的常住人口城镇化率
达到了 63.36%，在经历了城市大规模增量建设之后，也已进入增量结构调
整和存量提质改造并重的发展阶段。因此，全面推进城市更新行动，将是吉
林省转变城市开发建设方式、推动城市空间优化和品质提升的重要手段。本
研究主要对吉林省实施城市更新的进展情况和面临的问题进行分析，据此提

---

* 本文系吉林省社会科学院规划项目和城市发展研究所调研项目的阶段性研究成果。
** 王天新，博士，吉林省社会科学院城市发展研究所助理研究员，研究方向为城市经济。

出全面推进城市更新行动的对策建议,以期为吉林省构筑城市新空间、激发城市新活力提供参考借鉴。

一 吉林省城市更新进展情况

(一)老旧小区和棚户区改造持续推进

老旧小区和棚户区改造是各地实施城市更新的重要内容之一。吉林省住建厅的统计数据显示,"十三五"期间,吉林省共改造老旧小区 2776 个,涉及建筑面积 3791 万平方米,共有 49.19 万户居民从中受益。2021 年,全省 22 个城市共计实施城市更新项目 356 个,涉及改造老旧小区 1623 个,改造建筑面积 3205 万平方米,老旧小区的空间环境和公用设施得到了很大提升。棚户区改造方面,吉林省"十三五"时期累计改造各类棚户区 40.36 万户,提供实物配租公租房 33.62 万套,近 113 万居民在货币化安置中受益,84 万户低保和低收入住房困难家庭获补贴 11.09 亿元。2021 年,吉林省持续推进开工各类棚户区 1.8 万套,分配公租房 32.17 万套,发放租赁补贴 8.71 万户,进一步改善了困难家庭的居住条件,也带动了相关领域投资及城市环境建设。

(二)市政基础设施建设不断加快

吉林省持续推进市政设施建设和改造,供水、燃气、供热、道路等设施供给得到了很大提升,城市综合承载能力较以往有所增强。供水设施方面,"十三五"期间,全省城市供水管网增加了 5724.30 公里,公共供水总能力达到 371.36 万米^3/日,公共供水普及率达到 93.78%,多地在管网更新、降低漏损等方面取得积极成效;2021 年,吉林省进一步改造城市老旧供水管网 482 公里,新开发区域管网建设也同步加快,城市供水范围不断扩大。燃气设施方面,"十三五"时期,吉林省城市燃气管网长度达到 15579.38 公里,改造燃气老旧管网 860.46 公里,燃气普及率达到 92.11%,地级市初步

建成了智能化监管系统；2021 年以来，继续新建改造城市老旧燃气管网85.6 公里，完成了老旧燃气"阀管灶"改造 82 万户，燃气安全保障能力进一步提升。供热设施方面，"十三五"以来，吉林省改造城市供热老旧管网5087 公里，供热面积达到 67591 万平方米，集中供热率提高到了 95%，2021 年实现改造供热管网 1102 公里，供热保障能力和供热效率得到持续提升。交通设施方面，"十三五"末，吉林省城市道路长度达到 10952.3 公里，道路面积达到 19116 万平方米，轨道交通线路长度达到 100.1 公里，2021 年进一步加大交通基础设施投建力度，新建改造城市道路 638 公里，道路网络密度、网络连通性和可达性均获得了提升。

（三）城市居住环境明显改善

随着吉林省深入推进城市更新行动，海绵城市建设、市容环境整治、园林绿化水平均有所提升，城市居住环境得到了明显改善。具体来说，海绵城市建设取得了良好效果。吉林省采取雨污分流改造、低影响开发建设等多种方式推进海绵城市建设，"十三五"末，全省满足海绵城市建设要求的建成区面积达到 264.57 平方公里，全面消除了 66 处历史上严重影响城市生产生活的易涝点，城市雨洪管控能力有所增强。试点建设也取得了积极进展，继白城市 2015 年入选国家海绵城市试点之后，2021 年以来，四平市、松原市相继获批为国家系统化全域推进海绵城市建设示范市，将持续为全省城市提升抗内涝风险能力积累可复制可推广的建设经验。城市环境综合治理得到有效推进。"十三五"期间，全省逐步完善城市垃圾收运处置体系，新增生活垃圾转运站50 座，生活垃圾实现 100%无害化处理；污水处理厂达到 50 个，污水处理率提升到了 97.69%，地级市建成区的 99 处黑臭水体基本消除；2021 年，吉林省进一步加大对城市污水、垃圾处理及资源化利用设施的投建力度，市容环境相关设施及服务能力均得到了增强。城市园林绿化水平持续提升。"十三五"以来，全省城市建成区绿化覆盖率提升至 40.40%，建成区绿地率达到了35.68%，城市人均公园绿地面积增加至 12.94 平方米，2021 年继续新增城市绿地 902 公顷，城市中心区、老城区的绿化面貌同步得到改善。

（四）智慧城市特征日益凸显

2021 年以来，吉林省以"四新设施"建设为载体，着力提升相关设施和服务的智慧化水平，智慧管网、智慧交通、智慧社区等发展逐渐加快，为城市生产生活带来了诸多便利。

具体来说，一是城市智慧水务、智慧燃气、智慧供热等全面铺开。市政相关服务的线上缴费、线上服务功能不断完善，城市地下管网的智能化、精细化管理较以往也有所提升，松原、四平等市的智慧水务平台、内涝监测预警平台陆续投入建设。

二是智慧交通、智慧停车等发展加快。吉林省着力推进道路建设信息化、交通运营智能化发展，支持各地建设智慧交通平台，红旗换电出租车、新能源汽车充电桩上线运行，公路交通和城市出行日趋低碳和顺畅。城市商圈等热门区域的智慧停车服务也有所提升，商圈路内泊位和高架桥下泊位基本实现了智慧停车管理。

三是智慧社区试点建设取得实效。近年吉林省着力支持发展智慧社区，一些城市的试点社区更新改造进程不断加快。比如，长春市朝阳区在试点社区配备了传感器等智能设施，智慧灯杆、智慧垃圾箱等便民服务逐步得到应用；松原市宁江区搭建了智慧社区综合管理服务云平台，有效提升了社区服务的精准化和智能化水平，增强了社区居民的获得感和安全感。

（五）城市人文地标有所增多

吉林省在推进城市更新改造的过程中，重视延续城市文脉和保护文化街区，近年因地制宜将一些工业遗产、特色街区更新建设为城市人文地标，为城市新业态培育和消费经济发展提供了诸多场景支持。比如，长春拖拉机厂工业遗产、长春电影厂历史文化街区等多以有机更新的形式进行改造，既保留了老厂区、老街区的遗迹原貌与历史记忆，又通过注入现代商业和文创产业等实现了对城市更新的反哺，改造后的长拖 1958 文创园、水文化生态园等已经发展为对各类群体具有吸引力的网红打卡地和文旅新地标。此外，省

内一些城市也着力对老旧商业区域等利用率不高的空间进行了"留改拆增"或微改造，有效激活了部分运营不善的旧有商业空间，一批更新改造后的消费体验空间得到了快速发展，不仅增加了优质商业供给，促进了消费规模扩容，也在一定程度上实现了对城市在地文化的活化融合。

二 吉林省实施城市更新面临的主要问题

（一）城市存量空间改造有待加强

近年来，全国各地的城市更新行动都在提速提质，吉林省的城市更新也已进入由增量扩张向存量优化的重要阶段，但在目前的实践推进过程中，对于存量空间的改造提升仍不够，相关的项目建设和空间利用方式有待加快和创新。

具体来说，一是土地集约节约利用需加强。2016~2020年，吉林省城市常住人口由1529.68万人减少至1507.9万人，减少了1.49%，城市建设用地面积由1425.83平方公里增加到1504.69平方公里，增长了5.5%，城市人口红利逐渐减弱，而建设用地面积仍保持低速增长，表明土地利用由农业用地转变为城市用地的速度依然快于人口城镇化的速度，对存量空间的提质增效利用有待加强。随着《关于在实施城市更新行动中防止大拆大建问题的通知》的发布，吉林省存量空间更新改造中涉及拆除重建、重资产运营的部分也有待调整。

二是对城市剩余空间的利用尚不充分。当前对于城市边角地、畸零地、裸露荒弃地、高架桥下等剩余空间，没有给予足够重视和妥善处理，而激活这些低效用地和空间，有助于解决城市公园绿化空间、公共活动场地等分布不均衡的问题，全国一些城市已经对此进行了有益的尝试，吉林省在剩余空间更新和功能创新方面仍有待加强。

三是资金、技术等要素制约亟待破解。比如，资金方面，吉林省财政能够投入的资金有限，而老旧小区改造等综合整治类项目的建设和运营回报又相对较低，一般较难吸引社会资本深度参与，因而需要在融资模式方面做出创新探索；技术标准方面，一些更新改造项目缺少清晰化的执行标准，主要依靠专家意见定调，容易影响项目效率和质量提升。

（二）城市内涝治理水平仍需提升

近年来，吉林省加快推进海绵城市建设，着力治理影响城市生产生活的易涝点，相关工作取得了阶段性成果，但内涝综合治理依然存在一些短板，目前仍是城市更新改造的重点内容之一。

具体来说，一是城市排水防涝体系仍然薄弱。相较于快速提升的城镇化水平，吉林省的城市排涝设施建设相对滞后，地下排水管网密度、深度和容量仍较为不足，排涝能力尚不足以应对日趋增多的极端天气带来的城市内涝问题。

二是城市排水防涝设施管护不够。一些地方的排水防涝管网淤堵、破损等问题有时得不到及时解决，容易导致污水、地下水等渗入并挤占管网排水空间；在一些城市的开发建设中，仍然存在施工过程挤占或损坏排水管道且未准时修复的问题，亟须进一步加大对排水防涝设施的管护力度。

三是城市排水防涝治理数字化程度不高。吉林省大部分城市的排水防涝管控平台均在架构当中，实时监测、内涝预警、应急处理等数字化模块有待完善，仍需加快推进数字化平台建设，尽早应用于优化运行调度和辅助指挥决策。

（三）新型城市基础设施建设需提速

在深入推进城市更新改造的过程中，新型城市基础设施建设已经成为重要内容之一，同时对标"十四五"全国城市基础设施建设规划的要求，当前吉林省的新型城市基础设施建设仍需进一步提质提速。

具体来说，一是新型城市基础设施建设与实际需求尚有差距。目前吉林省大部分城市的市政设施、服务设施的智慧化程度不高，智慧商圈、智慧社区发展较慢，新能源充电桩等新基建密度也相对较低，新城建设施及应用场

景拓展仍滞后于实际需求。

二是大部分的新型城市基础设施建设平台仍处于在建阶段。新城建平台包括城市信息模型（CIM）平台、智能化城市安全监管平台、城市综合管理服务平台等，无论是"十四五"全国城市基础设施建设规划，还是全国城市更新试点的建设实践，对于这些数字化平台的重视和投入都高于以往。近年来，吉林省也在推进建设数字化综合治理平台，但相关建设进展仍有待加快，当前针对实现风险预警、问题诊断、辅助决策、多级联动等目标仍有一定的差距。

三是新型城市基础设施建设领域引入社会投资不足。当前全国大部分省市的财政收入形势都比较紧张，因而有必要在市政设施升级、智慧社区改造等新城建领域更多向社会资本开放。对此，吉林省一些地方在引导社会资金参与方面仍有路径不足的问题，需要进一步丰富城市更新融资运转模式，多渠道拓展新城建领域的资金来源。

（四）城市精细化治理需加强

随着城市更新方式更多体现为小尺度改造，更加注重优化和完善城市多种功能，使得精细化治理日益成为促进城市更新提质提速的重要前提。

当前吉林省一些城市的精细化治理水平仍需提升，其主要体现，一是对城市本底条件的梳理不够深入。城市更新的片区规划和重点设置需要翔实的城市体检和基础数据作为支撑，目前长春市、四平市相对走在前列，已被列入全国城市体检样本城市，但省内其他城市对片区本底条件、项目基础数据的梳理和分析仍不够充分，对于城市更新改造的精细化支撑不足。

二是城市更新配套政策和法规仍需完善。目前全国大多省市的城市更新政策均未上升至地方法规层面，吉林省现行的相关标准、政策依据、制度设计等也不尽完善，需要根据新发展形势及时进行更新和调整，特别是涉及建筑单体更新、用地性质转化等实际问题，亟须进行制度上的补充完善。

三是多元主体的参与机制有待明确。城市更新涉及政府部门、产权方、改造方、运营方等多元主体，一旦相关利益协调出现问题，容易造成工期停滞、重复改造等不良后果，吉林省推进城市更新也面临这类问题，亟待健全多元主体参与机制并搭建相关协商平台。

（五）城市文化特色彰显不足

近年来，吉林省在老旧厂区、文化街区的更新改造中融入了城市现代生活和消费业态，建成的文创空间、商业载体等正在重新汇聚人气，目前主要在凸显文化特色方面仍有不足。

一是城市更新中对特色文化价值的挖掘不够深入。近年来，长春市针对老旧厂房的更新改造较为成功，以老拖拉机厂为代表的文创园区已经成为市民文化消费的打卡地，但从全省范围来看，相关主题的更新改造项目仍缺乏对城市特色文化的深度挖掘，一些关于老城文脉资源、工业文化遗产的考量与落实之间仍存在差距，未能充分发挥其空间布局和符号价值优势，融入城市特色文化的业态培育也偏少，尚未能带动周边形成有文旅吸引力的片区。

二是文创产业对城市更新的支撑和带动不足。在全国各地的老旧厂房、产业园区、历史街区的更新改造中，文创产业都是承接更新改造空间的重点领域，但吉林省的文创产业发展相对落后，一些园区对优质文化企业的引入不足，城市特色文创项目、创新创业活动也不够活跃，目前对于城市更新改造场域的市场增值带动仍较为有限。

三　吉林省全面推进城市更新行动的对策建议

（一）活化利用存量空间，推动发展城市新业态

吉林省应以空间利用与产业升级并重，加大力度改造盘活城市存量空间，融入新业态新模式发展增值，推进实现城市活力营造与发展转型。

具体来说，一是充分利用城市更新腾退老旧、低效产业空间，将之更新改造为能够适应创新型、服务型、开放型、总部型、流量型经济发展的功能空间，加快将城市旧有的工业生产业态置换成新型的经济业态，实现城市更

新与产业升级共生发展。

二是加快对商业活力减退的老旧商圈、闲置楼宇、停缓建项目等进行更新改造，探索以小微更新的方式，在保留和利用旧有景观资源的基础上，顺应当前消费多元化、场景化升级的趋势，发展首店经济、夜间经济等新业态新模式，综合提升老旧空间的商业价值与发展活力。

三是重视利用高架桥下、废弃隧道、建筑间不规则空间等城市剩余空间，借鉴其他省市所采用的艺术介入、建筑植入、景观重塑等方式，将城市剩余空间更新改造为小型运动空间，或可供开展商业、展览、公共艺术等主题活动的场所，补齐城市公共活动空间和设施短板，进一步提高城市用地效率。

（二）改造提升基础设施，增强城市韧性和承载力

吉林省应加快对城镇老旧小区进行系统性提升，加强市政基础设施建设和管护，促进新基建与城市更新场景深度融合，增强城市安全韧性和综合承载能力。

具体来说，一是着力推进城镇老旧小区及配套设施改造建设，加快修复破损老化管线，及时补充公共与商业类服务设施，激活社区低效用地，适当融入公共艺术，提升街区风貌，促进社区生活圈公共功能完善和品质提升。

二是统筹推进地上与地下空间利用，加快补齐供水、排水、供电、供气、供热、消防等市政基础设施短板，定期排查梳理安全隐患，及时改造存在隐患的各类设施与空间，增强重点片区的安全防灾能力，提高市政设施整体运行效能。

三是加快提升各类基础设施的智能化管理水平，推进城市信息模型（CIM）平台、综合管理服务平台建设，高效整合气象、水文、交通、市政等运行感知数据，完善预警预报、防汛调度、应急抢险、指挥监督等多重功能，全面提升城市建设和运行效率。

（三）创新营造特色场景，凸显城市人文魅力

吉林省应着力推进城市更新与特色文化传承相结合，通过整治建筑环

境、提升新兴业态、完善配套设施等方式，打造城市特色文化地标，合理赋予商业价值，塑造具有辨识度的城市人文魅力。

具体来说，一是鼓励采取小规模、渐进式的改造方式，修复和串联起城市文化遗产类建筑和历史文化街区等，通过塑造特色文化场域、合理置换产业功能、加强商旅文业态融合的方式，促进形成体验丰富的景观序列，带动城市文化遗产人文价值和商业价值的整体提升。

二是重视改造提升公共文化空间，打造城市公共文化建筑新地标。一方面，吉林省应逐步对部分老旧文化馆、美术馆等公共文化场所和设施进行更新改造，加快建设城市书房、文化驿站等小型公共文化空间；另一方面，还可尝试将部分老工业建筑更新改造为社区图书馆、非物质民俗文化展示馆等，修复和更新相关配套服务设施，融入多样化的文化活动，这些都将有助于提升群众的获得感和幸福感。

三是应借助城市更新项目，改造形成文化融合、功能多元、建筑形态具有特色的文创产业园区，积极引入文化新业态，完善相关配套支持政策，吸引创意群体集聚和创业就业，将之打造为城市新青年与艺术家的创享空间，提升城市创意文化氛围和魅力。

（四）探索建设公园城市，提升城市生活品质

吉林省一些城市应对标公园城市建设，加快推进口袋公园、慢行系统、绿色建筑等生态化改造，激发城市空间使用的多种可能性，促进市绿色宜居品质提升。

具体来说，一是全面开展城市生态修复，着力清退城市污染源，持续推进公园生态化改造，同时充分利用城市废弃地、闲置地等低效空间，建设一批"口袋公园""小微绿地"，有效拓展更多绿色空间。

二是加快城市公共交通路网更新，合理营造和拓展全龄友好的慢行空间，优化慢行空间景观环境和设施，加强城市主要功能区、公交枢纽与慢行空间无缝衔接，提升居民出行效率，满足居民休闲需求。

三是推广城市老旧建筑绿色化更新，支持利用新技术新工艺进行绿色低

碳化改造，鼓励增加绿色新型基础设施供给，进一步提升城市绿色宜居品质。

（五）完善相关制度保障，促进多元主体共治

实施城市更新涉及多个部门协同、多元主体参与、多项业务衔接，吉林省应着力完善城市更新相关的制度细则和政策保障，建设完善多元主体协商平台，助力提升城市更新行动的实施效率和质量。

具体来说，一是进一步加强城市更新制度保障。吉林省应对标城市更新试点省市，充分实施城市体检评估和基础数据调查，制定推出城市更新专项规划、城市更新技术导则、城市更新管理办法等，完善涉及土地规划、项目审批、产业培育、项目税收等相关配套政策，强化对城市更新行动的体制机制支撑。

二是着力引入社会投资共建城市更新项目。吉林省应充分发挥政府资金的引导作用，设立由政府支持、国有企业牵头、社会资本参与的城市更新基金，重点支持资金需求量大的更新改造项目，对于准经营或纯经营的城市更新项目，应充分引入市场竞争，激发更多市场主体的投资动力。

三是构建完善多元主体共治机制和平台。城市更新涉及政府、企业、金融机构、设计团队、市民等多元主体，政府有关部门应加快建设线上与线下诉求表达平台，构建完善协商沟通机制，促进利益相关主体及时交流意见和建议，从源头上防范和化解城市更新中可能引发的矛盾和问题，在全面推进城市更新行动中实现多方参与、共治共赢。

参考文献

［1］《吉林省城市供水发展"十四五"规划》。

［2］《吉林省城市排水（雨水）防涝"十四五"规划》。

［3］《吉林省城镇燃气"十四五"规划》。

［4］《吉林省住房和城乡建设事业发展"十四五"规划》。

［5］聂芳芳：《我省今年全面推进城市更新》，《吉林日报》2022 年 7 月 7 日。

［6］赵峥：《城市更新与文化活力：多维属性、形态特征与实现路径》，《重庆理工大学学报》（社会科学）2021 年第 9 期。

［7］张添怡、李文瑶：《为幸福生活"加码"——聚焦吉林省新生活设施建设》，《吉林日报》2022 年 8 月 8 日。

［8］中华人民共和国住房和城乡建设部：《中国城市建设统计年鉴 2020》，中国统计出版社，2021。

民生保障篇

People's Livelihood Security

B.17

吉林省大学生就业现状与对策研究

韩佳均*

摘　要： 受疫情影响，吉林省整体就业市场和就业形势都发生了巨大变化，应届毕业生应对严峻的就业形势，需要社会各方的积极促进和支持。大学生就业择业和用人单位招聘都面临新的形势和特征，为促进应届毕业生就业，吉林省政府、高校、企业通力合作，积极打出就业"组合拳"。在未来一段时间内，大学生就业仍旧要面对劳动力市场供需失衡、劳动力市场配置效率降低和结构性矛盾凸显等问题，要进一步促就业稳就业，政府要坚持"四手操作"护航毕业生求职路，高校要"前挽后推"服务大学生优质就业，企业要"定制培养"吸纳优秀大学生就业，学生要"积极竞争"谋求合适的就业岗位。

关键词： 应届毕业生　就业　吉林省

---

* 韩佳均，吉林省社会科学院社会学所副研究员，研究方向为社会保障、社会政策。

受新冠疫情等叠加因素影响，高校毕业生就业困难程度超过以往。2022年吉林省有高校毕业生 21.9 万人，就业难度堪称"有史以来最难年度"。笔者在分析调研问卷的基础上，总结吉林省大学生就业现状及面临的主要问题，为吉林省制定就业政策提供参考。

一　吉林省大学生就业现状

2022 年的春季应届毕业生招聘工作，由于疫情变得更加复杂和艰难。为了实现大学生充分就业，吉林省委省政府连续出台多项政策助力大学生就业，企业、高校都竭尽所能，为广大毕业生谋求一份光明的前程。

（一）学生求职时间拉长，焦虑不安情绪明显增强

笔者通过对高校毕业生访谈了解到，应届生找工作整体时间变得更长，以往集中在 3、4 月份能够找到工作，现在找工作的战线已经拉长为近半年，长时间处于投简历、面试的过程，也使得学生格外付出大量精力，信心受挫。吉林省社会科学院在 2022 年 8 月开展的《当前吉林省大学生就业问题的调查问卷》① 显示，截至调研问卷结束，仅有 20.75% 的学生确定了就业意向或签订了就业合同，在反复投递简历、面试、等待结果的过程中，学生的焦虑情绪、不安情绪在不断积累。有访谈对象表示，由于企业不能够进校园招聘，全部转为线上招聘，整体招聘感受烦琐、状态不佳。一方面，由于不同企业在面试时要求的平台不同，在视频面试时要求的视频角度也不同，每次面试都是一个未知的情况，都要重新调试适应，有时即使做好万全准备，也可能面临网络信号卡顿、周边环境嘈杂等情况；另一方面，几乎所有的用人单位都会要求面试者有一个光线好且没有其他人的场景面试，寝室环境要满足要求，需要寝室其他同学的全力配合，还不能出现同寝室同时面试

---

① 丁晓燕、李侠：《关于吉林省高校毕业生就业状况的调查与建议》，《吉林省社会科学院智库专报》2022 年 9 月 8 日。

的情况。有的学校为了满足面试需求提供了专门面试的场地，但是由于毕业生面试、笔试次数太多，每次都申请也会变得很麻烦。再者，缺乏面对面的交流，面试者和主考官相互观察和行为细节反馈难以保证时效，面试的总体感受会大大降低。还有访谈对象表示，由于学校封闭不能离校，错失了到心仪企业实习的机会，也缺失在简历中一项重要的实践经历。另外，由于疫情封控，原定计划的一些考试延期举行，比如各地的公务员考试、职称考试等，加上隔离政策和防控政策的调整，不少学生陷入离校归家即隔离，隔离就会错过考试时间，只能在外滞留，确保能按期参加考试，无形中需要付出更多的精力，也增加了就业成本。

调研问卷显示，在回答对当前就业形势的评价中，整体上38%的调研对象表示就业形势会非常困难，且长时间难以得到有效改善。从性别差异来看，女生总体上感觉就业压力更大，有39%的女生感觉就业形势非常困难；男生对就业形势评价要略好于女生，有39.7%的男生表示就业比较困难，一段时间后可以得到改善（见表1）。从院校分布来看，重点大学的毕业生和高职、高专院校的毕业生就业预期要好些，认为一段时间后可以得到改善；普通本科院校的学生焦虑更加明显，多数认为长时间难以得到有效改善。应届毕业生找工作难，已经不是得到就业岗位难，而是在得到就业岗位的过程中付出的时间、精力、技术支持能力、个人抗挫能力等综合因素叠加上的难。

表1 您如何评价当下的就业形势

单位：%

选　项	女	男
非常困难，且长时间难以得到有效改善	39.0	35.6
比较困难，一段时间后可以得到改善	36.2	39.7
没有明确的感受	14.9	12.8
比较好，有一些困难是必然的	8.7	10.6
非常好，就业机会很多，不存在就业困难	1.0	1.3
合　计	100.0	100.0

（二）企业用工更加谨慎，就业市场挤压效应凸显

吉林省社会科学院 2022 年 6 月开展的《吉林省服务业企业经营状况问卷调查》显示[①]，用人单位缩减用工规模和缺少劳动力用工同时存在，小微企业成本支出压力大，18.7% 和 21.7% 的受访单位在疫情期间不得不采取降薪和裁员的措施，也有 10.73% 的用人单位表示出现了劳动用工短缺。截至5 月末，规上限上服务业企业的用工情况基本平稳，超七成企业表示当前基本可以满足用工需求，近两成企业表示用工存在缺口，另有一成企业表示当前有裁员计划。从整体上看，吉林省用工环境相对平稳，截至 2022 年 8 月末，吉林省城镇新增就业 17.47 万人，完成年计划的 75.96%，分别超省政府确定的按月量化进度目标 4.34 万人、18.87 个百分点；农村劳动力转移就业 260.52 万人，完成年计划的 96.49%。[②] 前程无忧人力资源调研中心发布的《2022 应届生调研报告》显示，在 2022 届企业校园招聘中，36.5% 的企业增加校招编制，39.7% 的企业校招编制与上年保持一致，23.8% 的企业缩减校招编制。[③]

由此可见，劳动力市场整体用工规模缩减并不明显，但不同行业的企业对于用工的态度变得更加谨慎。面对大量应届毕业生，企业用工必然会择优录用，这也就间接造成了毕业生就业的学历"挤压效应"，用人单位更趋向于录用名校、高学历的毕业生。有调研显示，劳动力学历超过工作所需的比例在 2014~2018 年有明显上升趋势，不仅会导致普通本科生、大专生的就业困难，还会导致高层次人才的"大材小用"。[④]

（三）高校做实就业服务，"扶上马送一程"助力就业

2022 年，吉林省各高校积极推动毕业生省内就业创业，加强对有意向

---

① 全龙杰：《吉林省服务业企业运行分析报告》，吉林省社会科学院，2022 年 6 月。
② 《吉林省就业形势持续稳定向好》，《吉林日报》2022 年 10 月 4 日。
③ 《2022 应届生调研报告》，前程无忧，2022 年 7 月 5 日。
④ 关乐宁、牛碧理：《疫情冲击下高校毕业生就业形势严峻 亟需针对"四大特征"破解"三大问题"》，国家信息中心信息化和产业发展部，2022 年 6 月 28 日。

在省内就业创业毕业生的指导。高校和各级机关、部门开发科研助理岗位及行政助理岗位，为扩大毕业生留吉规模创造空间和条件。

一是普遍开展就业创业指导和就业促进系列活动。吉林大学学生就业创业指导与服务中心开展了"'周周'促进'百日'落实"——吉林大学2022届毕业生就业促进活动。通过云端举办以经验分享、政策解读、职业规划等为主要内容的15场朋辈专题分享会、12场主题讲座以及用人单位专场推介、校企互访等40余项活动。通过以点带面方式，实现对全校毕业生就业活动全覆盖。长春师范大学2022届毕业生"两类四专"招聘服务季第五季——春季空中双选会2场，参与企业298家，共820名2022届毕业生参加，投递简历2421份。吉林外国语大学举行了2022年就业工作布置会，落实2022年就业任务指标，每周三定时召开就业工作例会，掌握各学院就业工作进度。学校还积极组织113家企业入驻学校就业平台，发布就业信息132个，招聘岗位1568个。

二是集中组织召开专场招聘会。吉林大学举行云端"访企拓岗"活动，与北京、上海、深圳、长春四地重点企业连线，大力推介毕业生，帮助学生更高质量就业。吉林外国语大学组织召开了"长三角地区"专场、"国企"专场等7场大型线上专场招聘会和133场小型线上招聘会，提供岗位4万多个，并鼓励毕业生到基层、到西部等地建功立业。白城师范学院组织大中城市联合招聘等4场网络招聘会，提供就业岗位13300余个，学校还开通"直播带岗""网络签约"等服务，简化就业手续办理流程和签约流程。

三是以平台、网络为依托，大量推送就业信息。"长春师范大学就业信息平台"微信公众号及"长春师范大学就业信息网"累计发布就业信息397条，转发院校招聘会及各地区引才招聘会信息69条。长春大学旅游学院以学校就业网、慧就业平台为依托，积极拓宽线上就业服务平台，联系"云就业""毕业申"等平台联合举办线上双选会，拓宽学校就业资源。疫情防控期间，吉林省高校共组织网络招聘会5965场，提供岗位信息146万余条，并积极引导广大毕业生向先进制造业、现代服务业等领域就业创业、建功立业，为 2022 届毕业生充分就业、高质量就业提供了有力保障，确保了吉林省毕业生就业工作大局稳定。①

（四）政府多个"首次"举措，多渠道支持就业创业

为应对疫情带来的不利影响，2022 年以来吉林省教育厅、省内各高校积极行动起来，举办"就业促进周"、开启多场"云端招聘会"，推动毕业生"线上就业"。② 吉林省就业工作领导小组印发的《关于积极应对疫情影响全力做好高校毕业生等重点群体就业工作的若干措施》，提出了坚持市场导向促就业、开发政策性岗位扩就业、鼓励创新创业带就业、采取多种渠道缓就业、聚焦重点群体保就业、提升服务质量稳就业 6 个方面 20 项重要举措。此项举措包含多个首次：首次提出国有企业吸纳 3000 名高校毕业生任务；首次提出最大限度挖掘政策性就业岗位；首次提出缓冲就业理念；首次提出在高校设立大学生就业创业指导服务站；首次提出将离校 2 年及以上未就业的高校毕业生列入就业困难群体，给予重点扶持；首次提出创建"高校毕业生创业就业孵化园"，参照就业补贴项目给予相应补助。③ 同时，依托"96885 吉人在线"平台及高校就业创业网站、就业微信公众号、微信群、手机 App 小程序等，向广大毕业生定点推送就业信息。2021 年吉林省高校毕业生留吉就业人数 10.34 万人，2022 年吉林省人社部门在各地设立高校毕业生就业创业服务中心，采取人才孵化方式，加强实习实训，提供不限次数的"1311"服务，针对乡村振兴人力资源需求，大力引导鼓励高校毕业生到基层就业创业。④

---

① 《毕业生就业服务"不断线" 吉林省高校网络招聘会保障就业大局稳定》，人民网，http://jl.people.com.cn/n2/2022/0421/c349771-35234233.html。
② 《吉林：多措并举助力高校毕业生就业》，《光明日报》2022 年 5 月 6 日。
③ 《我省 20 项举措全力保就业》，《吉林日报》2022 年 5 月 6 日。
④ 《吉林省就业形势稳中向好 2022 年将全面实施"两找一服务"工程》，《吉林日报》2022 年 1 月 23 日。

二 吉林省大学生就业面临的困境

大学生就业难是近年来持续存在的问题，由于疫情而变得格外突出，但疫情并不是造成就业难的根本原因，疫情只是加剧了在择业过程中的艰难度，从根源上分析，造成大学生就业难的原因主要有以下几点。

（一）就业市场供需矛盾进一步加剧

《吉林省服务业企业运行分析报告》调研显示，企业裁员和缺乏用工是同时存在的。一方面，企业用工基本保持平稳，没有大幅度增加。由于疫情的反复和持续多发，受到停工停产、封闭式管理的影响，居民的消费意愿更加理性，市场主体经营困难显著加大，部分企业缩小经营规模，用工也更加谨慎。在产业调整、数字化趋势及疫情等特殊外部环境影响推动下，传统工作模式进一步被打破，组织形式更加多元化，这种新型职场状态对高校毕业生的应变和适应能力都提出新要求。调研中，课题组发现企业在校招中注重专业能力的同时，更看重学生软实力、与企业价值观融合度等因素，有潜力、可塑性强的高校毕业生更受青睐。用人单位对毕业生能力素养较为关注的方面占比居于前五位的依次为专业水平、合作与协调能力、人际沟通能力、执行能力和学习能力，毕业生的专业能力和其他"软技能"对于目前工作岗位而言重要性相对较高。也有用人单位表示，对毕业生团队合作能力、沟通与交流能力、解决问题能力、职业规范与职业道德、问题分析能力、动手操作能力的需求程度较高。还有的用人单位表示，最看重的三项职业能力依次为学习能力、专业性知识与技能和沟通与表达能力，最看重的三项职业素养依次为责任感强、爱岗敬业和积极主动，最需要的三项就业服务依次为校园招聘会的组织、招聘信息的发布和学校对毕业生的推荐工作。另一方面，毕业大学生人数逐年增多，劳动力供给超过就业岗位需求。国内高校大规模扩招，使得高校毕业生人数年年攀升，不断创出新高，而劳动力市场难以提供相应数量的岗位，供需矛盾加深。从 2017 年以来吉林省研究生招生情况来看，招生数量不断上升，2017年硕士研究生招生为2.3万人，2021年增长到3.14万人，较2020年增长6%，招生规模不断扩大。这就意味着这一部分升学成功学生在未来的几年内都将进入劳动力市场，成为找工作大军中的一员。数据结果显示，32.91%的受访者认为，大学扩招导致大学生毕业人数规模过大是影响大学生就业的主要原因。

（二）劳动力市场配置效率降低

受前一阶段疫情防控的影响，就业时间被动拉长。劳动力市场的配置效率明显降低，一方面是企业招不到人，另一方面是学生找不到合适工作。据不完全统计，2022年截至4月，全国至少有20个城市或地区采取了全域静态管理。而在疫情封控期间，校园宣讲会和招聘会虽然转为线上开展，但在实际操作过程中，招聘效率与现场招聘相比明显降低。同时，受疫情影响，毕业生的流动也变得更加困难，学校的静态管理造成学生实习活动被迫取消，造成岗位认知不足、就业匹配程度下降。

（三）劳动力市场结构性矛盾进一步凸显

毕业生就业难和企业招工难同时存在，是近年来劳动力就业市场长期存在的问题。而存在这一问题的原因是劳动力市场结构性矛盾在短期内改善并不明显。近年来，我国互联网科技快速发展，对智能制造、大数据和生物医药、新能源等领域人才需求显著，明显带动了理工类学生的就业。而在"双减"背景下教培行业、金融行业人才需求减退的情况下，大量的经管类学生毕业，造成就业困难进一步加剧，造成劳动力需求端和供给端的结构性不匹配，劳动力市场结构性矛盾进一步凸显。

三　促进吉林省大学生就业的建议

应届生要实现充分就业，需要学生自身、高校、政府等多元发力、共同

努力。因此，促进吉林省大学生进一步优质就业，要从以下几个方面进一步发力。

（一）政府要"四手操作"护航毕业生求职路

促进高校毕业生就业是稳定就业的重中之重，也是吉林省留住人才的重中之重。政府有关部门应当"四手操作"，一手出政策，一手挖岗位，一手抓落实，一手想新招，为毕业生开拓市场化就业渠道，护航毕业生求职路。

一是拿出真金白银，对吸纳高校毕业生就业的中小微企业给予社保补贴、税费减免、一次性吸纳就业补贴；对自主创业的高校毕业生提供一次性创业补贴、场地支持、创业担保贷款。

二是充分发挥新业态吸纳就业作用，鼓励高校毕业生等重点群体灵活就业。持续拓展就业机会，对接新业态、新产业增长点储才育才，挖掘平台经济、数字经济从业机会，围绕基层治理、教育医疗、农业技术等人才紧缺领域增设岗位，拓宽毕业生市场化、社会化就业渠道，以市场为导向催生更多智能化新产品、新模式、新职业，为求职者提供更充分和高质量的就业。进一步深挖省内企事业单位岗位信息，依托"96885吉人在线"、吉林省高校毕业生就业信息网等服务平台①，组织开展高校毕业生专场活动、公共就业服务进校园活动和民营企业招聘月等系列活动，向高校毕业生推送岗位。

三是想方设法为毕业生减轻负担，助力毕业生轻松求职。为应届毕业生定向提供一批租金可负担、长期稳定的租赁房源，提供免费的数字经济相关岗位技能培训等。继续大力吸纳高校毕业生留吉就业，用短期政策杠杆换来长期人才效应，为吉林省长远发展积蓄宝贵的人才资源。

（二）高校要"前挽后推"服务大学生优质就业

各高校为中小微企业进校园招聘提供更大便利，推动中小微企业与高校开展精准供需对接，打通求职招聘"最后一公里"。着力打造一支职业化、

---

① 《巩固成果扩大战果 尽快实现全面清零目标》，《吉林日报》2022年4月23日。

专家化的就业工作队伍。

一是邀请国内知名培训机构、知名企业来校，为教师开展职业生涯规划与就业指导培训，提高教师的理论水平和指导能力。

二是配合并服务学校专业认证工作。根据不同专业的学生毕业要求和专家意见，修订符合专业需求的《大学生职业生涯规划与就业指导》课程的大纲，指导授课教师根据大纲有针对性地调整授课内容。大学生入校"第一课"加入大学生职业规划培养项目，构建以课程教学为中心，以职业生涯团体辅导、就业咨询、讲座、竞赛等为延伸的"职业生涯发展指导"体系，提供全程化、多样化就业指导服务。

三是增强教师的就业指导能力，鼓励就业指导课教师开展教学、科学研究。在就业服务方面，还需在"精准"上再发力。通过摸清底数、建立台账、及时跟进等方式，对就业困难毕业生做到"一生一策"，以一对一、手把手的指导，提高毕业生就业能力，让毕业生求职的信心更强、底气更足。

四是将就业服务延伸至离校未就业毕业生，针对未就业及灵活就业毕业生分别建立联络群，持续为毕业生提供不间断就业服务和就业指导，通过推送就业信息、心理咨询、校友帮扶等，为本校毕业生就业"扶上马送一程"。一方面，不定期通过手机短信、微信公众服务号、直播等毕业生容易获取的方式，持续分类别为毕业生提供个性化的就业服务。比如，就业政策及就业形势解读、简历面试指导、对口单位职位情况介绍、校友经验分享等。另一方面，分层次、分类别精准帮扶，建立就业困难学生信息库，明晰经济困难、心理困难、学业困难、就业困难等困难学生名单和类型，分类制定帮扶方案，形成高效、细致和广覆盖的就业援助体系；同时针对毕业后仍然处于未就业的群体，及时跟踪监测未就业毕业生就业状况，并依据毕业生发展意向情况和就业难易情况，开展个性化的就业指导与帮扶，助力未就业毕业生顺利就业。

（三）企业要"定制培养"吸纳优秀大学生就业

受疫情影响，无接触式招聘迅速普及，成为企业招聘的常规方式。企业

要想在校招竞争中招聘到合适的毕业生，也要推陈出新，吸引更多的应届生到企业就业。通过智能筛选简历、校友推荐、学校推荐等方式，迅速找准合适毕业生。

一是搭建校招运营团队，制定精细化运营流程。企业需加强线上推广和创意策划，搭建官方招聘抖音号、公众号、视频号，制定内推机制，调动更多员工投入参与，聚焦更多垂直和专业匹配的院校，加大企业的互联网曝光率。受疫情影响，现如今的应届生的求职意向正在悄悄地发生变化。他们逐渐意识到职业稳定性对自己日后发展的重要性，在宣传点上，打造"终身员工计划"的概念，以吸引更多应届生的关注。

二是探索创新校招模式，通过线上宣讲会结合社群直播的模式，为企业和应届生求职应聘搭建双向互动的平台，并且可以有效覆盖更多学生，具有更高的互动性。这些创新不仅降低了企业在校招上的人力成本，也在一定程度上塑造了企业具有创新精神的雇主形象，营造一种开放、积极的企业氛围。

三是重点目标院校建联，更突出精准招聘。加强校企联合培养，学校与企业联动组建企业订单班，这样培养的学生将更符合企业和行业发展的需要，在就业市场上更具竞争力，实现行业、学校、企业、学生四方共赢。①

四是一站式面试流程，缩短校招周期。校招流程的时间节点不仅内部工作人员需要知晓，校招同学也要知晓，方便同学们做好自己的应聘进度，因为简历的流转与面试推进的处理速度，是同学们在整个校招过程中参与度最高，同时也是最关心的一个环节，因此及时的反馈能够缓解他们求职的压力与焦虑。

五是提供实习计划，提前适应工作节奏。校招同学从录取通知的发放到最终入职，会有几个月的等待期，如果这段时间企业与同学完全失去联系，不仅会使得他们对于公司的雇主品牌留下不好的印象，同时也有可能会造成

① 《校企联动订单班：定制化培养　毕业即就业》，金羊网，http：//edu. ycwb. com/2020-06/15/content_ 890705. htm。

人才流失，因此要做好录取通知保温的计划，才算是校招雇主品牌的闭环。企业可以通过制订一些清晰的实习计划，让实习生更好地了解工作和做好职业规划；还可以创建和运营一些校招毕业生社群发放福利，通过分享企业内部福利、活动的消息来让他们提前感受公司的文化。[①]

（四）学生要"积极竞争"谋求合适的就业岗位

广大毕业生应树立正确的职业观、就业观和择业观，保持平常心态，客观看待个人条件和社会需求，从实际出发选择职业和工作岗位。大学生提高自己的核心竞争力，可以抓住以下四点：一是抓住机会，二是承受和消化失败的原因，三是学习改变自我，四是从积极发展的角度改变竞争心态。从看待就业竞争视角开始转变，首先是寻找到优质的就业岗位，其次是对比自身素养能否参与到岗位竞争中，最后是完善自身，将自己打造成符合岗位需求的求职者，参与到竞争中。在寻找就业岗位时要保有"穷尽方案"想法，将符合自身核心竞争能力的岗位列举出来，通过可行的途径争取该岗位。在尽己所能的基础上，要提高自身的承受能力，允许自己的失败并消化自己的失败。要打破失败带来的恐惧，可以先把失败带来的后果一一列明，物质的、精神的、人际的、机会的，并为每一个后果标注上对应的办法。[②] 不为自己的未来设限制，有充分的耐心来打磨自身，并将优势通过简历展现出来，以最好的准备和最佳的精神状态迎接离开校园的新征程。

参考文献

［1］乔金玄：《后疫情时代如何更有效帮扶高校重点群体毕业生就业》，《中国就业》2021 年第 9 期。

---

① 《传统企业做好这些，在校招中不输大厂！offer 数翻 6 倍经验分享》，牛客招聘研究院，https：//www. slidestalk. com/b/19。
② 刘媛媛：《精准努力：刘媛媛的逆袭课》，湖南文艺出版社，2019。

［2］王伯庆、王梦萍:《2021年中国本科毕业生就业发展趋势与成效》,载麦可思研究院主编《2022年中国本科生就业报告》,社会科学文献出版社,2022。

［3］吉林省就业工作领导小组:《关于积极应对疫情影响　全力做好高校毕业生等重点群体就业工作的若干措施》,2022年4月29日。

［4］陈伟:《同向发力,共促就业——对促进高校毕业生就业工作的思考》,《职业》2022年第21期。

［5］王亚非:《努力实现高校毕业生更加充分更高质量就业》,《中国高等教育》2022年第Z3期。

B.18
吉林省应急管理体系建设研究

王浩翼*

摘　要： 应急管理是国家治理体系和治理能力的重要组成部分。党的二十大报告将国家应急管理体系纳入国家安全体系，对防范化解重大安全风险、及时应对处置各类灾害事故、保护人民群众生命财产安全和维护社会稳定提出了更高的要求，也为吉林省未来应急管理工作指明了目标和方向。几年来，吉林省应急管理体系在不断的调整中逐步完善，各级应急管理部门的战斗力得到全面提升，在应对自然灾害、生产安全事故、公共卫生事件等风险挑战方面取得一系列新进展、新成果。本报告在系统梳理吉林省应急管理体系建设现状的基础上，提出新时代应急管理工作面临的主要挑战：多灾种叠加考验极端条件下的综合应急能力，大城市多元风险考验基层社区防灾减灾整体效能，大灾巨灾考验全省应急物资供应保障能力。最后尝试提出相应的建议：加快提升全省大城市的数字化应急能力，提升基层应急管理的整体效能，建立多层次的应急物资保障供应体系，加强应急人才队伍培育和专家智库建设。

关键词： 应急管理　应急保障　应急体系建设

2018年3月，中共中央印发《深化党和国家机构改革方案》，根据我国

---

* 王浩翼，吉林省社会科学院社会学所助理研究员，研究方向为基层社会治理。

灾害事故多发频发的基本国情，将不同机构分头负责的应急管理、消防管理、防灾救灾、地质灾害防治、水旱灾害防治等职责进行系统整合，组建成立应急管理部。① 同年 10 月，吉林省应急管理厅正式挂牌成立。四年来，吉林省通过健全统一高效的应急指挥决策体系、构建科学有效的应急预案体系、建设智能精准的监测预警体系、建立系统完备的应急保障体系、发展快速有效的应急救援体系，为全省经济高质量发展、社会秩序持续稳定、人民群众生命财产安全打下了坚实的基础。

一　吉林省应急管理体系建设现状

吉林省坚决贯彻习近平总书记"统筹好发展和安全两件大事"的重要指示精神，从全省应急管理实际出发，提出"由遏制重特大事故向遏制亡人事故转变""由宏观原则要求向微观具体指导转变""由事后被动处置向事前主动防范转变""由忙乱无序应对向高效有力指挥转变""由单一低位运行向全面提升能力转变"的理念，② 并以此推动全省应急管理体系在调整中不断健全完善。

（一）打造统一高效的应急指挥决策体系

吉林省以超常规的举措和力度推进应急管理体系建设。自 2018 年 10 月应急管理厅正式挂牌成立以来，仅用 20 天时间就完成 9 个部门、5 个议事协调机构的职能划转和人员转隶工作，实现了结构上的"物理整合"。③ 至 2019 年 3 月，全省各市、县的应急管理部门全部组建到位，自上而下构建起统一高效、反应灵敏的应急指挥体系。

---

①　全国干部培训教材编审指导委员会组织编写《应急管理体系和能力建设干部读本》，党建读物出版社，2021，第 15 页。
②　宋文刚、郭文英、张帅：《以"新担当、新突破、新作为"蹚出一条吉林应急管理新路——2021 年吉林省应急管理工作综述》，《吉林劳动保护》2021 年第 12 期。
③　《吉林应急人的 2019》，《新文化报》2019 年 12 月 31 日。

1. 形成上下联动的指挥决策中枢

"应急指挥决策是应急管理的核心，关乎应急处置的方向与成败。"[①] 为进一步提高应对突发事件的能力，吉林省将"省安全生产委员会""省减灾委员会""省森林草原防灭火指挥部""省政府防汛抗旱指挥部""省防震抗震减灾工作领导小组"五个省级议事机构的办公室直接设在省应急管理厅，并由省委省政府主要领导担任各议事机构主任，通过高位统筹，自上而下建立起由省委省政府统一领导，各议事协调机构分类管理、分级负责的工作格局。

2. 完善跨部门协作机制

突发事件的应急处置考验的是多部门之间的联合作战能力，部门之间的协调协同、信息共享效率直接决定了处置能力和限度。吉林省通过完善《吉林省安全生产委员会成员单位及相关单位安全生产工作任务分工》《关于进一步细化防指成员单位职责分工的意见》等 12 项制度规定，明确了应急、气象、水利、林草等成员单位在突发事件中的"防抗救"责任边界。[②]通过建立涵盖预警响应、物资调集等方面的协同联动和具体工作机制，解决了部门协调不足、协同不够、信息不畅等问题，构建起全省应急联动"一盘棋"的工作格局。

（二）构建科学有效的应急预案体系

应急预案是及时、有序、有效开展应急救援工作的重要保障。[③]吉林省通过规范突发事件应急预案管理、突出抓好预案编制与修订、加强应急预案学习与演练等关键环节，进一步增强了预案的针对性、实用性和可操作性，为有效开展应急处置工作打下了坚实的基础。

---

① 刘菲：《应急指挥决策机制再思考》，《决策与信息》2020 年第 12 期。
② 宋文刚、郭文英、张帅：《以"新担当、新突破、新作为"闯出一条吉林应急管理新路——2021 年吉林省应急管理工作综述》，《吉林劳动保护》2021 年第 12 期。
③ 孙伟锋：《完善基层应急管理体系》，《现代职业安全》2020 年第 11 期。

1. 提升应急预案编制修订质量

吉林省严格落实《国家突发事件应急预案管理办法》要求，进一步规范对突发事件应急预案的管理，在优先修订《吉林省突发事件总体应急预案》的基础上，统筹推进各专项应急预案和部门重点应急预案的编制修订工作，形成了以省级总体应急预案为总纲，以各专项、部门应急预案为补充的应急预案体系。截至 2022 年 9 月，已完成包括《防汛防台风应急预案》《森林草原火灾应急预案》在内的多项预案编制与修订工作。①

2. 以实战演练检验应急预案

实战是检验应急预案成效最好的"试金石"。在各类应急预案编制修订后，吉林省针对大面积停电、燃气管道泄漏、暴雨和雨雪冰冻极端天气、防汛抢险等易发多发、容易造成大规模损失的突发事件开展综合应急演练，以此检验应急预案编制的科学性、实效性和可操作性。通过"实战—复盘—改进"的制度化流程，形成了在实战中检验预案、用预案指导实践、在实践中完善预案的闭环，从根本上提高了整体应急处置能力。

（三）建设智能精准的监测预警体系

提升监测预警能力是应对突发事件最经济、最有效的风险治理策略。②吉林省在应急管理方面始终秉持"预防为先"理念和"宁可信其大、不可信其小"的工作底线，将安全生产事故风险的预防和监测置于首位，通过创新风险监管模式、加强源头治理，最大限度消除各类安全隐患。

1. 大力推进风险监测预警模式创新

吉林省通过创新"企业自查、乡级排查、县级检查、市级抽查、省级督查"的"五查"方式，压紧压实省市县乡四级监管责任，提升风险监测预警效能。针对基层人员不足和业务能力薄弱短板，创新"干部+专家"的监督模式，出台《吉林省应急管理厅专家管理办法（修订）》，成立 23 个

---

① 宋文刚、张和力：《奋力开创新时代应急管理工作新局面》，《吉林日报》2022 年 9 月 16 日。
② 陆园园：《着力提升应急处置能力》，《人民日报》2021 年 6 月 9 日。

专家组帮助企业防范化解安全生产事故。针对直接监管企业多、分布广的实际情况，创新"线上+线下"监督模式，线上实行监督检查"日报告""日点评"机制，打通省级到各市、县安全生产监管"最后一公里"。① 线下采取"四不两直""明查+暗访""夜查+杀回马枪"等方式，抽查各项具体工作的落实情况，提升整体监管实效。据统计，2021 年吉林省亡人事故起数和死亡人数同比分别下降 11.2%、14.6%，其中较大事故下降 44.4%，重大事故下降 50%，直接监管领域没有发生较大以上事故。②

2. 深入落实微观具体指导工作

吉林省以"带着问题搞调研、牵头制定总方案、组织审核分方案、方案推进图表化、指导检查强监管、通报问责严督办"的微观具体指导"六项措施"破解了应急管理部门综合监管难以介入行业部门直接监管，而行业部门又履职不到位的问题。在调研道路运输、建筑施工两个事故多发频发领域的基础上，牵头制定《农村交通安全治理模板集》《建筑施工安全治理模板集》，推动各部门履行直接监管责任，形成齐抓共管格局，2022 年上半年，全省交通事故起数、死亡人数同比分别下降 48.97%、57.66%，较大以上事故起数、死亡人数同比分别下降 50%、37.5%。③

（四）建立系统完备的应急保障体系

近年来，吉林省逐步构建起统一管理、科学储备、节约高效的现代化应急保障体系，通过完善应急物资储备布局、发展应急救援队伍、提升科技保障水平，打造了多层次的应急保障体系。

1. 全方位提升应急物资储备能力

救灾物资储备事关受灾群众安危冷暖，事关社会和谐稳定，是灾害应急

---

① 《吉林省应急管理厅创新"日点评"监管机制　构建直接监管领域"大格局"监管模式》，新华网吉林频道，http://jl.news.cn/2022-07/11/c_1128821418.htm。
② 《我省应急管理工作实现新突破》，《吉林日报》2022 年 1 月 8 日。
③ 周东魁：《2022 上半年吉林省交通事故死亡人数同比下降 37.5%》，《东亚经贸新闻》2022 年 7 月 6 日。

救助体系的重要组成部分。吉林省立足于防大灾、抗大灾、救大灾的整体需求来统筹全省应急物资的储备工作，在分析近20年来全省自然灾害发生规律特点的基础上，创新建立省级救灾物资分储机制，将省级救灾物资按比例分储在全省16个市县，形成了以省级物资库为中心、以市级物资库为主干、以县级物资库为补充的区域性代储联储联动保障机制，确保救灾物资可在12小时内抵达灾区。① 在省级应急物资储备体系之外，通过发布《吉林省家庭应急物资储备建议清单》基础版和扩展版，积极引导家庭和个人根据具体情况自行采购必要的应急物资，提升突发事件初期的自救互救能力。

2. 高度重视应急科技支撑

科技是应急管理的"生产力"，应急管理体系的现代化离不开科技支撑。② 吉林省十分重视高科技在突发事件预警、处置方面的应用，通过积极建立应急科技支撑体系，催生应急管理体系发展的新动能，在应急管理数字化转型方面跑出吉林"加速度"。通过推进370MHz应急指挥窄带无线通信网建设，逐步实现吉林、四平等城市的应急指挥窄带无线通信覆盖。充分利用长光卫星"吉林一号"在地质灾害应急监测、森林火灾遥感监测方面的优势，快速识别森林火点，并提取森林火灾的位置、面积等信息，为森林火灾防控与预警业务提供支持，③ 提升了全省"空—天—地"一体化应急能力。

（五）健全快速有效的应急救援体系

突发事件的应急救援能力是人民群众生命安全重要的支撑保障。吉林省近年来通过加快发展应急救援队伍，建立区域应急联动机制，显著提升了全省应急救援能力。

1. 强化应急救援队伍建设

吉林省高度重视应急救援队伍的建设工作，各地应急部门均建立了以国

① 张群英、王艺橙：《吉林：强化物资储备 提升受灾群众救助保障能力》，《中国减灾》2021年第21期。
② 马宝成主编《中国应急管理发展报告（2021）》，社会科学文献出版社，2022，第28页。
③ 《以太空视角记录丰收图景，"吉林一号"卫星刷屏网络》，《吉林日报》2022年10月2日。

家综合性消防救援队伍为主力军，以专业救援队伍为骨干力量，以社会应急救援队伍为辅助力量，以军队和武警部队为突击的应急救援力量体系。①通过与省军区战备建设局建立军地抢险救灾协调机制，明确了军队应对灾情险情、提供装备物资、搜寻受困人员等任务，目前全省可随时调动军队、武警、民兵等救援力量达到25500人。②在强化基层应急力量方面，吉林省以"双百共建"活动为载体，建立机关党员干部常态化下沉社区机制，在本轮疫情期间，全省迅速组织动员20余万名机关事业单位党员干部下沉入社区，成立1万余个临时党组织，组建近2万个党员先锋队、突击队，筑牢了社区疫情防线。③

2. 建立跨区域应急联动作战体系

重大安全风险具有明显的跨界性，往往超越行政边界的局限，因此，区域间的应急处置统筹协调极为重要。吉林省充分结合省内自然灾害突发事件发生规律、产业结构的特点、专业救援队伍分布情况，将全省划分为东部、中部、西部3个应急联动协作区，④并将"吉林省危险化学品应急救援基地""吉林省非煤矿山应急救援基地""吉林省矿山应急救援基地""吉林省油气管道综合应急救援基地"和39支专业救援队伍纳入省级应急救援力量体系，建立信息互通、资源共享、协同应对事故灾难机制，显著提升了区域内协同应对自然灾害和事故灾难的救援能力。⑤在本轮疫情防控中，吉林省创新以地级市组建工作队，自带队伍、自配资源，与对口支援的长春城区形成"以市包区"的区域联动作战体系，为实现社会面"清零"起到了重要作用。

---

① 王毅：《吉林省应急救援队伍建设现状及对策研究》，硕士学位论文，吉林财经大学，2021。
② 霍云成：《牢记使命责任 奋力攻坚克难》，《中国应急管理报》2019年10月26日。
③ 《吉林加强基层抗疫力量 坚决筑牢疫情防控屏障》，《人民日报》2022年5月7日。
④ 《吉林省完善区域应急联动机制，划出东中西3个应急联动协作区》，《吉林日报》2020年9月25日。
⑤ 《吉林：四个救援基地和三十九支队伍纳入省级应急救援力量体系》，《中国应急管理报》2020年9月28日。

二 新时代吉林省应急管理工作面临的挑战

当今世界正处于百年未有之大变局，诸多高度复杂和不确定的风险因素给我国经济社会的高质量发展和人民的生命财产安全带来了巨大的威胁，同时也给吉林省的应急管理工作提出了新的挑战。

（一）多灾种叠加考验极端条件下的综合应急能力

贝克在《风险社会：新的现代性之路》一书中将现代人的生活比喻为"生活在文明的火山上"，近年来各类自然灾害和事故灾难呈现易发、频发、多发趋势也似乎在用事实回应这位具有远见卓识的学者做出的分析和预测。吉林省作为自然灾害风险在全国相对偏低的地区，近年来频频遭受台风、寒潮冻雨、暴雪等极端天气的正面袭击，加之省域内松花江、辽河、图们江、鸭绿江、绥芬河五大水系多次发生洪涝灾害，松原地区近十年小震不绝，对于吉林省在极端条件下的应急能力提出了更高的要求，需要加快推进应急管理体系和能力现代化建设步伐，具备从处置"单一灾害"到"复合型灾害"，从应对"局域性小灾"到"全域性巨灾"的综合应急能力。

（二）大城市多元风险考验基层社区防灾减灾整体效能

在高速城镇化与工业化的进程中，人口超百万的大城市越来越多地面临来自城市空间、社会矛盾、天气气候等多元风险的挑战和压力，面临的风险隐患复杂性和防灾减灾救灾工作严峻性不容乐观。目前吉林省拥有 7 座人口超百万的大城市，其中长春市的 GDP 超过 7000 亿元，常住人口超 900 万人，市场主体总量已突破 140 万户，24 米以上高层建筑接近 1 万幢，超大规模城市综合体超 50 个，地下管廊总长达百余公里，一旦发生城市内涝、燃气爆炸、拥挤踩踏、高层建筑火灾等重大或特别重大突发事件，其应急救援的复杂程度和难度会呈几何倍数增长。社区作为各种公共危机爆发后最先受到冲击的目标，其防灾减灾能力在很大程度上决定了各类突发事件所能造成的损失规模与危害程度。因此，提高大城市抵御风险能力最经济、最有效的策略就是提升基层社区的防灾减灾整体效能。

（三）大灾巨灾考验全省应急物资供应保障能力

应急物资保障是应急管理体系建设的重要一环。如何在巨灾影响下保证市域乃至省域范围内应急物资和生活物资的正常供应，对于保护人民群众的生命健康、维护社会稳定具有重要作用。可以看到，自新冠疫情发生以来，各大城市在疫情防控期间均不同程度地出现应急物资调度协同、中转分拨和末端配送能力不足问题，造成了居民生活物资供应紧张。2022 年 3 月，长春市东北亚粮油、海吉星两大蔬菜批发市场因突发疫情而停摆，一度让全市居民的生活物资供应保障出现困难，随着省委省政府统筹启动联保联供机制，从其他省份组织货源，逐步缓解了短期物资供应紧张问题。应该说此次疫情很大程度上暴露了吉林省在极端条件下物资供应保障能力和居民巨大需求之间的不匹配，也为未来提升应急物资保障能力提出了更高的要求。

三 加快推进应急管理体系和能力现代化的建议

党的二十大报告指出要坚持安全第一、预防为主，完善公共安全体系，提高防灾减灾救灾和急难险重突发公共事件处置保障能力，这一重要论述为吉林省未来一段时期推进应急管理体系和能力现代化提供了根本遵循。随着近年来各类"黑天鹅"与"灰犀牛"事件的频发，类似四川省短期内遭受多重自然灾害的极端情况未来同样有可能在吉林省发生。面对新形势下的新挑战，吉林省应通过打造防灾减灾的"韧性社区"，推进应急管理网格化治理格局，形成"产学研用"深入融合的现代化应急管理体系，加快推进应急管理信息化平台升级扩容，推动吉林省应急管理工作实现从"防范单一风险"向"防范复合风险"转变，从"政府一元监管"向"社会多元共治"转变。

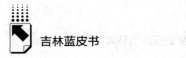

（一）加快提升全省大城市的数字化应急能力

一是加强应急通信能力建设。一方面要加强省内通信基站的抗灾能力，另一方面要加快推进370MHz应急指挥窄带无线通信网在全省各大城市的全覆盖，保证在断电断网断信号的情况下满足应急通信联络和信息传递需要。

二是建立风险监测感知系统。加快在城区内的人员密集场所、公共基础设施、地下综合管廊、消防安全等灾害易发频发领域覆盖数字智能终端设备，提升前端风险感知能力。

三是搭建应急管理指挥作战平台。利用5G、物联网、云技术、区块链等数字技术实现自然灾害、事故灾难、公共卫生事件、社会安全事件四类突发事件风险感知点数据、预警数据、处置数据、物资保障数据的互联互通，使各应急主体之间形成有效的信息传递渠道，对快速变化的形势做出快速的反应，实现市域应急管理"一张网、一张图"。

（二）提升基层应急管理的整体效能

一是探索建立城乡社区"应急服务点"。在硬件上，按照统一标准设立物资储备室，配备交通、防护、通信、灭火、破拆、医疗等9大类应急救援装备器材。在软件上，招募一批具有实战应对、心理咨询、信息技术方面的全科人才成为专职的应急网格员，通过制定职责任务清单明确责任边界。在"平时"发挥风险监测预警职能，对社区内小餐饮、小门店、小作坊及居民楼栋日常风险隐患开展排查治理。在"战时"负责组织开展先期处置、抢救伤员、疏散群众等工作，打通基层应急"最后一公里"。

二是加快社区志愿者队伍建设。由于应急状态下难以招募第三方人员作为志愿者，要充分利用广大人民群众在危急时刻激发出的"社会性"与"公共性"，加快本社区的志愿者队伍的培育，通过完善志愿服务报名、注册、培训、参与等一系列制度机制，拓宽应急管理志愿服务渠道，打造一批社区志愿者灵魂人物，建立一支常态化的志愿服务队伍，形成政府引导、多元主体协同参与的共治格局。

三是重视物业公司在应急方面的功能。物业公司在此次疫情防控中发挥了重要作用，彰显了其在应急管理中的巨大潜力。因此，应充分肯定物业管理行业参与社区治理的必要性，将物业公司作为基层应急管理体系的核心力量对待，加快完善物业管理体制，理顺物业公司与其他社区治理主体的关系与协作方式。建立面向物业管理行业的政府购买服务制度，在"战时"对物业承担的必要的支出予以财政支持，杜绝硬性将本应由政府承担的应急管理成本转移给物业公司。

（三）建立多层次的应急物资保障供应体系

一是优化城市周边物资仓储布局。汲取本轮疫情期间长春东北亚粮油、海吉星等超大型批发市场受疫情影响停摆的教训。在政府储备方面，以安全和交通便利原则为导向，在大城市周边建立多个大中型应急物资储备库，进一步提升生活类、医疗类、救生类应急物资的储备总量和储备环境。在市场储备方面，坚持均衡布局原则，优化省内各城市大型生活物资批发市场的选址布局，尽可能分散风险。此外，要采用市场化方式，与市内大型超市、购物中心、连锁药店签订物资储备与供应合同，建立应急物资动态储备体系，确保食品、日用品、常用药品三大类基本生活物资在"战时"供应不断不乱。

二是建立高效的物流调度体系。应急物资的运输要充分考虑交通运力的最大承载力，因此，要进一步明确省内各市州应急物资运力水平，建立各类应急物流方式运力清单，加快建设应急物资绿色通道，关注运输车辆的整体服务状态、物流人员的素质能力，定期对服务车辆可达性与运输效率进行评估，确保全省应急物资运力，确保各类应急物资以最快的速度从储备库、火车站、飞机场直接运送到受灾社区、组织和医疗机构。此外，针对突发事件导致的区域物流中断情况设立相应预案，利用物流企业在物资配送方面的专业优势和社会力量在紧急状态下强大的动员能力，采用市场化方式建立以物流企业为支撑、以社会力量为补充的运力补偿机制。

三是做好全省应急物资产能储备规划。通过加快制定全省应急产业发展

规划，将各类应急物资的原材料与产能纳入应急储备体系。在硬件上，打造专门面向应急产业的基地和园区，加强应急产业相关企业在省内集聚合作。在软件上，细化更有利于应急产业相关企业发展的扶持措施，为符合条件的企业争取省财政专项资金支持。

（四）加强应急人才队伍培育和专家智库建设

一是推动高校、科研院所、企业等主体在应急管理方面的协同联动。在现有应急管理学院的基础上，进一步整合省内高校和科研院所的学科和人才资源优势，成立由省应急管理厅和多所院校共同协作的"应急管理教育联盟"，推动应急管理人才培养平台落地，强化人才在产学研用融合中的核心要素功能，解决当前严峻的应急管理人才短缺、科技创新难题，支撑吉林省应急事业高质量发展。

二是要以前瞻性、全局性、战略性眼光谋划全省应急管理智库建设，一方面以实体化的组织建构、稳定的管理团队、高效的运行机制为知识创新提供机制保障，加强应急管理专家库的信息化建设，强化专家动态管理，及时更新维护专家人员信息；另一方面要充分发挥评价考核指挥棒的作用，建立适应智库发展需求的动态管理机制，引导应急管理领域专家学者投身产学研用融合发展一线。

参考文献

[1] 全国干部培训教材编审指导委员会组织编写《应急管理体系和能力建设干部读本》，党建读物出版社，2021。
[2] 孙环宇、郭文英、张帅：《吉林省应急管理工作实现新突破》，《吉林劳动保护》2022 年第 1 期。
[3] 刘菲：《应急指挥决策机制再思考》，《决策与信息》2020 年第 12 期。
[4] 宋文刚、郭文英、张帅：《以"新担当、新突破、新作为"闯出一条吉林应急管理新路——2021 年吉林省应急管理工作综述》，《吉林劳动保护》2021 年第 12 期。

［5］张群英、王艺橙：《吉林：强化物资储备　提升受灾群众救助保障能力》，《中国减灾》2021 年第 21 期。

［6］马宝成主编《中国应急管理发展报告（2021）》，社会科学文献出版社，2022。

［7］霍云成：《牢记使命责任　奋力攻坚克难》，《中国应急管理报》2019 年 10 月 26 日。

［8］孙伟锋：《完善基层应急管理体系》：《现代职业安全》2020 年第 11 期。

［9］王毅：《吉林省应急救援队伍建设现状及对策研究》，硕士学位论文，吉林财经大学，2021。

B.19
吉林省老年友好型社区建设研究

全龙杰*

摘 要： 人口老龄化已成为吉林省面临的最主要的人口问题之一。加速老年友好型社区建设是吉林省践行积极应对人口老龄化国家战略的新落脚点。近年来，围绕全国示范性老年友好型社区创建工作，吉林省各地纷纷开始了老年友好型社区建设的探索，目前已在规划指导、示范社区创建、社区养老服务供给等方面取得了一定的成效，但仍面临"未富先老"、缺乏配套性政策支持、政府资金投入社区养老服务不足、农村地区建设老年友好型社区的基础薄弱等问题。吉林省加速建设老年友好型社区，需要充分吸收外省市先进经验，加强政策引导，进行全局性规划设计，构建多元主体参与模式，建立健全长期动态评估机制，构筑安全舒适的老年生活空间，搭建社区老年服务网络，营造尊重关爱老年人的人文环境，统筹城乡发展，补齐农村养老服务短板等。

关键词： 老年友好型社区 老龄化 社区养老 养老服务

  随着我国人口老龄化进程的不断加深，社区建设在更好满足老年人需求中的积极作用日益凸显。以老年友好为总体目标成为社区养老支持的新发展方向。2020年12月，国家卫健委、全国老龄委办公室共同发布《关于开展示范性全国老年友好型社区创建工作的通知》，明确提出到2025年在全国建

---

 * 全龙杰，法学博士，吉林省社会科学院社会学研究所助理研究员，研究方向为人口与发展。

成 5000 个示范性城乡老年友好型社区，到 2035 年全国城乡社区普遍达到老年友好型社区标准的发展目标。我国创建示范性老年友好型社区借鉴了 2007 年世界卫生组织提出的老年友好型城市的建设理念，主要涵盖了改善老年宜居环境、方便老年人日常出行、提升为老服务质量、扩大老年社会参与、丰富老年精神文化生活、提高为老服务科技水平六大领域。老年友好型社区建设是我国此前开展老年宜居环境建设的延续，也是推动老龄事业与经济社会协调发展，加强新时代老龄工作的必由之路。

一 吉林省老年友好型社区建设现状

（一）吉林省老龄化现状及发展趋势

吉林省老龄化进程开始得较早，且进展速度快、老龄化程度深。加速老年友好型社区建设是吉林省践行积极应对人口老龄化国家战略的新落脚点，具有必要性和紧迫性。2022 年 3 月，吉林省委省政府印发《关于加强新时代老龄工作的实施意见》，明确提出要健全养老服务体系，提升社区养老服务能力，着力构建老年友好型社会等老龄工作目标。

早在 2003 年，吉林省 65 岁及以上老年人口比重就已超过 7%，正式步入老龄化社会。此后，吉林省老龄化程度迅速加深，2019 年 65 岁及以上老年人口比重翻倍，达到了 14%。《吉林省 2021 年国民经济和社会发展统计公报》显示，截至 2021 年底，吉林省 60 岁及以上老年人达 566 万人，占总人口的 23.8%，高于同期全国平均水平的 18.9%；65 岁及以上老年人达 396.8 万人，占总人口的 16.7%，高于全国平均水平的 14.2%。

预计在未来一段时期内，吉林省的老龄化程度仍将持续加深，且即将迎来一波"井喷式"的增长。第七次全国人口普查数据显示，吉林省人口的整体年龄结构已严重老化，年龄中位数高达 46 岁，人口众数集中在 45~59 岁的中高年龄组。当这部分人在未来顺次达到 65 岁，相继步入老年，即在 2026~2040 年吉林省的老龄化进程将出现一段时期的明显提速。根据第七次

全国人口普查数据预测，这种提速的峰值预计将出现在 2030 年前后，届时全省每年将新增近 20 万 65 岁及以上老年人口。预计 2026 年吉林省 65 岁及以上老年人口的比重将突破 20%，到 2035 年继续上升到 32.5%。

（二）吉林省积极创建示范性老年友好型社区

近年来，吉林省认真贯彻落实积极应对人口老龄化国家战略，全方位开展全国示范性老年友好型社区创建工作。吉林省委省政府先后出台了《关于加强新时代老龄工作的实施意见》《吉林省老龄事业发展和养老服务体系"十四五"规划》等政策文件，对建设老年友好型社区、发展社区养老服务等老龄工作提供了规划指导。经过两年的创建工作，全省社区社会治理能力和水平、老年人宜居环境建设、养老及健康服务水平、老年人社会参与热度和程度等各方面工作都得到了长足发展，为吉林省持续开展好全国示范性老年友好型社区创建工作提振了士气、积累了经验。

2021 年全国示范性老年友好型社区名单中吉林省有 22 个社区上榜，占全国示范性老年友好型社区总数的 2.2%。2022 年吉林省上榜的社区增加到 26 个，占全国总数的 2.6%。根据民政部官网的自治组织数据计算，吉林省社区总数约占全国的 1.87%，从这一角度衡量，吉林省近两年创建示范性老年友好型社区的密度要高于全国平均水平。从这两年上榜的 48 个社区的地域分布来看，半数以上集中在长春、吉林两市，分别占全省的 37.0% 和 18.8%，其余市州数量都较少，分布规律与省内地区人口分布大致吻合，表明吉林省示范性老年友好型社区创建工作在地区间较为均衡。

（三）吉林省老年友好型社区建设的典型案例

长春市聚焦"到 2035 年，全国城乡实现老年友好型社区全覆盖"的工作目标，围绕任务落责任、围绕特色搭平台、围绕需求配项目、围绕重点列清单，打造居住环境安全整洁、出行设施完善便捷、社区服务便利可及、社会参与广泛充分、孝亲敬老氛围浓厚、科技助老智慧创新、管理保障到位有力的特色社区。亚泰社区老年人口居多，在逐步完善 15 分钟社区生活圈的基础上，拓展出 10 分钟养老服务圈，建设老年之家、家庭厨房、社区卫生服务中心、家政基层服务站等，让辖区内的老年人在家门口就能享受到便捷、舒心的养老新生活。天宝社区建立空巢、高龄老人台账，开展"常敲空巢老人门"等活动，定期为老年人提供退休认证、购物送药、送报谈心等服务。青浦社区举办社区养老服务大集、开设社区老年大学课程、成立为老服务志愿者队伍、开展"心灵驿站"健康宣教讲座等，使社区发展水平和老年友好型社区创建不断升级晋档。长山花园社区创建"共享养老社区"典范，将"三官一律"、银行、医疗等服务机构请进社区，方便老人，为老人开展理发、洗澡、配餐、医药、家庭卫生、代办缴费等"十送"服务。东风社区推出"微孝益家"老年人伴随式服务项目、组建"五色光"志愿服务队、开展智能产品使用相关课程等，切实解决老年人生活难题。公主岭市农场社区建立社区居家养老休闲康复阵地、蓝山幸福汇文化饮食阵地，形成社区、社会组织、物业、家庭 4 级养老服务网络，提供医疗卫生、紧急救援、精神慰藉、家政服务、互助自主、解答跑腿 6 项服务，打通专业养老机构向社区居家养老延伸服务的通道，真正将为老服务搬到居民家门口。

吉林市丰满区建华街道将龙城社区创建成为全国示范性老年友好型社区，打造更规范化、专业化的老年服务社区模式。一是改善服务设施，提升老年服务质量。成立老年人日间照料中心，开设休息室、医疗康复室、舞蹈室、文化活动室、图书室和棋牌室等，并配备了功能齐全的按摩理疗设备，为老年人提供休闲娱乐的设施和场所。二是发挥党员作用，保障老年生活需求。成立党员助老服务志愿者队，为老年人送餐、代缴水电费，为图书室开展图书捐赠活动等，给老人提供专业的康复保健和精神慰藉服务。三是统筹多方资源，提高医疗服务水平。统筹辖区资源，联合街道社区卫生服务中心，为老年人开展定期体检、义诊，建立健康档案，定期开展"健康知识百姓大讲堂"，提高老年人保健意识。四是丰富活动形式，营造孝亲敬老氛围。每年组织开展"最美家庭""五好家庭"等评选活动，定期请专业人员开展养老照护等多种培训，全力营造孝亲敬老氛围，提升老年人幸福指数。五是创新建立"防走失驿站"。免费为老年人制作颜色醒目、使用方便的二

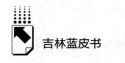

维码胸牌，以防走失二维码为核心，集登记信息、定制胸牌、求助热线、接管老年人等服务于一体，不断降低老年人的走失风险，提高寻回老年人的效率。

二 吉林省老年友好型社区建设面临的困难

（一）"未富先老"为老龄工作带来巨大挑战

吉林省老龄化的进展明显快过全国平均水平，可以说是国内"未富先老"地区的代表。2021年吉林省老龄化水平居全国第5位，而同年吉林省居民人均可支配收入为27770元，低于全国平均水平的35128元，居31个省（区、市）的第21位。分城乡来看，2021年吉林省农村居民人均可支配收入为17642元，仅比全国平均水平低不到7%，差距不大；而城镇居民人均可支配收入为35646元，比全国平均水平低24.8%，差距较大。从老年抚养比的情况来看，2021年吉林省为23.5%，高于全国平均水平的20.8%。随着未来一段时期吉林省老龄化的进一步加速发展，预计到2035年，吉林省每3个人中就有1个是65岁及以上的老年人，届时吉林省老年抚养比将达到54%左右，总抚养比将达到66.3%左右，直观地考虑，即每2名劳动年龄人口就需要供养1名以上老年人，这无疑会为吉林省社会保障、养老服务供给、地方财政、医疗卫生服务等方方面面带来巨大的挑战。吉林省必须在"十四五"期间做好准备，应对即将到来的超老龄社会的冲击。

（二）缺乏老年友好型社区建设的配套政策支持

目前吉林省缺乏老年友好型社区建设的专项规划、方案等配套政策的支持。吉林省虽然已经出台了一些针对养老服务体系建设或老龄工作发展的政策文件，对发展社区养老服务在宏观层面具有一定的指导意义，但缺少针对老年友好型社区建设的具体工作目标、任务、安排、流程等方面的指导。比如，一系列意见和通知，对于整个养老服务业具有发展和推动作用，但是无法为老年友好型社区建设的制度设计、财力保障、服务供给等具体实施层面形成政策支持。省内政策与国家层面相继出台的各项政策、要求、标准之间缺乏配套衔接，没有形成符合省情的具体实施细则和操作标准。此外，政府资金投入社区养老服务不足。目前吉林省的财政状况不足以为全部社区提供充足的资金支持，包括社区基本公共医疗和康养服务、基本公共文化体育服务等方面都存在投入不足的情况。

（三）农村地区建设老年友好型社区的基础薄弱

截至 2021 年，吉林省有村委会 9338 个，占全省社区总数的 82.2%。随着吉林省农村人口老龄化程度的加深，农村空心化、家庭空巢化现象普遍，农村养老问题日趋严重。想要实现国家到 2035 年城乡老年友好型社区基本全覆盖的总体目标，广大农村地区将是未来吉林省发力的重点。但是从目前的情况来看，吉林省广大农村地区建设老年友好型社区的基础还较为薄弱。农村地区老年宜居环境较差，适老化改造的难度大，很多农村仍未完成旱厕改造，无法满足老年人安全如厕、洗澡等需求。农村房屋建造的随意性大、缺乏统一标准和指导，导致住宅适老化改造也面临很大差异。居家养老发展滞后，大量青壮年劳动力外流导致农村空巢老人数量较多。医疗条件较差，村医短缺，一部分农村只开设小诊所，甚至处于半开半闭的状态。农村的社区活动也较少，老年人精神生活匮乏。

三 其他省市老年友好型社区建设的经验借鉴

（一）杭州市构建高效、温情的老年友好型社区

杭州市老年友好型社区建设的亮点是凸显"高效""温情"两大关键词，且农村社区建设成绩显著。一是打造 15 分钟高效生活圈，提升老年人生活品质。社区着力配齐设施，建设老年食堂、康养中心、智慧健康站，为老年人提供普惠的、触手可及的养老服务场景，并在小区活动场地设置休息

座椅、照明设施、公共厕所等设施，保障老年人出行安全和便利。二是营造浓厚的孝亲敬老氛围，共享精神共富。社区工作人员和志愿者为老年人举办集体生日宴会，还通过暖心陪聊、幸福热线、结对服务、"微"游戏等形式帮助社区高龄老人排遣孤独、健康身心；通过成立老年人艺术团、志愿队、乒乓球队等组织，开展文教体育活动，丰富精神文化生活，让老年人在社区发挥余热，实现了老年人的自我娱乐、自我管理和自我服务。三是创新开展农村社区适老化改造。通过加装坐便椅、安全扶手、净水器和智能监控等，解决老年人在如厕洗澡、饮水卫生、起居行走、康复护理等方面的需求；打破原有的农村格局，把原本封闭的各家庭院打造成敞开式的"农居博物馆"形式；建立村级居家养老服务照料中心、健康小屋、老年活动室、文化大礼堂、健身场地等康复养老场地。四是积极开展农村老年人健康管理。定期为60岁以上老年人体检，建立健康电子档案，并针对老年人健康状况开展分级健康管理；免费为村居内的老年人配备智能手环，为老年人提供居家照护、健康管理方面的远程服务及辅助技术服务。五是在农村社区制定针对老年人的助养金制度。村民60周岁起按照年龄分段，每月可领取2130～3500元不等的助养金，且每到中秋、重阳、春节等节日向老年人发放礼品、旅游费等。

（二）福建省以案例展播推广示范性老年友好型社区建设

2021年9月，福建省开设《福建省"全国示范性老年友好型社区"创建案例展播》专栏，整理省内34个报送参评示范性老年友好型社区的典型经验，在省内各级卫健委官网、微信公众号、《福建日报》等平台开展深入宣传推广，充分发挥示范带头作用，推动社会各界广泛参与示范性老年友好型社区创建工作。同时，以推广促进管理，以宣传带动监督，指导已当选的全国示范性老年友好型社区继续提升服务水平。案例展播专栏总结出很多较为成型的老年友好型社区建设经验，如"1317"为老服务新模式、"五化"社区建设、"五养"助老服务等。"1317"为老服务新模式的内涵是，以党建为一个核心引领为老服务，健全三项治理机制，建设一个健康家园式近邻港湾，完善"健康""宜居""友爱""互助""欢乐""幸福""智慧"七在社区。"五化"老年友好型社区建设包括老年人管理信息化、社区环境适老化、服务主体多元化、老年教育现代化和近邻养老智能化。发展"五养"助老服务，是指五个方面的服务与养老服务相结合，包括医养结合、托养结合、学养结合、乐养结合和智养结合。

（三）太原市创建老年人满意的多样化老年友好型社区

山西省太原市以创建老年友好型社区为抓手，推进各项老龄工作落实。一是构建党政牵头、部门配合、协同推进的工作格局。太原市委市政府将创建老年友好型社区作为民生工程的一项重要内容，纳入经济社会发展规划、财政预算、文明城市创建、党政领导议事日程进行安排部署和督导检查，各涉老部门分工负责，街道、社区积极配合。二是注重发挥引领示范和宣传带动作用。太原市重视培育和树立典型，宣传优秀社区、养老机构的先进做法，开展"敬老文明号"、"百名孝星"、敬老助老模范单位（个人）等评选表彰活动，并通过媒体积极宣传，为创建老年友好型社区营造良好氛围。三是以老旧小区改造为契机推进适老化改造工程。近年来，围绕老年人的养老需求，太原市将适老化改造纳入经济社会发展规划进行部署与实施，推进加装电梯示范工程、线缆入地、便道铺设、绿化修复等项目改造，受到广大老年人好评。四是扩大社区养老服务供给，提高老年友好型社区的服务水平。太原市从2013年起为每个社区提供20万元惠民资金，用于建设日间照料中心、老年餐桌、社区食堂等为老服务网点；开展医养结合，构建起综合医院老年康养、精神专科医院办养老、养老机构办医疗、医养联合体协作、家庭医生签约等多层次健康服务体系；利用"互联网+"技术促进社区居家养老服务"线上+线下"相结合，提供紧急救助、生活照料、配餐送餐、医疗保健等80余项集中照料和上门服务。

（四）商丘市创建聚焦精神文明的老年友好型社区

河南省商丘市在老年友好型社区建设中重视丰富老年人的精神生活、培

厚精神土壤，创新老年人服务形式，丰富老年人服务活动。一是打造社区老年活动阵地。对社区进行全面的适老化提升改造，增设中心花园、老年人日间照料中心、学雷锋志愿服务站、新时代文明实践站、心理咨询室、图书室、活动室、棋牌室、健身房等老年活动场所。二是丰富社区老年人的精神文化生活。社区组织成立老年合唱团、书法队等老年文化团体，开展各类文化团体活动，为老年人提供展示自我的舞台。三是发挥老年人的余热。邀请社区内有威望的老年人积极参与定期召开的居民代表大会，充分发挥老年人有号召力的优势。四是帮助老年人打破"数字壁垒"。社区通过开展智能电子产品使用培训、建立养老服务微信群等方式，帮助老年人更好更快地融入智慧社会。

四 吉林省加快建设老年友好型社区的建议

（一）加强政策引导，完善全局性规划设计

吉林省各级政府要充分认识老年友好型社区建设的内涵和重要意义，在制度设计、财力保障、具体实施等各层面加强组织领导，把这项工作作为实施积极应对人口老龄化国家战略的一项具体举措，纳入本地经济社会发展规划及当地党委、政府的重点工作任务，健全工作机制，强化部门协同，加大投入保障。在省级层面，加强省级政策与国家建设老年友好型社区的相关政策之间的衔接，结合吉林省实际，设计出台老年友好型社区建设专项五年规划，明确未来的重点任务和阶段性的工作安排：在2023~2025年，争取实现全国示范性老年友好型社区数量逐年增长；到2030年底，全省城乡社区的50%以上完成老年友好型社区创建工作；到2035年底，全省城乡社区普遍达到老年友好型社区标准。各市州也要因地制宜地制定本地老年友好型社区建设的工作方案，在明确共性指标要求的基础上，加强对下辖区县、乡镇的个性化指导。

（二）加强统筹协调，构建多元主体参与的建设模式

老年友好型社区建设需要统筹协调政策制定者、环境规划者、地方政府、公共设施管理者、老龄产业部门、非政府组织等多元主体共同参与，形成各方长期合作的建设模式，实现老年友好型社区的长期可持续发展。一是由各级老龄工作部门负责老年友好型社区建设具体工作的组织和协调，建立健全跨部门的协调机制，及时解决工作中遇到的困难和问题，研究制定相关配套政策措施，共同落实好老年友好型社区建设任务。二是完善多元主体间的协同联动工作机制。建议多元主体之间要加强信息共享，建立协同联动的合作机制，营造有利于共同推进老年友好型社区建设的工作环境。三是建立长期动态的第三方评估机制。各级政府组织委托具有相应能力和资质的科研机构作为第三方参与长期跟踪调研，评估老年友好型社区建设的工作成效，保证评估的客观性、科学性、公平性。

（三）完善设施建设，构筑安全舒适的老年生活空间

安全舒适的生活环境是社区实现老年友好的基础条件。一是加强居住空间适老化建设，推动社区规划建设适老化改造，对有居家适老化改造意愿的老年人家庭做到应改尽改，加快落实老旧住宅加装电梯工作，尽快实现居住区无障碍设施全覆盖。二是完善公共养老空间建设，在社区内部增设适合老年人户外活动需求的公共绿地、休息座椅、健身步道等公共空间，为老年人参与社区活动提供安全舒适的室外空间场所。三是加强社区老年生活圈规划建设，完善出行无障碍设施建设，以居住空间为轴心，以老年人轻松可达的生活距离为半径，优化社区内面向老年人的公共服务设施布局，确保养老托老机构、老年活动场地、医院、康养设施、综合超市等设施对于社区内老年人轻松步行可达。

（四）扩大公共服务供给，搭建社区老年服务网络

老年友好型社区建设需要构建完善的社区老人照料服务体系，打造老年

人医疗健康生活环境，助力老年人享受智慧化养老服务。一是在老年人日常生活照料方面，除应满足老年人必需的基本生活照料服务外，还应当重点关注残疾、失能、失智、贫困等有特殊困难的老年群体。二是在健康服务方面，提高社区老年人健康管理率和居家老人家庭医生签约覆盖率，开展社区老年人健康教育宣传活动和康复护理安宁疗护服务，布局社区老年人康复辅助器具销售和租赁网点，支持社区养老设施配备康复辅助器具并提供专业指导。三是在养老服务智慧化方面，通过搭建专业的信息化平台，让老年群体可以通过互联网更便捷地获取各类养老服务；组织老年人参与智能产品使用技巧的培训，帮助老年人跨越"数字鸿沟"。

（五）重塑老年社会价值，营造敬老爱老的人文环境

建设老年友好型社区需要营造敬老爱老的社会环境，帮助老年人获得满足感与效能感。一是社会参与方面，鼓励有能力、有意愿发挥余热的老年人积极参与社会活动，甚至成为公共事务的重要承担者，组织成立老年志愿服务队等老年社会组织，帮助老年人实现社会价值。二是老年教育方面，鼓励在老年生活圈范围内开设更多老年教育学习场所，不断创新适合老年人需求的课程，丰富老年人的精神文化生活。三是社区文化氛围塑造方面，营造尊重关爱老年人的人文环境，社区组织开展邻里互助、敬老爱老宣传评比等活动，为老年人提供更多精神关怀服务，降低老年人心理疾病发生概率。四是宣传推广方面，认真总结省内现有 48 个全国示范性老年友好型社区的创建经验，采取多种形式宣传推广，不断扩大老年友好型社区建设的参与度和影响力。

（六）统筹城乡协调发展，补齐农村养老服务短板

针对吉林省广大农村地区养老服务能力和供给不足的情况，需要指导老年友好型社区建设适度向农村地区倾斜，加快补齐农村养老服务短板，推动农村养老服务体系建设与乡村振兴战略相互协调，有机结合。一是大力推进农村适老化改造。加快完成旱厕改造工程，为农村老年人家庭加装坐便椅、

安全扶手、净水器、智能监控等设施。二是扶持发展农民用得上、服务可持续的农村互助养老设施。鼓励各地探索符合本地老年人意愿的互助形式，因地制宜推动多种模式农村互助养老发展。三是开展农村居家养老服务。加强居家老年人巡访关爱工作，发挥低龄健康老人、农村留守妇女、村干部、党员、志愿者组织和个人的积极作用，开展日常探访、互助服务和志愿帮扶。四是加大农村地区资金投入。各地要积极争取党委、政府的重视和财政部门的支持，把农村老年友好型社区建设作为改善民生的重点任务进行投入倾斜，保证必要的经费。

参考文献

［1］白忠良、陈任、严静、秦侠、胡志：《国内外老年友好型社区理论与实践研究进展》，《安徽预防医学杂志》2022 年第 1 期。
［2］曹凤娟、闫金强：《构建评价指标体系，高标准建设老年友好型社区》，《城市开发》2022 年第 4 期。
［3］曹永宏、刘红亮：《全力强化新时代社区建设 推进老年友好型社区构建——河南省商丘市睢阳区东方街道电业社区老年友好型社区建设综述》，《人口与健康》2021 年第 12 期。
［4］戈艳霞：《老年友好型社区：积极应对人口老龄化国家战略的新落脚点》，《中国社会科学报》2022 年 1 月 12 日。
［5］朱上上、孙辰：《基于活动理论的随迁老人友好型社区老年服务平台研究》，《包装工程》2022 年第 14 期。
［6］李英华：《长春市社区养老服务问题及对策研究》，硕士学位论文，吉林财经大学，2021。
［7］赵晓旭、傅昌銮：《数字化背景下老年友好社区构建策略——基于杭州市 K 街道 N 社区的调查》，《理论与改革》2020 年第 3 期。

B.20
吉林省婚姻行为现状及影响因素研究

周含*

摘　要： 近年来，青壮年人口的婚姻行为得到了广泛关注。第七次全国人口普查数据公布后，生育政策大幅调整为"三孩政策"，与之密切相关的婚姻问题也应引起重视。本文研究了吉林省居民的婚姻行为现状及影响因素，发现结婚人数不断减少，主要是受到吉林省人口老龄化加剧、经济形势变化与结婚成本提高的影响；初婚年龄不断提升，则主要源于平均受教育年限的大幅提高；吉林省离婚率高于全国平均水平，一定程度上是受到人口外流的影响。这些数据展现了吉林省居民生活观念、生活质量与生活态度的变迁。本文针对这些特征，提出了改善吉林省婚姻环境的对策建议：推进婚俗改革营造婚育友好社会氛围，改善适婚人口劳动与生活的法律环境，保障经济政策民生要素稳定发展。

关键词： 婚姻行为　婚姻环境　婚俗改革

　　吉林省"十四五"规划提出，要积极应对人口老龄化，鼓励优生优育。婚姻行为与生育密切相关，本文分析了吉林省居民的婚姻行为数据，发现近年结婚人数逐渐减少、离婚与再婚人数呈增加趋势，平均初婚年龄不断提升；而其背后的影响因素主要包括婚姻观与人生阶段划分的变迁、人口老龄化与人口外流、平均受教育年限增加、经济形势变化与结婚成本提高等。为

---

　　* 周含，吉林省社会科学院社会学所助理研究员，主要研究方向为婚育行为、生育政策、妇幼福利。

改善吉林省婚姻与生育环境，促进吉林省经济与社会良性可持续发展，建议推进婚俗改革营造婚育友好社会氛围，改善适婚人口劳动与生活的法律环境，保障经济政策民生要素稳定发展。

一　吉林省居民婚姻行为特征

（一）结婚人数从2013年起逐渐减少

2000～2013年，吉林省每年结婚登记的人数总体呈上升趋势，2013年达到顶峰，为50.82万人。而从2014年起，结婚人数呈逐年下降趋势，其中2020年受新冠疫情影响，有明显下滑，2021年同受疫情影响，与2020年基本持平。近两年，每年结婚人数大约为27.8万人（见图1）。

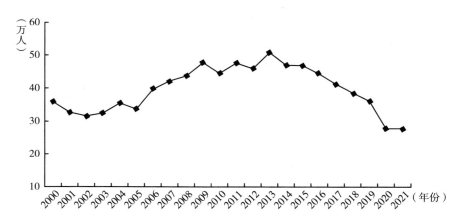

图1　2000～2021年吉林省登记结婚人数变化趋势

资料来源：《中国民政统计年鉴》。

吉林省结婚人数波动较大，除近几年主要是受到新冠疫情影响外，之前年份结婚人数的变化与人口年龄结构关系较大。根据第七次全国人口普查数据，2020年的吉林省人口中，中年以上的人口占据大多数，老龄化形势较为严峻。而在青年人口中，30～34岁有一个小高峰，但到

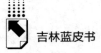

25~29 岁和 20~24 岁则明显变少（见图 2）。结婚主力是青年人口，受吉林省多年来严格执行计划生育政策的影响，近年进入婚育高峰年龄的是独生子女一代；在此基础上，包括吉林省在内的东北地区出现大规模人口外流现象，外流人口以青壮年为主，使得适婚人口进一步减少，结婚人数也相应下滑。

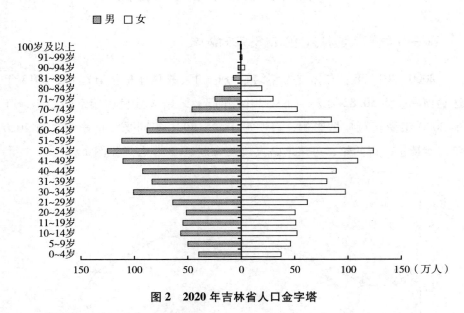

图 2　2020 年吉林省人口金字塔

资料来源：《2020 年人口普查年鉴》。

（二）离婚与再婚人数总体呈上升趋势

婚姻行为通常分为结婚与离婚两大类，其中结婚又可分为初婚与再婚（含复婚）。离婚与再婚除了直接影响个体的婚姻状态之外，也能在一定程度上反映出一个国家或地区的婚姻环境和婚俗文化。从 2000 年到 2019 年，吉林省的离婚人数总体呈持续增加趋势，而 2020 年与 2021 年显著下滑。这主要是在 2020 年的新冠疫情影响下，不仅许多民政业务限量办理，如果在特殊时期离婚，潜在的机会成本也有所上升；而《中华人民共和国民法典》

（以下简称《民法典》）颁布后，"离婚冷静期"制度从 2021 年开始正式施行，明显影响了离婚行为。

总体来看，最近几年的结婚人数显著减少，离婚人数有所增加，但这种现象同样主要是受到人口年龄结构的影响。青年人口是初婚的主力，而离婚和再婚主要发生在中老年人口中。包括吉林省在内的东北地区进入老龄化社会比其他地区更早，老龄化形势较为严峻，不仅影响初婚人数，也影响了离婚人数与再婚人数。从图 3 可以看出，虽然结婚人数在下降，但再婚人数 2000~2017 年变化不大，到 2018~2020 年却有明显增加，从侧面反映了吉林省的人口年龄结构变化。以 2019 年为例，当年结婚总人数为 36.1 万人，其中再婚人数为 14.8 万人，已经超过结婚总人数的 1/3，成为结婚人口的重要组成部分。

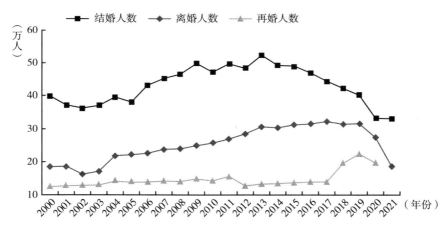

图 3　2000~2021 年吉林省婚姻行为数据走势

注：2021 年再婚人数尚未公布。
资料来源：《中国民政统计年鉴》。

（三）平均初婚年龄不断提升

初婚年龄是指一个人初次结婚的年龄，平均初婚年龄则是指特定时间段内（通常为一年）在某个国家或地区初次结婚的人口的平均年龄，男女分别计算。平均初婚年龄的变化，可以反映人口婚育年龄的集中趋势，不仅能反映一个国家或地区的婚姻风俗的变化，也能反映居民普遍观念中对人生阶段划分的变化。我国从 1980 年人口普查开始统计初婚年龄，目前吉林省级的"七普"详细婚姻数据尚未公布，图 4 展示了第六次人口普查中的吉林省居民平均初婚年龄变化，也即 1980~2010 年的平均初婚年龄变化，从中可以看出，经过改革开放后的短暂调整后，从 20 世纪 90 年代起，吉林省居民平均初婚年龄总体呈上升趋势。1990 年，吉林省平均初婚年龄为男 23.05 岁、女 21.93 岁；到 2010 年，平均初婚年龄上升为男 25.69 岁、女 23.98 岁，分别增加了 2.64 岁和 2.05 岁。

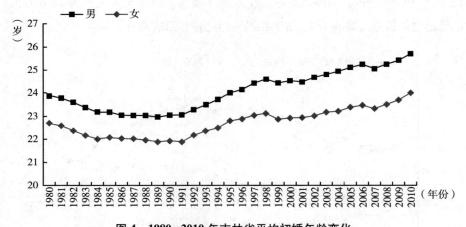

图 4　1980~2010 年吉林省平均初婚年龄变化

资料来源：《吉林省 2010 年人口普查资料》。

而 2010~2020 年的情况，虽然初婚年龄的分省份数据尚未公布，但可以通过 1980~2010 年吉林省初婚数据与全国数据的对照进行推测。从 1980 年到 2010 年，吉林省的初婚年龄数据与全国数据接近，前期略低于全国平均，到 2010 年已经与全国平均基本持平，且变动走势几乎一致。而 2010~2020 年，全国平均初婚年龄不断上升，速度较快，到 2020 年，男性平均初婚年龄为 29.38 岁，女性平均初婚年龄为 27.95 岁。据此可以认为，吉林省在 2010~2020 年平均初婚年龄同样有明显增加的趋势。

平均初婚年龄的增加，代表当代青年普遍延后了结婚行为，并进一步意味着生育行为的普遍推迟和可生育年限的缩短，以及可能带来的生育数量减少。

二 吉林省婚姻行为影响因素分析

（一）婚姻观与人生阶段划分的变迁

为进一步分析居民婚姻观与人生阶段划分对吉林省居民婚姻行为的影响，本文计算了吉林省的年龄别结婚登记率。年龄别结婚率指的是不同年龄区间（通常以 5 岁为一组）的人口在某一段时间的结婚率，相比将所有结婚人口占总人口比例的粗结婚率，年龄段结婚率可以排除人口年龄结构的影响，反映每个年龄段人口内部的结婚比例。本文通过民政统计年鉴获得 2010 年以来吉林省每年的年龄别结婚登记数，除以每年通过人口普查数据推算出的年龄别推算人口，得出吉林省每年的年龄别结婚登记率，图 5 展示了这一数据的变化过程。

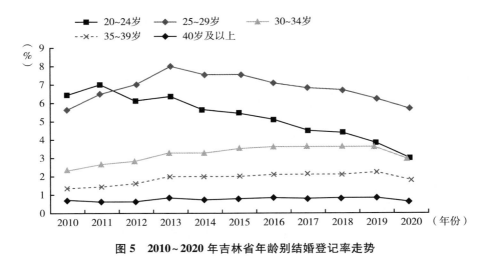

图 5　2010~2020 年吉林省年龄别结婚登记率走势

2010 年，吉林省结婚率最高的年龄段是 20~24 岁，而从 2012 年开始，25~29 岁成为结婚率最高的年龄段，两者的差距还在不断扩大，一直持续至今。大致从 2013 年以后，20~29 岁的人结婚率有所下降，但是 30~34 岁甚至 35~39 岁的结婚登记率都在增加。2020 年的情况稍有特殊，受新冠疫情影响，除业务办理限量之外，非现有家庭成员之间的人们互相接触的机会也有所减少。将 2020 年排除在外后，这些数据进一步说明，随着教育水平的提高和经济的发展，吉林省青年人口的人生规划普遍发生调整变化，结婚年龄有所延后。而 30~39 岁人口的结婚登记中，包括更多再婚与复婚行为，也反映了人们对婚姻行为的观念变化。

（二）老龄离婚率与人口外流

由于中老年人离婚率较高，吉林省的人口老龄化与青壮年人口的外流，也为居民离婚行为带来了一定影响。《中国民政统计年鉴》从 2019 年开始统计离婚人口的年龄，目前共有 2019 年与 2020 年两年的数据。为进一步明确人口年龄结构与离婚数据的关系，本文通过年龄别离婚数与年龄别推算人口，统计出吉林省和全国的年龄别离婚率，分别如图 6 和图 7 所示。

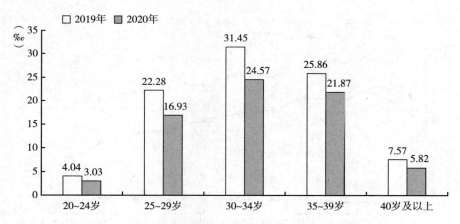

图 6　2019 年、2020 年吉林省年龄别离婚率对比

从总体特征上看，无论是全国还是吉林省，离婚率最高的年龄段都是 30~34 岁，35~39 岁次之，25~29 岁再次之，离婚率最低的年龄段是 20~24 岁和 40 岁及以上。但需要注意的是，尽管 40 岁及以上人口的离婚率看上去

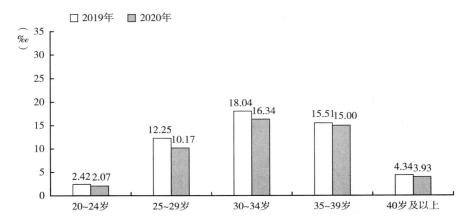

图7 2019年、2020年全国平均年龄别离婚率对比

不高，但它所囊括的年龄范围最大，前边几组各自只包括5年的人口，40岁及以上则包括了几十岁的人口。如果仅从离婚人数上看，40岁及以上人口占据了大多数。2019年，吉林省40岁及以上的离婚人口有10.6万人，而其他年龄段的离婚人口总和也只有13.4万人，因此可以认为，吉林省近年的离婚人数有所上升，主要原因之一是人口老龄化的影响。

从图6和图7中同时可以看到，2019年与2020年吉林省各个年龄段的离婚率均高于全国平均水平。学界通常认为离婚率与妇女社会地位正相关，但离婚行为与人口年龄结构密切相关，中国各地区的人口年龄结构明显不同，且缺少更早时期的年龄别离婚率统计数据，难以通过短短两年的数据验证这种理论。但如果仅讨论近几年的数据，该现象同样可能受到吉林省人口外流的影响。这种影响具体体现在两方面：其一是夫妻分居增加，提高了离婚的可能性；其二是常住在外地的吉林户籍人口，要回到户籍所在地办理离婚，因此他们的离婚数据计算在吉林省，但常住人口统计不在吉林省，也就拉高了离婚率的数字。

从两年对比的情况来看，相比2019年，全国和吉林省各年龄段的离婚率在2020年均有一定下降。与前文中提到的结婚登记情况类似，主要受到新冠疫情的影响。

（三）平均受教育年限增加

初婚年龄的提升主要受到平均受教育年限增加的影响。由于绝大部分婚姻都发生在就职阶段，因而受教育年限的增加，将青年的人生阶段划分年龄普遍延后了。吉林省的第七次人口普查详细数据尚未公布，此处使用全国数据，以女性为例，将受教育程度与初婚年龄交叉，得到图8。

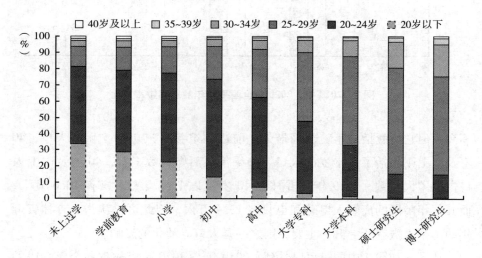

图8 2020年全国妇女受教育程度与初婚年龄

资料来源：《2020年人口普查年鉴》。

可以看出，妇女的受教育程度与初婚年龄明显呈正相关，受教育程度越高，越有可能推迟初婚年龄。以此规律观察吉林省人口受教育程度特征，1990年人口普查时，吉林省人口中占比最高的是受过小学教育的人口，达到了46.18%，而接受过大专及以上教育的人口只有2.82%。而随着九年义务教育的普及、高中教育和高等教育的快速发展，到2020年，已经有16.74%的吉林省人口接受过大专及以上的教育，只受过小学教育的人口则减少到了22.32%，且其中以老年人为主。2020年的全省常住人口中，15岁及以上人口的平均受教育年限达到了10.17年，高于全国平均的9.91年，无疑也会影响初婚年龄。平均受教育年限的增加，提高了青年的素质，增加了青年创造的价值，也给了青年更多选择未来道路的机会。虽然在短时期内推迟了进入婚姻的时间，但对于人和社会的全面发展来说，无疑是利大于弊的。

（四）经济形势与结婚成本的提高

经济因素会影响所有婚姻行为。为排除人口年龄结构对整体结婚数据的影响，本文参照总和生育率，引入了"总和结婚率"的概念，其含义是从某一年的数据来看，每个人一生中进行过结婚行为的可能性，用于反映不同时期社会普遍的结婚意愿。计算方法是不同年份的年龄别结婚率累加再乘以5，由于包括了再婚和复婚的情况，这一数字有可能超过100%。吉林省和全国的总和结婚率变化分别如图9和图10所示。

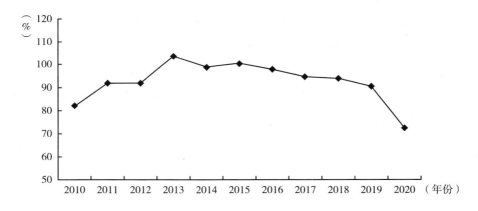

图9 2010~2020年吉林省总和结婚率变化情况

可以看到，从2010年到2013年，吉林省总和结婚率上升，在2013年甚至超过了100%。但从2014年开始，呈缓慢下降趋势，直到2020年受新冠疫情影响呈断崖式下跌。全国的数据曲线更为平滑，2010~2013年持续上升，2014年开始逐年平缓下降，但在2020年时下降趋势并未更加明显。

观察可以发现，总和结婚率的变化与经济发展趋势基本同步，这并非

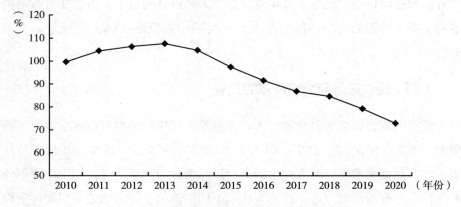

图 10　2010～2020 年全国总和结婚率变化情况

巧合。如果说养老、住房、医疗等民生建设领域直接关系人们生活的质量，那么人们对婚姻行为的选择则反映了他们对未来几十年生活状态的预期。对于婚姻主体来说，结婚意味着组建新的家庭，需要足够的时间、精力与经济基础来支撑这种变化。而在经济新发展阶段背景下，企业的竞争压力变大，会对职工的工作时间提出更高要求，劳动报酬也可能有所减少，使得职工缺少进入婚姻的精力和资源；刚进入社会的青年面临更大的就业压力，为了保障自身的就业岗位，同时积累足以用于婚姻的资源，只能推迟结婚；甚至有一部分企事业单位为了保证工作效率，在职工聘任中出现性别歧视和年龄歧视现象，导致一些青年女性失业或被降低薪资水平，进一步影响了育龄女青年的家庭收入，这时为保障婚后和生育后的基本生活条件，女方家庭会倾向于索取更多彩礼；然而在同样的大环境下，男方家庭也面临类似问题而难以支付或不愿支付更多彩礼时，也会导致双方结婚意愿的下降。选择结婚行为意味着组建新的家庭，通常也是生育的前提条件，而不可否认的是，即使不谈房价，在子女养育与教育成本普遍增加的状况下，充实的经济基础也是婚姻和生育的前提条件。婚俗改革可以改变彩礼"漫天要价"的风气，但仅仅是婚俗改革，并非改善婚姻环境的治本之策。

三　改善吉林省婚姻环境的建议

（一）推进婚俗改革营造婚育友好社会氛围

在中国传统的家庭分工中，有着"男主外、女主内"的观点。一方面，在这种观念下，即使是在妇女就业率较高的当代中国，主流的择偶观仍然认为男性的社会经济地位应当高于女性。并且由于经济新常态下的劳动力市场上对女性的歧视客观存在，最终体现在薪资收入"同工不同酬"中，女性为了在社会上更好地生存，只能倾向于选择经济实力强、拥有稳定职业的男性，这使得绝大部分男性的婚姻发生在受教育阶段结束后的就业阶段。另一方面，由于随着平均受教育年限的提高，女性在劳动力市场中的预期收益更高，在性别不平等较为严重的社会环境下，进入婚姻的机会成本升高，就会倾向于把更多的时间投入职场，并降低结婚意愿、推迟结婚年龄。而在社会转型阶段，大量青年人口异乡流动，自有住房作为结婚的刚性需求，大幅提高了结婚的物质成本，也推迟了男女双方的结婚年龄。

在女性普遍参与社会劳动的语境下，女性不愿结婚是因为除了生育之外，女性在婚姻中得到的利益明显少于男性。传统观念对于女性在家庭中的责任有更多期待，导致婚姻中的女性承担了更多家务劳动，是子女抚养义务的主要承担者。2021年公布的第四期中国妇女社会地位调查数据显示，即使是在业的中国女性，照料家庭成员和做饭/清洁/日常采购等家务劳动时间也长达154分钟，约为男性的2倍。同时在传统观念的影响下，目前中国社会倾向于认为婚姻是女性加入男方的家庭，尽管《民法典》规定子女可以随父姓或母姓，但根据公安部公布的2020年全国姓名报告，当年新生儿随母姓与随父姓的比例为1∶12。这些社会观念与现象都在一定程度上影响了女性进入婚姻和生育子女的积极性。

想要改变这种趋势，必须多管齐下、综合施策，通过婚俗改革营造婚育友好社会氛围。行之有效的婚俗改革不应当仅仅是对于结婚这一行为，

对天价彩礼、大操大办、低俗婚闹等风气的改革，更根本的是对于婚姻内部夫妻和双方家庭关系理解的移风易俗。建议提高女性在家庭中的地位，加快落实《吉林省妇女发展规划（2021~2030年）》的要求，倡导和支持男女共担家务，进一步缩小两性家务劳动时间差距。用实际举措鼓励子女随母姓，促进夫妻共同承担未成年子女的抚养、教育、保护责任，为未成年子女身心发展创造良好的家庭环境。保障农村妇女无论是在本村还是在外村结婚，都与男性村民平等享有土地承包经营权、宅基地使用权等权益，平等享有农村集体经济组织收益分配、土地征收或征用安置补偿权益。住房方面，加强房地产市场调控，定期推出一批平价婚房，解决青年想结婚而不得的问题；推动各大银行针对婚房开设专项贷款，对房产归属权及其他相关问题提前对夫妻双方做出明确指导，减少夫妻为争夺房产而感情破裂的情况。加强婚育有关的公共服务建设，建议参考婚前体检，在民政部门设立免费法律咨询中心，为即将登记结婚和离婚的双方进行答疑解惑，提供婚前协议样本，减少"闪婚"可能带来的后续离婚风险。完善和落实婚育支持措施，在生殖健康、产后照护、婴幼儿托育与学前教育等与婚姻行为密切相关的领域，落实政府、用人单位、个人等多方责任，持续优化服务供给，不断提升服务水平。

（二）改善适婚人口劳动与生活的法律环境

结婚方面，需要加强劳动执法，保障适婚人口能够没有后顾之忧地进入婚姻。网络舆论显示，当代吉林省青年普遍存在对于婚姻行为的焦虑心理，甚至影响对是否进入婚姻的选择，其中女性的焦虑更为明显。出现这种观念有一个重要的原因：计划生育政策调整为"两孩""三孩"之后，用人单位默认已婚女性会将比以往更多的精力放在家庭生活中，也就增加了对已婚女性的歧视。而只要进入婚姻，生育规划就是家庭规划中不可回避的一环，育龄妇女因怀孕而被辞退的案件屡有发生，在职生育的女性收入水平相对降低；从结论而言，适婚女青年总体的就业稳定性相对较低，就业质量相对下降。因此，为了保障就业和晋升渠道，大量女性选择了推迟婚姻，也使青年男性的婚姻困境进一步加剧。在这种环境下，如果意图提升居民的结婚意愿，改善适婚人口劳动环境是必不可少的一环。

建议有关部门加强劳动保障监察执法力度，维护劳动者合法权益。做好劳动保障政策法规宣传，敦促用人单位严格遵守《中华人民共和国劳动法》《中华人民共和国妇女权益保障法》等有关法律规定，保证劳动者有充足的休息时间用于人际交往和家庭生活，严格落实适婚年龄妇女在就业和晋升时不因进行或可能进行结婚、生育、哺乳行为遭到歧视的法律规定。强化劳动者维权服务，畅通举报投诉渠道，加强网上投诉平台监控，公布维权投诉电话，及时妥善处理各类举报投诉，对违法的用人单位依法严肃处罚。

离婚方面，需要司法人员在审理涉离婚案件时，在依法行使自由裁量权的基础上，更加审慎地进行综合考量。《民法典》中新设的"离婚冷静期"减少了许多冲动离婚，也增加了离婚的时间成本，客观上减少了离婚数量。但反过来说，预设所有离婚都是冲动离婚并以维持婚姻为预设目标，也未必完全有利于婚姻双方。离婚的拖延，一方面会为当事双方进入新的婚姻带来更多不稳定因素，从结果而言可能也不利于提高生育水平；另一方面对于部分婚内地位不平等的夫妻而言，弱势方可能没有提起诉讼离婚的能力，只能选择民政部门的离婚登记；而司法实践中，客观存在"一审不判离"的惯例，导致诉讼离婚所花费的时间往往比离婚冷静期更长，弱势方在申请离婚的期间内可能遭受更多伤害。此外，当子女超过 2 周岁时，法院判决离婚案件时往往倾向于将抚养权判给父亲，又在探望权上执行不力，甚至催生了丧失抚养权的母亲组成的"紫丝带妈妈"这类社会团体。

建议司法部门慎用"一审不判离"惯例，避免将判决准许离婚的件数作为司法机构与人员考核的组成部分；完善法律法规对于家庭暴力和人身伤害的判定，对于已经出现人身伤害且发生诉讼关系的婚姻，谨慎以"感情尚未破裂"作为判决不予离婚的理由；进一步加强社会治安管理，保障司法人员的人身安全，以减少审判员对于判决准予离婚的后顾之忧。加强对婚姻中弱势方的保护，提高家务补偿标准并由法院主动宣传，减少在婚姻中付

出大量无形劳动却因为没能转为固定资产而被"净身出户"的情况发生，提高故意犯错以求离婚行为的成本。判决抚养权案件时，除将经济能力作为抚养能力的因素外，也充分考虑儿童成长规律，并加大对人身安全保护令、探望权等的强制执行力度。

（三）保障经济政策民生要素稳定发展

婚姻问题本质上是民生问题。唯有做好经济、政策、法律、社会等各个方面的民生建设，才能有效提升吉林省居民的结婚意愿。前文中已经论述，目前吉林省的各类婚姻行为数据不尽如人意，人口老龄化是一个重要原因，而除了原有的人口年龄结构之外，青壮年人口的外流也加剧了这一现象。第七次全国人口普查数据显示，目前吉林省各地区除长春市外，均面临人口净流出局面，即使各地区城镇人口有所增加，也多来自省内农村地区的人口转移，而非外省人口流入。想要实现婚姻行为数据的健康发展，首先需要维持住适婚人口的总数，归根结底是要加快吉林省地区经济、政策、社会、文化、生态等多个方面的健康发展，增强本地区综合实力。

具体而言，需要省级政府统筹规划，从义务教育、社会保险、就业服务、住房保障等方面加大对农业转移人口市民化的财政支持力度，大力提升公共服务保障水平，补齐民生社会事业发展短板，进一步增强基本公共服务财政保障能力。大力改善营商环境，促进民营经济发展，持续推进"放管服"改革，提升全省各级政府的政务服务便利化程度，降低准入门槛，确保公平竞争的市场环境，在舆论和实践上共同扫清促进民营经济发展的障碍。通过发展经济、改善政策和生态环境、扩大城市就业承载力，促进不同区域均衡发展、全面发展。从政策支持等多个方面彰显吉林省的远大发展前景，吸引外来资本和人口，吸引更多高质量人才，留住本地区劳动年龄及适婚年龄人口，进一步促进外流人口回流。通过民生建设改善吉林省婚姻环境，提升人民群众的获得感、幸福感、安全感，促成吉林省的长久繁荣。

参考文献

［1］吉林省第六次人口普查领导小组办公室编《吉林省 2010 年人口普查资料》，中国统计出版社，2012。

［2］吉林省统计局：《吉林省国民经济和社会发展统计公报》（2011～2019 年）。

［3］国务院人口普查办公室、国家统计局人口和就业统计司编《中国 2010 年人口普查资料》，中国统计出版社，2012。

［4］中华人民共和国民政部编《中国民政统计年鉴》（2011～2020 年），中国统计出版社。

［5］国务院：《中国妇女发展纲要（2021～2030 年）》。

［6］《第四期中国妇女社会地位调查主要数据情况》，《中国妇女报》2021 年 12 月 27 日。

［7］《公安部发布 2020 年全国姓名报告》，新华网，http：//www. xinhuanet. com/2021 - 02/08/c_ 1127079509. htm。

B.21
吉林省农村公共法律服务供给体系完善
与创新研究

王朝晖　邢宜哲*

摘　要： 近年来，吉林省扎实推进吉林特色公共法律服务体系建设，构建和完善了省市县乡村五级公共法律服务体系，不断提高农村公共法律服务供给水平，通过内容丰富、形式多样的法律服务供给助推吉林省乡村的全面振兴。但随着经济进入新的发展阶段、城镇化进程不断推进、农村日趋空心化，新型矛盾纠纷多发，加之法律服务的差异化需求和个性化特征日益显现，农村公共法律服务供给在资源配置、统筹整合、保障机制等方面的不足凸显。对此，应有效完善和不断创新吉林省公共法律服务供给体系，整合公共法律服务资源配置、统筹公共法律服务运管、提高公共法律服务保障能力、规范公共法律服务产品、加强公共法律服务队伍建设。

关键词： 农村　公共法律服务　供给体系

乡村振兴战略背景下的吉林省，深入实施乡村振兴战略，高度重视公共法律服务对推进乡村振兴战略的保障作用，以"构建由政府主导、财政支撑、司法行政统筹、社会广泛参与、覆盖城乡居民、具有吉林特色的公共法

＊ 王朝晖，吉林省司法厅公共法律服务管理处副处长；邢宜哲，吉林省社会科学院法学研究所研究员。

律服务体系"① 为目标，持续推进吉林特色公共法律服务体系建设进程，构建和完善了省市县乡村五级公共法律服务体系。吉林省9个地市州的公共法律服务实践证明，省委省政府以及各级党政机关在共同推进上着力、在一体建设上用劲，通过内容丰富、形式多样的公共法律服务，助力吉林省乡村全面振兴。

一　吉林省农村公共法律服务供给成效显著

（一）各类公共法律服务机构全覆盖

目前全省现有的948个司法所中乡镇司法所占607个，实现了乡镇司法所的全覆盖。全省各级司法行政机关在调解组织设立上推动乡、村（社区）人民调解组织全覆盖，依托司法所建立起乡镇人民调解委员会606个、村人民调解委员9284个，2021年全省村调委会调解案件49814件，乡镇调委会调解案件24660件，占全省调解案件总数63.8%。全省法律援助中心覆盖率为100%，共设立农民工法律援助工作站88个，2020年至今全省各级法律援助中心共办理农民工案件8307件，受援人9135人。截至2022年6月末，吉林省共有基层法律服务所612家。②

（二）推进"法律明白人"培育工程

全省各县（市、区）司法局积极开展"法律明白人"的遴选。优先从村干部、村妇联执委、儿童主任、人民调解员、驻村辅警、网格员、村民小组长、乡镇社会工作服务站驻站社工、中共党员、"五老"人员（老干部、老战士、老专家、老教师、老模范）、致富能手等各类人才以及其他热心公益事业的村民中遴选。扎实做好培养基层村居"法律明白人"工作，2022

---

① 《中共吉林省委关于贯彻落实党的十八届四中全会精神全面推进依法治省的实施意见》。
② 数据来自吉林省司法厅。

年5月23日，《吉林省乡村"法律明白人"培养工程实施方案》出台，"法律明白人"培养工程在全省广泛开展，到2022年底，为每个行政村培养3名以上"法律明白人"。目前，全省"法律明白人"培训颁证完成率已近八成，① 2022年度全部完成"法律明白人"培养工作任务。

（三）完善村（社区）法律顾问制度

吉林省大力推动乡村法律顾问工作，落实"一村一法律"顾问制度。长春市颁布了《关于开展法律顾问进村入户工作的实施方案》，与律师事务所订立聘请法律顾问进村入户协议，严格规范法律顾问的驻村责任，实现了"一乡一律师、一村一顾问"全面覆盖。吉林市的9个县（市、区）全部建立健全了村居法律顾问制度，实现了"一村一法律顾问"全覆盖；组织村屯签订法律顾问服务合同，联合全市的246名基层法律服务工作者和32名律师为1338个村庄担任法律顾问，② 有针对性地为村民零距离提供灵活的法律服务。敦化市实现律师进村（社区）工作全覆盖，先后与20个乡镇（街道）、303个村、19个社区签订协议，③ 依托网格化资源，建设村（社区）"公共法律服务点"，无偿提供法律服务，有效参与村务管理和新农村建设等重大重点事项和事件，以及为征地拆迁、人居环境整治等热点、难点问题提供服务。

全省的60个县（区）、900多个乡镇（街道）设立了公共法律服务中心（站），组织律师、公证员、人民调解员等法律服务人员进驻，提供一站式、综合性法律服务，实现全省10579个村居（社区）法律顾问全覆盖。截至2022年9月末，吉林省村居（社区）法律顾问共计2449人，其中律师1358人，基层法律服务工作者530人，其他法律从业人员561人。④

---

① 数据来自吉林省司法厅。
② 《吉林市司法局"一村一法律顾问"制度深入推进法治乡村建设》，吉林市人民政府网，http://www.jlcity.gov.cn/yw/jcyw/202112/t20211210_1005206.html。
③ 《敦化市司法局开展"一村一顾问"公共法律服务》，人民网吉林频道，http://people.com.cn/n2/2021/0621/c349771-34786156.html。
④ 数据来自吉林省司法厅。

（四）以精准服务破解农村"空心化"难题

针对农村"空心化"现状下留守老人、妇女、儿童和残障人士等面临的诸多法律问题，一是放宽了经济困难标准，将未成年人、老年人等重点援助群体的经济困难标准放宽到最低工资标准的 1.5 倍；扩大法律援助范围，将涉及劳动保障、婚姻家庭、食品药品、教育医疗等与民生紧密相关的事项纳入法律援助补充事项范围，惠及农村留守儿童、老年人。二是在全省各地设立未成年人、老年人法律援助工作站，为农村留守儿童、老年人维权提供基层组织保障和受案便利条件，帮助农村留守儿童、老年人就近获得法律援助。三是开展专项活动，提高农村留守人员法律意识，重点向农村困难、残障、留守、空巢、失独老人讲解了土地流转、房产继承、赡养扶养、社会保障等与老年人权益保障关系密切的法律知识。四是建立农村留守儿童、老年人维权长效服务机制，指派经验丰富、熟悉未成年人身心特点的律师办理涉及未成年人的法律援助案件。畅通老年人申请法律援助绿色通道，优先咨询，优先受理；为行动不便及患病残疾的长者提供居家服务；完善接待场所配套服务设施，全方位做好老年人的法律援助服务；扩大老年人申请法律援助的渠道，在老年人集中的场所设立联系点和工作站。

（五）优化涉农企业公共法律服务供给

1. 为涉农企业开展公证服务

为涉农企业因发展需要贷款、担保、企业改制、涉农企业注册商标转让等提供赋予强制执行效力、保全证据等各类项目公证法律服务，助推乡村振兴迈上新台阶；开展企业走访调研活动，对涉农企业进行走访调研，针对企业的生产规模和发展规划以及在经营活动中遇到的法律方面问题，进行认真解答，引导企业以合法方式、理性的态度化解矛盾纠纷；在政府推行的"秸秆变肉牛"工程中积极发挥公证职能作用，主动与吉林银行探讨肉牛养殖业"活体贷"贷款项目，全方位为农村肉牛养殖贷款和融资等提供优质

公证的法律服务。

2. 为涉农企业开展律师服务

组织律师与法律服务工作者成立法律服务团向有需要的涉农企业开展法律服务，积极开展"乡村振兴法治同行"宣传活动，活动结合"崇尚法典精神 共创美好生活""普法志愿者法治文化基层行送法进乡村""非诉助春耕矛盾纠纷排查化解乡村行""公共法律服务基层行助力乡村振兴"等，向群众重点宣传宪法、民法典等与农民生产生活和实施乡村振兴战略密切相关的法律法规。吉林市为全市 300 余家涉农企业开展法律服务，共代理法律案件 293 起，提供法律咨询 1700 余件次，化解矛盾纠纷 600 余件；2020 年以来，延边州先后开展了 20 余次多种形式的法律进企业活动，维护涉农企业的合法权益；[①] 2022 年初以来，舒兰市平安镇法律服务所在为涉农企业与当地村委会和村民产生的占地纠纷中积极地寻找解决办法，最终通过诉讼的方式帮助企业维护了自身的合法权益；梨树县法律服务团队先后到多地农民专业合作社进行走访调研，就劳动合同纠纷、土地合同纠纷等宣传和交流，及时回应和解答企业提出的法律问题，并做出风险提示，积极引导企业以合法方式、理性的态度化解矛盾纠纷，依法依规开展经营活动；某畜牧养殖有限公司是吉林省一家大型畜牧养殖企业，为确保培育奶牛基因纯正优良、代际清晰，须将每一头奶牛经 DNA 检测后与美国育种委员会（CDCB）数据库进行查询对比，吉林新锐律师事务所对此出具了法律意见并详细审查、修订《犊码检测合同》，保证此科技服务项目的顺利落实。

（六）创新农村公共法律服务多元化供给

吉林省司法厅出台《关于开展吉林省公共法律服务志愿者试点工作的通知》，建立公共法律服务主体同高校法学院系交流合作机制，与吉林大学、东北师范大学达成公共法律服务志愿者合作意向，在吉林司法警官职业学院开展志愿者试点工作，向全省基层公共法律服务机构派出

---

① 数据来自吉林省司法厅。

志愿者，实现精准对接与精准育人，有效推进全省公共法律服务人才培养。

（七）吉林省农村公共法律服务供给创新实例

1.百姓说事点提档升级

随着作为基层社会治理吉林样板的"百姓说事点"在城乡的广泛推广和规范引导，"百姓说事点"创新发展工作力度持续加大，制定出台《关于深入推进"百姓说事点"创新发展的指导意见》，进一步充实、强化"百姓说事点"功能，明确和提升标准，全省多个"百姓说事点"提档升级、扩展兼容个人调解室功能，一些县（市、区）还陆续建成"网络百姓说事点""掌上百姓说事点""流动百姓说事点"平台，及时解答咨询、调解纠纷，收到良好实效。目前，"百姓说事点"已从乡村扩展到城镇（社区），基本实现了全省村居（社区）全覆盖。自"百姓说事点"创建以来，全省累计通过这一机制平台收集各类民生信息 50 余万条，调处各类纠纷 40 余万件，[①]"百姓说事点"已发展成为矛盾纠纷化解点、社情民意收集点、公共法律服务点、致富信息传播点、干群关系联系点，成为坚持发展"枫桥经验"的吉林实践和吉林品牌。

2.为农村居民提供公证法律服务

对关系农村居民切身利益的遗嘱、继承、土地承包经营权流转、农副产品购销、农民工工资和关系民生福祉的政府涉农重点工程、重点项目改造建设及拆迁等公证事项，开通绿色通道或设立专门窗口，提供优先办、延时办、上门办及减免公证费用等服务；通过在乡镇（村居）公共法律服务工作站（室）设立公证咨询联络点、在农村设立联系点等方式延伸乡村公证法律服务；积极参与各类公共法律服务进乡村或普法乡村行活动，走进田间地头，进行公证法律服务宣传、答疑解惑。

3.为农村特色经济建设提供助力服务

为建设"人参特色小镇"，抚松县主动与公共法律服务工作站对接，协

---

① 数据来自吉林省司法厅。

助镇政府依法行政、依法决策，有效防范和减少相关法律风险，推动人参特色小镇建设项目步入法治轨道；通化县走进人参市场开展普法宣传，有针对性地讲解产品销售责任纠纷、法律援助、安全生产等各项法律事项，引导市场人参经营业户养成自觉守法意识，提升人参经营业户防范应对经营风险的能力。

4. 开展生态环保专项行动

颁行《关于全省农作物秸秆露天禁烧和综合利用的决定》，加强生态文明建设，保护黑土地，促进农作物秸秆的综合利用和农业增效、农民增收；创新开展"守护绿水青山，法律服务在行动"专项行动，建立生态环境保护法律顾问制度、三级河（湖）长法律顾问机制；创新借鉴医疗就诊模式，在县级公共法律服务中心推动设立"涉生态环境保护法律诊所"；充分利用公证在预防争议中的职能作用，做好生态环境保护中的证据保全、现场监督、生态工程招投标等公证事项；完善生态环境损害司法鉴定服务和司法鉴定机构参与公益诉讼支持保障机制，为生态环境保护提供配套司法鉴定服务；成立生态环保法律服务团队，为水源地保护提供法律咨询，化解矛盾纠纷。

二 吉林省农村公共法律服务供给体系的现实问题

（一）公共法律服务资源配置不均衡

公共法律服务资源总量和配置合理性对实现公共法律服务均等、普惠目标至关重要。当前吉林省的公共法律服务资源配置存在如下的问题。一是公共法律服务资源总量不足。统计调查数据显示，吉林省每万人拥有律师不到2人，每10万人中公证员、司法鉴定人员、基层法律服务工作者、专职人民调解员不足1人，[1] 法律服务资源严重短缺，不能适应深化法治国家、法

---

① 数据来自吉林省司法厅。

治政府和法治社会建设的需要，难以满足人民群众日益增长的法律服务需求。二是公共法律服务资源分布不均。中心城市、城市中心区的法律服务机构数量较多，全省9个市（州）中，长春市律师事务所、公证处、司法鉴定机构、专业人民调解组织及律师、公证员、司法鉴定人、专职人民调解员等专业法律服务资源占比达全省40%以上。[①] 高水平法律教育及人才培养学府、公益性法律服务组织主要集中在长春市、吉林市、延边州等地，其他地区法律服务资源匮乏，法律服务机构和人员数量远远低于全省平均水平，以公证和司法鉴定服务力量为例，辽源市的公证员人数仅占全省公证员人数的4%，松原市和白山市司法鉴定机构占全省司法鉴定机构总量的4%。[②]

造成以上问题的主要原因是公共法律服务具有很强的专业性，从业人员有职业资格限制，对职业发展和生活条件有较高要求。法律服务人才和有发展潜力的法律服务青年从业者向发达地区、中心城市、城市中心区集聚的效应明显，其他非中心城市、非中心区面临着法律服务人才养不起、留不住的困境。特别是在律师、公证、司法鉴定、法律援助等领域更是如此，呈现出从省内向省外流动、从省内其他城市向长春流动、从乡镇和县市向市州中心城市流动的趋势，而且这种趋势单纯使用行政手段无法进行有效干预，形成经济社会发展越不发达地区法律服务资源越薄弱的恶性循环。

（二）公共法律服务统筹整合不充分

目前吉林省公共法律服务统筹整合存在的主要问题如下。一是公共法律服务协调领导和运行管理机制错位。全省虽然普遍建立了由司法行政机关一把手挂帅的公共法律服务体系建设领导组织，但仅具备协调领导功能，没有形成运行管理机制，呈现出线条化、区块化、碎片化、松散化的特点，公共法律服务资源没有形成最优合力。公共法律服务运行管理外部机制不完整，

---

① 数据来自吉林省司法厅。
② 数据来自吉林省司法厅。

多数停留在司法行政系统职能范围内，与公共法律服务密切相关的公安、审判、检察、信访等单位（部门）的协同机制不健全，公共法律服务效率受到较大影响。二是服务平台和服务机构资源整合失位。基层公共法律服务机构一人多岗、一套人马多块牌子等情况较为突出，具有线条化、碎片化特点，多数实体平台尚处于各级司法行政机关工作人员抽人轮班的"1+1+1+…"服务模式，未能与法律服务机构建立常态化的协作协同机制，管理松散，互动不足，在标准化、规范化、规模化发展上存在瓶颈效应。三是政府相关部门协同共建缺位。公共法律服务是政府公共职能的重要组成部分，应当由党委领导、政府主导，为满足农村各类主体的法律服务需求，需要政府协调司法行政机关和发展改革、财政、人力资源和社会保障、教育等相关部门之间的协同，协力完善公共法律服务体系建设。但目前由于缺乏完善的协同机制，加之各协同部门没能给予公共法律服务工作以充分的重视，公共法律服务体系建设的很多改革创新想法不能落实。

（三）公共法律服务保障机制不到位

公共法律服务是政府公共职能的组成部分，政府应予以保障。政府的保障水平直接影响基本公共法律服务的供给水平。尽管全省各级政府做出了很多努力，但还存在以下问题。一是制度保障不够完善。有关公共法律服务体系建设的立法工作尚处于探索阶段，公共法律服务体系建设的法治进程还处在积累阶段，公共法律服务的相关制度还不完善，例如公共法律服务规范化建设、监督评价制度，规范化建设具体指标、服务流程、服务监督手段、评价指标等还不够全面细致，实际操作性较低，不能有效满足现代化公共法律服务体系建设需求。二是组织保障不够充分。目前，公共法律服务机构和队伍建设还有待进一步加强。一些加强机构和队伍建设的措施仍然停留在宏观层面，细化的保障机制虽有但不够系统、不够专业、相互不兼容，且效率不高、执行力不强。人才吸纳培养机制、人员激励机制、业务培训机制等受到行政事业单位津补贴发放要求严格的影响较大，特别是在公证、法律援助领域，由于各地人社部门对事业单位绩效工资政策口径和标准不一致，多数地区公证处绩效工资长期得不到落实，办证量明显下滑。编制内法律援助律师不能领取办案津贴，队伍萎缩严重，新人招不上来，老人留不住，专职法援律师队伍不断缩减与值班律师、认罪认罚办理等法援事务不断增长之间的矛盾日益突出。三是资金保障不够到位。吉林省公共法律服务体系建设资金支持主要来源是中央财政转移支付资金、各级政府财政经费及其他公共事业性经费。中央财政转移支付资金由于没有设立专门的"公共法律服务"项目，划拨到各县（市、区）后，经常出现少拨或不拨公共法律服务资金的问题。财政"分灶吃饭"的体制致使财政收入不足地区的公共法律服务投入必然不足，导致地区之间公共法律服务均等化问题突出，经费划拨随意性大，不能提供常态化和可持续性的经费保障。同时，由于经济发展、思想观念和制度规定等方面的因素，吉林省公益性基本公共法律服务很少得到社会资金投入，尚未得到社会反哺。

三 推进吉林省农村公共法律服务供给体系建设的对策措施

（一）整合公共法律服务资源配置

加强公共法律服务资源的理论研究，探索创新公共法律服务资源整合模式。进一步加强省市县乡村五级公共法律服务层级衔接和资源整合，提升中心城市优质资源的使用效率。优化公共法律服务指挥调度体系，创新公共法律服务运行管理模式和服务承载模式，持续提升三大平台的服务功能和服务质量，加强服务的信息化智能化技术应用，实现优质法律服务资源通过网络等方式由中心城市向县区、乡镇、村屯的反向流动。充分挖掘吸纳社会法律服务资源，充分运用"法律明白人"等民间法律服务力量，并建立相应的聘用、培训等保障机制。树立公共法律服务人员公益服务理念，完善开展公益性法律服务的体制机制，引导法律服务人员从事公益性法律服务的积极性。培育高质量、高水平的规模化综合型法律服务机构，发挥其引领作用，

以服务联盟、分支机构、巡回服务等方式，推动服务资源的良性流动，提振服务的内源动力。

（二）统筹公共法律服务运管

对省级公共法律服务运管加以统筹，有效聚合公共法律服务各方面力量，坚持依托互联网和人工智能技术，建设省级公共法律服务运行管理中心、"12348"法律咨询省级呼叫响应中心、省级智能法律服务供给中心，探索公共法律服务一体化服务、一体化保障、一体化监管的新模式。积极推进法律服务机构与网络、热线和实体平台的对接，积极推进法律服务业务与公安、检察、法院、监察、信访等法律服务使用部门的网络通联和工作衔接，构建集实体、热线、网站、移动客户端功能于一体，覆盖全业务、全时空，业务融合、反应灵活，具备移动服务、随身服务、个性服务、智慧服务功能的高品质公共法律服务运行网络，通过网络触点将公共法律服务送达千村万屯、千家万户，送至有法律服务需求的每个村屯乡镇。

（三）提高公共法律服务保障能力

将公共法律服务体系建设纳入吉林省国民经济和社会发展总体规划，将公共法律服务实施标准和发展指标列入各级党政机构为民办实事项目。加大公共法律服务经费保障力度，提高公共法律服务项目经费保障水平，建立健全人民调解个案补助、法律援助案件补助、律师及基层法律服务工作者驻点服务补助等制度，不断拓宽公共法律服务资金筹集渠道，鼓励引导社会资金向公共法律服务领域投入，确保服务经费保障常态化、规模化和可持续性。加强公共法律服务编制和人员保障，立足实际、分类施策，逐个领域改革完善公共法律服务从业人员政策、待遇、执业、监督等各项保障机制，聚焦法律服务人才培育，提升法律服务人员的服务积极性和主动性。

（四）规范公共法律服务产品

加大公共法律服务产品概念的研究力度，加强公共法律服务产品培育，推进公共法律服务事项产品化。引导各类法律服务机构和团队创新研发公共法律服务产品，编制吉林省公共法律服务体系产品名录，及时总结推广公共法律服务优秀产品，强化公共法律服务产品的稳定性、可操作性和可复制性，力争使吉林省公共法律服务产品形成门类多元、种类丰富、供需两旺的局面。通过公共法律服务产品的研究和发布，不断提升公共法律服务规范化、标准化水平。

（五）加强公共法律服务队伍建设

坚持党对公共法律服务工作的领导，持续在法律服务队伍中牢固树立"四个意识"、坚定"四个自信"、做到"两个维护"。坚持法律服务队伍规范化、专业化建设，制定完善法律服务机构资质认定、场所设施、人员配备、业务规范、工程流程的具体标准，建立健全公共法律服务质量评价机制、监督机制，推行服务承诺制、首办负责制、服务公开制等服务制度。坚持法律服务队伍社会公信力建设，培训提升法律服务职业道德素养，健全法律服务行风建设和诚信体系建设，引导法律服务队伍践行"服务为民"宗旨，提高公共法律服务工作的使命感和责任感，提升服务队伍社会形象和服务诚信度。坚持政策引导和扶持，按需扩大队伍规模，进一步优化队伍结构，鼓励社会力量加入公共法律服务队伍，推动公共法律服务供给主体的多元化。

专 题 篇
Special Topics

B.22
吉林省保障粮食安全战略路径研究

付朕同 *

摘 要： 粮食安全战略是"国之大者"，在我国既有深刻的历史逻辑、科学的理论逻辑，也有丰厚的现实逻辑。当今世界正处在百年未有之大变局，面对不容忽视的全球粮食危机，必须持续保障粮食供给能力，牢牢把握粮食安全主动权。为此，习近平总书记多次强调粮食安全战略，提出了以为我主、立足国内、确保产能、适度进口、科技支撑的国家粮食安全战略，形成了系统的粮食安全观，对指导新时代我国抓好粮食安全工作指明了方向。本文从历史视角和理论维度探讨了粮食安全战略的价值意蕴，分析了吉林省保障我国粮食安全战略的基础条件，研究了吉林省保障粮食安全战略的总体思路，并在此基础上，提出了吉林省保障我国粮食安全战略的主要路径：全力保障国家粮食安全，持续加大黑土地保护力度，着力推进现代种业创新发展，完善粮食生产体系，完

---

* 付朕同，吉林省政协研究室综合处一级科员，研究方向为农业农村现代化。

善粮食产业体系，创新体制机制，以期为更好地保障粮食安全战略提供可供参考的研究视角和对策建议。

关键词： 粮食安全战略　粮食供给　吉林省

党的二十大报告提出，全方位夯实粮食安全根基，牢牢守住18亿亩耕地红线，确保中国人的饭碗牢牢端在自己手中。过去的十年，我国粮食生产成效明显，口粮自给率达到100%，人均粮食占有量高于国际粮食安全标准线。截至2021年，我国粮食产量已经实现了连续18年丰收的良好局面。但仍应清醒地看到，当前受到新冠疫情、乌克兰危机、贸易保护主义等不确定性事件的影响，世界粮食供应链出现断裂，这也给我国粮食安全带来了巨大风险和挑战。吉林省作为农业大省和大国粮仓，具有得天独厚的农业资源禀赋和基础雄厚的粮食生产条件，在中国式现代化道路上担负保障粮食安全的重大使命。迈步新征程，吉林省更要心怀"国之大者"，持续提升粮食供给保障能力，筑牢国家粮食安全防线，为践行粮食安全战略提供坚实保障，为全面建设社会主义现代化国家、实现第二个百年奋斗目标提供有力支撑。

一　吉林省保障粮食安全战略的基础

改革开放以来，吉林省粮食产量进入快速发展阶段，累计粮食播种面积达到8523万亩，其中玉米6430.86万亩、水稻1255.71万亩、大豆481.69万亩。通过实施河湖连通工程扩大农田灌溉面积55万亩，支撑高效节水灌溉面积150万亩，年增产粮食5亿斤以上。1980~2010年，全省粮食播种面积年平均5454万亩，粮食总产量平均1880万吨，粮食亩产年平均689斤。在主要农作物中玉米和水稻种植面积占比分别为65%和15%，产量占比分别为73%和18%。2010~2020年，全省粮食总产量稳定在2400万~4000万吨（800亿斤），2021年迈上800亿斤台阶。其中玉米播种面积424.61公

顷，总产量 587.91 亿斤；水稻播种面积 1256 万亩，总产量 137 亿斤；大豆总产量 72.8 万吨。多年来，吉林省在保障国家粮食安全战略方面发挥了巨大的作用，这得益于良好的资源禀赋和物质积累。

（一）自然条件

吉林省位于世界三大黑土区之一——东北黑土区核心区，其土壤肥沃、土质疏松、有机质含量高，是世界著名的"黄金玉米带"、"黄金水稻带"和"大豆之乡"。吉林省处于中温带，年日照时数在 2200~3000 小时，光热资源可满足一年一熟农作物生长的需要。水文资源丰富，水资源总量为398.83 亿立方米；水系较多，主要有辽河水系、松花江水系、鸭绿江水系、绥芬河水系及图们江水系等，有地表水和地下水作为后备水资源，保证农作物生长需水。耕地资源丰富，耕地总面积为 698.27 万公顷，居全国第 5 位，人均耕地 0.23 公顷，高于全国 0.1 公顷的水平，是全国平均水平的 2.18倍，为粮食产量提升奠定了坚实基础。

（二）生产基础

绿水青山、黑土白雪等丰富的自然资源是吉林省维护国家粮食安全战略的基础支撑。优越的自然生态环境为农业绿色生产提供了良好的基础条件。全省耕地面积 703 万公顷，约占全省土地总面积的 37%，占全国总耕地面积的 4.4% 左右，耕地总量居全国第 5 位。其中基本农田占全国的4.4% 左右，基本农田保护率为 86.9%，人均耕地 3.05 亩，是全国平均水平的 2 倍多，与世界平均水平大致相当。在保障国家农产品供给和确保粮食安全战略方面，吉林省发挥了重要作用，作出了突出贡献。多年来，吉林省粮食调出量、人均粮食占有量、粮食商品率及玉米出口量始终排名全国第 1。吉林省地处世界闻名的黑土带，土壤表层有机质含量为 3%~6%，高者达 15% 以上。黑土面积约 110 万公顷，黑土耕地面积约 83.2 万公顷，占全省耕地面积的 15.6%，目前，吉林省与中国科学院开展战略合作，启动"黑土粮仓"科技会战，建设 3 个万亩核心示范基地和 30 个辐射示范点，示范推广秸秆覆盖还田、秸秆深翻还田、盐碱地治理等 10 大模式，在 26 个典型黑土区县份实施黑土地保护利用试点项目 110 万亩，在 22 个县份实施建设项目 120 万亩，在 5 个县份实施盐碱耕地治理试点 10 万亩。总结推广"梨树模式"，拥有保护性耕作任务整体推进县 15 个，高标准示范应用基地60 个。

（三）科技支撑

新时代十年，吉林省加快推进率先实现农业现代化步伐，信息、生物、新材料、新能源等新兴技术广泛应用于粮食生产，实现了发展方式由"靠天吃饭"向"内涵式发展"转变、发展模式由"广种薄收"向"高产优质高效"转变，科技助力效应充分显现。

加强现代种业创新。吉林拥有北方春玉米、野生大豆、北方粳稻等一大批具有区域特色的、优异的农作物种质资源。近年来，种质资源保护利用水平大幅提升，具有吉林特色的商业化育种体系基本建立，种业自主创新能力显著提高，育繁推一体化能力明显增强，育种制种基地建设更加完备，种业市场治理和服务水平持续向好。现已有国家级现代种业产业园、吉林省作物种质资源保护与利用中心，洮南市国家级玉米制种、南繁科研育种基地等平台。与中国科学院、中国农业科学院、中化集团形成科研战略联盟。目前，拥有主要农作物新品种 712 个，非主要农作物新品种 365 个，国家级品种 229 个，主要作物良种实现全覆盖。

加强先进实用技术集成推广。全程农机化、测土配方施肥、抗旱节水、水肥一体化、植保无人机作业、绿色防控、统防统治等技术措施全面普及，推进农机农艺结合、良种良法配套，挖掘科技增产增效潜力。发挥中国机械工业集团龙头引领效应，央地共建"农机产业园"，促进粮食生产提质增效。2021 年，全省拥有农机合作社 6361 个，形成了每个乡都至少有一个农机强社的发展格局。农作物耕种收机械化水平达到 91%，比全国平均水平高出约 20 个百分点。长春、四平、辽源三地被确定为全国率先基本实现主要农作物生产全程机械化示范市。

（四）数字建设

搭建了数字农业云平台、农机智慧云平台、玉米（水稻）全产业链大数据平台等。78%免耕播种机安装监控设备覆盖 55 个县（市、区、开发区），累计建成益农信息社 8275 个。信息进村入户、农业电子商务和物联网等方面均被国家列为首批区域试验省份。推广应用"吉农码"，打通"三农"服务"最后一百米"。建设省级物联网应用示范点 100 个，测土配方施肥手机信息服务覆盖面、易农宝 App 省域用户量、中国移动服务农业示范基地均居全国第一位。

（五）人才支持

吉林省农业科教资源丰富，通过发挥高校、科研院所的强大优势，逐步实现了科教、企业、专业合作社和农户一体合作的新模式，形成了专业化的农业专业技术人才队伍、经营管理人才队伍和新型职业农民队伍。多层次、梯队化的农业人才队伍推进了吉林省现代粮食生产技术集成创新，粮食品种质量不断提高，粮食产量持续增长，加快实现了"藏粮于技"的战略目标。

（六）设施保障

加强农田基本建设。近年来，吉林省实施"百乡千万"高标准农田建设行动，大规模推进高标准农田建设，在粮食生产主产区加快推进农田土地平整、灌排渠道、农田电网等综合设施。截至 2021 年，吉林省 30 个产粮大县已经建成了千万亩连片的高标准农田。按照这个速度，到 2025 年吉林省可实现建成高标准农田 5000 万亩，占粮食播种面积的 60%，预计粮食能够增产 10%左右。通过农膜回收、化肥农药减量增效行动，大力推进农田环境整治。畜禽养殖废弃物收储运体系逐步完备，粪污实现全量还田。推进小流域综合治理工程，有效防治水土流失。

二　吉林省保障粮食安全战略的制约因素分析

（一）自然条件约束

由于吉林省地势以及气候等差异的存在，各地区存在着客观制约的条件。吉林省耕地土壤有机质含量较低，特别是一些黑土区土壤有机质含量下降较快，土壤养分失衡、生物群系减少、耕作层变浅等现象比较普遍。部分占补平衡补充耕地质量等级低于被占耕地。从中东西三大板块来看，中部平原主产区最主要的问题是黑土质量退化、水土流失以及土壤污染的问题；东部半山区主产区最主要的问题是坡耕地水土流失，耕地土壤瘠薄，作物经常受到低温灾害的威胁；西部平原主产区最主要的问题是优质耕地资源少，盐碱地、草地面积大，干旱的自然灾害严重威胁粮食生产。

（二）农业科技发展后劲不足

吉林省农业资源丰富，但农业科研力量薄弱，科研设备陈旧，科研和创新人才匮乏，市县级粮食科研机构及基地不健全，粮食科技的体制与机制还不能完全适应现代粮食科技发展的需要，亟须建立更加完善的粮食科技创新体系和更具活力的创新机制。目前粮食企业大多是中小企业，大多数企业没有科研和产品开发能力。农业实用生产技术、科技信息较少，农民科技服务滞后，农民对粮食作物新品种的生长习性不了解，缺乏相应的科学用种、用药、用肥和田间管理技术。种子是农业的"芯片"，三大作物品种改良关键技术的限制因素尚未完全突破，吉林省种子相关企业竞争力不强，国内种企通过兼并、重组、资源整合，增强了研发和抗风险能力。但吉林省因政策上"扶优扶强"力度偏弱，种企散、乱、小局面没有得到改变，种企自主研发能力弱。全国 55 家上市种业公司，吉林省榜上无名。2020 年，中国种子协会评出的 179 家 3A 级企业中，吉林省 220 家种企仅有 2 家入选。

（三）设施可持续保障能力亟待增强

吉林省农业自然资源条件较好，但农业基础设施陈旧老化，很多地区抗灾能力低、土壤退化、水土流失、农业生态环境脆弱等问题频发，进而导致生产能力不稳定，粮食增产不能得到保证。吉林省黑土地类型复杂多样，一些区域"变薄、变瘦、变硬"的退化趋势尚未得到有效遏制，保护治理难度大，黑土地保护关键核心技术还处在攻关阶段，基础设施建设和农机装备现代化水平还有待提升。

吉林省农田水利设施建设历史久远，工程配套设施不够先进，不能适应现代农业的快速发展，经常发生农作物受灾却得不到避险和应急的问题。吉林省是水资源短缺省份，干旱是影响粮食生产最主要的自然灾害，干旱严重年份减产达 2800 万吨以上。农业基础设施落后的问题严重影响粮食增产，导致产量年际变化幅度大。

（四）自然灾害对农业生产构成威胁

一是洪涝灾害。吉林省降水集中在 6~9 月，大量雨水汇集于江河，使江河水位猛涨，导致河水泛滥而形成洪涝灾害。洪涝灾害的发生易冲毁堤坝、淹没农田，使土壤黏重、肥力减退，造成粮食减产甚至绝收，对农业生产危害极大。

二是干旱灾害。全省旱灾主要分为春旱和夏旱两种，其中春旱发生频率较高，平均为 42%。从空间分布上看，西部的白城和松原市春旱发生频率可达 70%~85%，中部的长春和四平市春旱的频率达 40%~60%，东部的吉林市春旱频率一般低于 40%，通化和白山市低于 20%。干旱已成为制约吉林省粮食增产的重要桎梏。

三是水土流失。水土流失是当今世界公认的严重的地质灾害之一，对农业生产构成巨大威胁。吉林省地处高纬度地带，冬夏温差大，初春季节土质疏松，由于冻融作用山坡断面下滑和河岸坍塌，易形成水土流失。水土流失破坏耕地，使土地生产力下降，淤积水库、河道，加重洪涝灾害，影响工程寿命，破坏地貌，吞噬农田。

四是水资源污染。吉林省作为农业大省，农业生产需要大量用水，地表水污染以靠近城镇和工矿区企业排污点的下游河段污染程度较重，干流以图们江最重，松花江污染较为严重，吉林省流经各城市的江河大多为工业废水及生活污染的排放场所，大量未经处理的工业废水直接排入江河，恶化了水环境质量，地表水污染日益加重，对农业生产造成极大危害，严重影响粮食增产。

五是土地荒漠化。吉林省的土地荒漠化主要类型为土地盐碱化、土地沙漠化和土地沼泽化，由自然因素及人为因素引起土地耕层变薄、肥力下降、草原退化，从而导致农作物大量减产甚至绝收，有的土地被迫弃耕。

三 吉林省保障粮食安全战略的思路

（一）总体思路

深入贯彻落实习近平总书记关于"三农"工作重要论述、重要讲话和重要指示精神，以习近平新时代粮食安全观为引领，充分把握国情、省情、农情、粮情，树立大历史观，以"扛责任、抓要害、重关键、夯基础、增活力"为目标，以加快粮食全产业链现代化建设为主攻方向，深入实施"藏粮于地、藏粮于技"战略，坚持底线思维，围绕"一主六双"高质量发展战略，优化粮食生产区域布局，建立健全配套支持政策体系，完善利益补偿机制，引导农业资源优先保障粮食生产，稳定粮食生产面积和产量，在保障国家粮食和重要副食品供给安全上体现吉林新担当，在助力实现农业强国建设上展现吉林新作为。

构建国家级粮食安全产业带。充分利用吉林省长春、吉林、四平等中部地区得天独厚的黑土地资源优势，松原、白城等西部地区粮食生产良好条件，大力实施黑土地保护工程，加强荒草地、盐碱地等后备耕地资源的保护开发利用，玉米、水稻、大豆、杂粮杂豆等粮食全产业链水平持续提升。以中西部粮食生产区为基石，在全省范围内打造"粮食兴、产业旺、经济强"

的大循环格局，高质量助力国家粮食安全带产业带建设。

建成全国粮食及农副产品流通集散中心。推进粮食流通收加储运销一体化建设，补齐流通基础设施短板，完善"最先一公里"和"最后一公里"。推进国家和省骨干冷链物流基地创建工作，建设高标准农产品物流园区和枢纽性、基地性农产品批发集散中心。构建农村寄递物流体系，发展零售配送终端网点。加快吉林省区域冷链物流枢纽集散中心建设。

建成全国数字农业示范区。依托数字农业云平台，构建空、天、地一体化的全域农业大数据数字化管理平台。建设具有自主知识产权和国内领先的种植产业大数据应用平台及在线智慧交易平台，围绕农用传感器、光农业装备、北斗导航系统、农业航空等方向开展科技攻关，建设智能农机装备产业园和农业数字经济产业园。加强玉米、水稻等主要作物生产信息同步采集传感装备、作业智能装备、数字化作业管控装置等农业全产业链的数字农业装备关键技术攻关。

（二）生产布局

立足全省农业资源禀赋优势、生态承载等条件，依托东中西三大区域板块，以绿色生态、安全可持续为目标，以吉林省中部平原地区和第二松花江、嫩江、东辽河、海兰江等干支流沿线为重点，建设以玉米、水稻、大豆生产为重点，以杂粮杂豆、油料等为补充的粮食生产功能区。

玉米生产功能区。依托吉林省"黄金玉米带"，以榆树、农安、九台、德惠、梨树、前郭、扶余、长岭等为核心地区，提升优势区域集中度和规模化种植水平，重点发展鲜食玉米、青贮玉米、籽粒玉米，创建玉米品牌，成为全国重要的粮食生产稳定增长的核心区，建设全国玉米口粮化生产储备供应核心区。

水稻生产功能区。依托松花江、东辽河等流域，以榆树、德惠、舒兰、九台、前郭、伊通、镇赉等重点区域，大力发展粳稻，建设我国优质水稻生产核心区、绿色高效农业发展示范基地。

大豆生产功能区。以榆树、德惠、敦化、洮南等为重点区域，提高产品生产技术储量，创建有机大豆、鲜食大豆和功能大豆品牌，打造优质大豆生产核心区。

杂粮杂豆生产功能区。以洮南、乾安、镇赉等优势区域为重点，重点发展高粱、谷子、糜子、荞麦、绿豆、红小豆、芸豆和豇豆等杂粮杂豆产品，打造高端杂粮杂豆生产核心区、农民增收示范区。

四　吉林省保障粮食安全战略的主要路径

"十四五"时期，吉林省要深入实施"千亿斤粮食"等重大工程，坚决扛起维护国家粮食安全重任，努力确保全省粮食生产稳定发展，为保障国家粮食安全作出吉林新贡献。

（一）全力保障国家粮食安全

稳定作物播种面积。以耕地红线为底线原则，积极推进高标准农田建设，发展玉米、水稻等高产作物种植。加强粮食生产功能区和重要农产品生产保护区建设，支持四平黑土地保护综合开发示范区建设，推进公主岭、农安、榆树等县（市）黑土地保护利用试点，保障粮食稳产增产。

加强农业绿色高质高效技术示范推广。大力推广测土配方施肥、病虫害生物防治和统防统治等高质高效技术模式，扩大保护性耕作技术推广面积，促进粮食生产提质增效。

强化监测预警、信息发布、指导服务和防控装备能力建设。突出抓好旱灾、洪涝、风雹和草地贪夜蛾等重大病虫害防控，重点加强草地贪夜蛾监测预警。做好蝗虫、粘虫、水稻二化螟、水稻稻瘟病、玉米大斑病等农作物重大病虫害监测防控。培育壮大专业化植保队伍，提高专业化统防统治服务组织作业能力，不断提升农作物病虫害防控水平。

（二）持续加大黑土地保护力度

打好"黑土粮仓"科技会战。加强与中国科学院合作，加大科技在黑

土地保护中的攻关效能，依托吉林省 3 个万亩级核心示范基地和 30 个辐射示范基地，全面辐射带动黑土地高水平保护利用开发。建立黑土地动态分析平台，全面掌握吉林黑土地分布、现状及动态变化情况，为精准保护黑土地提供信息支撑。

大力推广保护性耕作。以"梨树模式"为重点，因地制宜推广保护性耕作模式，选择基础好的中西部产粮大县实施整县推进，持续扩大保护性耕作规模。

加快高标准农田建设。以典型黑土地区为重点，优先布局建设高标准农田，推进田水路林电综合配套。将增施有机肥作为重点技术措施，提升地力水平，使高标准农田成为旱能浇、涝能排的高产田。

强化监督评价。严格执行黑土地保护目标责任制评价考核办法，认真组织评价考核，压实属地党委政府主体责任，推动黑土地保护任务落实落细。

（三）着力推进现代种业创新发展

推进品种选育自主创新。依托吉林省科研院所和重点企业，培育一批优良"吉字号"品种，深入推进科企合作和联合攻关，突出生物育种产业化，加快育种新技术应用，全面提升自主创新能力，力争培育重大突破性新品种。

强化种子企业培育。发挥长春农高区作用，打造龙头种业企业，大力实施"强种贷"，推进种业发展基金推广应用，有效解决种子企业融资难题。强化企业创新主体地位，优先支持"育繁推"一体化种业企业做大做强，全面提升种业整体实力。

抓好育制种基地建设。加强海南科研育种基地和洮南市国家级玉米制种基地建设，积极争取国家级水稻、大豆等制种基地建设项目。认定一批省级特色种子（种苗）基地，发挥基地规模规范制种功能作用，持续提升育繁种保障能力。

（四）完善粮食生产体系

加强耕地保护与地力提升。围绕土地综合整治与生态修复，推进化肥农药减量增效，加强秸秆资源化利用，在吉林省率先开展绿色有机农业示范区创建活动，增加专用、优质、绿色农产品供给。

加快优质新品种选育推广。围绕水稻、玉米、大豆三大品种，构建以市场为导向、以企业为主体、产学研协同的特色育种创新体系，加快优良品种的更新换代，加大植物新品种权保护，培育一批具有吉林地域特色的高产新品种。

大力发展智慧农业。依托排名前十位的超级产粮大县，充分运用 5G、物联网、大数据、云计算等核心技术，建设智慧农业大数据平台，全面提升农业生产智能化、经营网络化、管理高效化、服务便捷化水平，引领全国智慧农业发展。

加强生态环境保护。大力发展生态循环农业、特色有机农业，升级扩大长春循环经济产业园，加大生物质能综合开发利用，加大绿色生产技术推广力度，强化土地污染防治，提升可持续发展能力。

（五）完善粮食产业体系

延伸粮食产业链。加快中西部粮食安全产业带建设，促进粮食生产全产业链开发和高产高质高效。推动榆树玉米、梅河水稻等省级现代农业产业园升级为国家级现代农业产业园。推广"龙头企业+规模种养户+合作社""公司+合作社+农户"发展新模式，大力发展"网红经济""直播带货"，提高吉林粮食产品核心竞争力。

打造粮食供应链。加大生物、工程、环保等技术集成，加快粮食精深加工技术和信息化、智能化、工程化装备研发，实现粮食全链条生产，做全种类、做优品质、做长链条。加强粮食仓储设施建设。打造东北亚粮食交易中心。以粮食仓储、供应、流通、交易安全高效为目标，构建包括商流、物流、信息流于一体的多层次粮食交易体系，推动吉林与阿里合作建设东北线上结算中心和大宗农产品交易拍卖中心，在长春率先建成东北粮食交易大市场。

（六）创新体制机制

依托吉林省 6 个产粮大县乡村振兴新动能培育试验区，在深化行政审批

改革、精简审批事项、减少审批环节、优化审批流程等方面取得突破，在破解土地瓶颈制约、投融资体制等关键环节先行先试。

多渠道创新融资模式筹集资金、构建服务投融资平台的行政体系以及完善规范和激励投融资主体行为的制度设计，设立粮食生产建设保障基金，补齐金融支持现代农业短板，确保粮食安全资金保障。

完善产粮大县奖励政策和转移支付机制，在粮食直补、粮食调出调入等方面形成一整套完善的补偿机制，创新农业科技、粮食生产研发投入体系，调动产粮大县提高单产积极性，改善产粮大县产高财穷现状。

合理保障农民种粮收益。按照让农民种粮有利可图、让主产区抓粮有积极性的目标要求，健全农民种粮收益保障机制。稳定玉米、大豆生产者补贴和稻谷补贴政策，实现三大粮食作物完全成本保险和种植收入保险产粮大县全覆盖。

支持家庭农场、农民合作社、农业产业化龙头企业多种粮、种好粮。加快发展社会化服务，支持农业服务公司、农民合作社、农村集体经济组织、基层供销合作社等各类主体大力发展单环节、多环节、全程生产托管服务，开展订单农业、加工物流、产品营销等，提高种粮综合效益。

B.23
吉林省"千万头肉牛工程"实施进展及对策研究

孙葆春*

摘　要： 发展肉牛产业是吉林省深入实施乡村振兴战略的重要举措。自千万头肉牛工程实施以来，在产业规模、项目建设、产业园区建设、集聚化格局形成、强化政策措施保障等方面，都取得了较为显著的效果。但是，传统养殖方式的制约，产业链延伸程度不够，配套产业支撑力不足，市场竞争力有待提升，以及新冠疫情的影响，对吉林省肉牛产业的快速持续发展形成了阻碍。针对这些问题，建议通过逐步提升肉牛产业产能，实施全产业链延伸化，整合要素投入支撑产业发展，不断提升产品市场竞争力等，实现肉牛产业的高质量发展。

关键词： 千万头肉牛工程　全产业链　市场竞争力　吉林省

在乡村振兴战略实施过程中，为促进农村产业兴旺，切实提升农民收入水平，2021年吉林省实施并持续推进"秸秆变肉"暨千万头肉牛建设工程，肉牛产业发展速度明显加快，成为巩固拓展脱贫攻坚与乡村振兴有效衔接的强有力支撑。

---

* 孙葆春，管理学博士，吉林省社会科学院农村发展研究所研究员，研究方向为农业经济理论与政策。

一　吉林省"千万头肉牛工程"实施进展

吉林省作为粮食大省，既有发展肉牛产业的资源优势，又有促进肉牛产业全产业链发展，实现农民收入增加的客观需求。

（一）产业规模稳中求进

《吉林省2021年国民经济和社会发展统计公报》数据显示，2021年吉林省牛肉产量40.85万吨，比2020年增长5.6%，占全国牛肉产量的5.9%。近年来，吉林省牛肉产量都居全国前列，2020年牛肉产量位居第5，仅次于河南省、山东省、内蒙古自治区和河北省。据吉林省畜牧业管理局统计，2021年全省肉牛饲养量同比增长10.8%；2022年在新冠疫情的影响下依然保持了积极增长态势，第一季度全省肉牛饲养量发展到417.1万头，同比增长9.4%；上半年全省肉牛饲养量同比增长10.6%，比全国平均水平高出7.2个百分点，出栏量同比增长6.7%。截至8月底，全省肉牛发展到570万头，其中存栏383万头、出栏187万头，同比分别增长15.8%、10.4%和28%。

由1994~2021年吉林省牛肉产量数据可以看出，肉牛养殖规模变化趋势分为几个阶段：1994~2005年是牛肉产量的迅速上升期，从1994年的11.62万吨，增长到2005年的51万吨，其间牛肉产量翻了两番还要多；2006~2008年是调整阶段，牛肉产量从45.02万吨下降至38.13万吨；2009~2017年是相对稳定阶段，牛肉产量围绕38万吨的平均水平上下波动；2018~2021年是稳中求进阶段，牛肉年平均产量上升至40万吨以上（见图1）。

（二）项目建设加快推进

吉林省肉牛产业呈现出快速增长态势，与项目建设的推进关系密切。截至2022年第三季度，吉林省共谋划千头以上肉牛产业化大项目201个、万头以上牛场19个，新建肉牛屠宰加工项目11个。2022年谋划千头以上肉

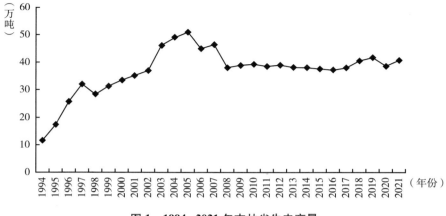

图 1　1994~2021 年吉林省牛肉产量

牛养殖项目 58 个，规划总投资 281.22 亿元，设计饲养能力 73.27 万头。项目建设聚力打造肉牛产业全产业链协同发展格局，核心是在肉牛养殖、屠宰加工和三次产业融合项目上加快建设。具体而言，包括扩大肉牛养殖规模，提升龙头企业的屠宰加工能力，完善冷链物流加工配送体系，打造"吉牛"餐食品牌，实现肉牛产业链的延伸，提升产品的价值和效益。

（三）产业园区建设铺开

为了促进肉牛产业的集群化、全产业链条发展，吉林省加快推动农安、桦甸、梨树、伊通、东丰、前郭、通榆、镇赉、龙井、敦化等十大产业园区建设，以期通过园区建设带动所在县及周边区域肉牛产业快速发展。2021 年，吉林省龙井市现代农业产业园入选农业农村部、财政部国家现代农业产业园创建名单，在 50 个现代农业产业园中，以牛羊产业为主的只有 7 个。龙井市现代农业产业园以延边黄牛产业为主导产业，自 2017 年成立以来，致力于一体化产业链建设，逐步形成辐射延边州的延边黄牛发展新格局。产业园区的建设需要投入的建设资金量较大，为了发挥其集聚效应，带动周边散养户的发展，实现以点带面，吉林省谋划利用专项债券资金，建设一批基础设施齐全、收益能覆盖本息的标准化养殖屠宰加工园区，并对散养户给予租金奖补。

（四）集聚化格局逐步形成

产业园区是集聚发展的载体，肉牛产业属于吉林省重点打造的十大产业集群范畴。目前，肉牛养殖的品种区域分布相对清晰，省内逐步形成东黄、西红、中改良三大产业集群。东部的集群发展主要覆盖范围包括吉林市、延边州、白山市，以延边黄牛作为产业发展核心，发展方向不仅仅包括现代化养殖、精深加工等全产业链发展，更是将延边黄牛的良种培育与保护作为重点内容。西部的集群发展主要覆盖范围包括松原市和白城市，以通榆红牛作为产业重点培育发展品种，同样在发展中注重良种繁育和肉牛的养殖、屠宰、加工全产业链发展。2022年5月，吉林省成功申报了国家中部肉牛产业集群项目。该项目主要覆盖范围为长春市和四平市，设立农安县、德惠市、公主岭市、绿园区、伊通县、梨树县等6个集群建设县作为区域发展极点，具体由12个子项目建设构成，包含绿园区皓月集团5万吨熟食加工、农安县城开农投屠宰加工、公主岭市认养一头牛现代养殖、伊通县营城子肉牛交易中心等。根据吉林省"秸秆变肉"暨千万头肉牛工程领导小组办公室的数据，截至2022年9月，12个建设项目中已开工项目11个，累计完成投资2.38亿元，达到年度投资计划35%。各子项目涉及肉牛的现代化养殖、屠宰加工、现代营销等全产业链建设发展。

（五）强化政策措施保障

为了推进肉牛产业的快速发展，吉林省出台了一系列政策措施，包括组织机构设立、财政金融政策支持、精准扶持生产经营主体等，涉及促进秸秆饲料转化利用、肉牛产业发展的整体规划设计、推进肉牛产业快速发展的具体方案等领域。

1.设立组织机构保障产业发展

2021年8月，在成立吉林省"秸秆变肉"暨千万头肉牛工程领导小组和专家委员会的基础上，各市县政府也组建了畜牧业工作机构或肉牛工作专班，形成了系统性、层次性的组织机构体系，为肉牛产业发展政策制定、产业规划、风险评估、重大问题调研、关键技术突破等进行组织攻坚。此外，还组织成立了各种行业协会助力肉牛产业发展，2021年3月成立"政银保担"联动支牧联盟，以其为服务平台，创新推出多种金融产品和信贷品种，打造了多渠道服务模式，以满足肉牛产业发展的融资需求。2022年8月成立肉牛产业发展协会，上联政府有关部门，下联企业百姓，整合资源，引领肉牛产业高质量发展。

2. 加大财政金融政策支持力度

肉牛产业资金投入大，为解决融资瓶颈，吉林省多途径筹措资金，引导社会各界资本注入肉牛产业。首先，加大财政支持力度。对于产业发展中涉及品种改良、防疫、粪污资源化利用等公益性领域，以及养殖、屠宰、加工等竞争性领域，分别通过财政直接补助或事后奖补，设立风险补偿金给予间接支持等形式，加以扶持。同时，激励社会各界力量投入肉牛产业，精准扶持肉牛产业生产经营主体的高质量发展。其次，优化金融服务政策。通过延长贷款期限、扩大贷款覆盖面、加强金融服务与产业资金需求对接、推行肉牛政策性保险等，降低产业发展的资金使用成本。最后，积极实施地方政府专项债项目。创新性地采用专项债重点支持肉牛产业发展，体现了吉林省发展肉牛产业，并获得较高经济效益的坚定信心。全省累计谋划并通过国家审核入库的肉牛专项债项目47个，专项债券总需求206.7亿元。

二　吉林省肉牛产业发展中存在的问题

吉林省肉牛产业具备发展基础和优势资源，但是要将其打造成为推动乡村振兴的中坚产业，还有一些问题需要引起重视。

（一）传统养殖方式的制约

吉林省肉牛种群品质好，但是受传统养殖习惯的影响，养殖户多为小规模散养户，养殖规模普遍较小。一家一户的养殖方式，可以充分利用玉米秸秆等饲料资源和富余劳动力，实现藏牛于民。但是，小规模分户饲养

模式，由于科技投入不足、养殖户专业知识匮乏等问题，容易出现养牛场选址建场不科学、圈舍条件不达标等情况，不利于出栏率的提高与疫病防治。同时，对于饲料的科学配给、品种改良等所需要的技术知识，小规模散养户大多掌握程度不足，仍然依靠传统经验，这势必成为肉牛科学养殖的短板和制约因素。肉牛养殖本来就投入成本较高、资金占用较多，再加上市场价格波动的影响、疫病风险的影响，导致传统小规模养殖的抗风险能力相对较弱。

（二）产业链延伸程度不够

吉林省肉牛产业链发展具有养殖多、加工少、深加工更少的特点，制约了利润空间的进一步拓展。首先，省内屠宰率有待提升。有的地区消费者更倾向于热鲜肉，导致吉林省出栏牛有相当一部分在活牛交易中流入外省，没有为省内的屠宰加工企业输送牛源。活牛到外省屠宰，运输途中会因为应激因素导致病死率上升，一旦发生损耗，造成的经济损失相对较大。其次，产品开发品种不够丰富。目前不同的消费者人群对于牛肉产品有不同的需求。如对于调理食品、方便速食、健身食品、餐饮菜品、休闲零食、调味品、节日特色食品等，牛肉都是优秀的食材来源。吉林省的牛肉产品，除了皓月等少数企业外，多数都还没有成熟的产品系列，也没有形成一定的市场知名度与占有率。最后，产品精深加工程度不够。目前市场上不同加工程度的牛肉，更多的是大块分割生鲜肉，其次是切片、肉馅等初加工制品。除了牛肉的可食部分外，皮革、从牛骨和牛皮中提取的胶原蛋白肽，都具有较大的发展空间，吉林省在这些领域优势并不明显。

（三）配套产业支撑力不足

肉牛产业要实现全产业链发展，不仅要解决产业自身的产业链延长，更需要配套产业的有力支撑。目前肉牛产业发展中，物流、仓储、包装、科技服务等环节，对生产、加工、销售的支持力度不大。目前来看，吉林省冷库库容总量不足以支持肉牛产业的快速扩张。云仓是利用信息化手段、现代管理方式,将仓储空间进行整合,提升物流配送效率,节约企业物流成本,为消费者提供更优质的服务,但是吉林省这一方面的建设发展还不能满足肉牛加工企业的需求。此外,生产干冰、泡沫箱等包装用品的企业数量较少,可供肉牛加工企业选择的空间不大,且成本较高。物流成本相对较高,不利于肉牛产业的线上交易发展与招商引资项目推进。畜牧兽医专业技术人员不足,在科学选址建场、使用配方饲料降低碳排放、肉牛常见病诊断防治、肉牛科学饲养、"吉牛云"平台信息数据的综合利用等方面,对于广大养殖户难以做到普及推广。这些问题如果得不到及时解决,将对吉林省肉牛的长远发展形成不良影响。

(四)市场竞争力有待提升

从效率优势指数、规模优势指数和综合比较优势指数看,吉林省的肉牛产业竞争力优势都相对显著,但是从区域品牌培育、龙头企业带动、市场占有率等方面看,肉牛产品的市场竞争力还有待提升。首先,特色农畜产品市场竞争力的提升,实践证明区域品牌带动是一个可行且行之有效的途径,不仅可以发挥特色农畜产品的溢价效应,而且区域品牌伞可以为伞下品牌提供背书,使得产业发展走上良性循环的道路。吉林大米、长白山人参等区域品牌正在对大米、人参产业发展发挥着显著的促进作用,而吉林省肉牛,尽管拥有延边黄牛、通榆草原红牛等数个地理标志产品,但是对"吉品肉牛"这一区域品牌的培育还在起步阶段,对产业发展的推进作用不明显,需要进一步加大培育力度。其次,龙头企业与传统小规模养殖户还没有形成完善的利益联结机制。一方面是因为养殖户受传统饲养习惯影响,不能完全达到龙头企业要求的肉牛饲养和饲料配比标准;另一方面,龙头企业和养殖户之间也缺乏信任机制,肉牛养殖又具有周期长、资金占用大的特点,企业难以与养殖户建立利益共享、风险共担的产业化机制,使得"藏牛于民"的谋划不能完全发挥预期效果。2022年第一季度,吉林省调出牛肉产品0.44万吨,同比增长25.7%,这也说明吉林省的牛肉产品市场占有率还不是很高。

（五）新冠疫情的影响

2022 年春新冠疫情的暴发对肉牛养殖、加工、销售等环节都造成了一定的影响。一方面，由于疫情控制需要的封控、隔离，使得饲草饲料、液氮冻精、疫苗药品以及科技服务等生产物资都不能得到及时供应，对肉牛养殖环节造成了一定的影响。越冬饲草储备告罄，新的饲草饲料难以得到补充，肉牛饲喂青黄不接。疫情期间液氮和冷冻精液无法正常配送，畜牧兽医专业技术人员出行受限，影响了肉牛的繁育改良效率，面对春季肉牛呼吸道疾病和腹泻类疾病多发的情况，难以及时实施防疫和救治。另一方面，新冠疫情封控期间，肉牛交易暂停，屠宰加工企业因为产品缺少牛源、工人，同时产品也难以出厂上市，部分企业运营受到较大影响。市场上牛肉消费需求减少，肉牛延缓出栏，进一步加剧了对饲料和资金的占用。

三 吉林省肉牛产业发展的对策建议

要实现吉林省肉牛产业全产业链高质量发展，就要从产能提升、要素投入、精细加工、品牌打造等各个环节提质增效，保障经济效益和综合竞争力的稳步提升。

（一）逐步提升肉牛产业产能

1. 增加能繁母牛数量

提升肉牛产业产能，首先要增加能繁母牛存栏数量，这是肉牛养殖量扩大的基础和保证。能繁母牛的育成需要一定的周期，可以通过引进品质优良的基础母牛和对能繁母牛饲养加大扶持力度等途径，破解母牛存栏量下降对肉牛产业发展的瓶颈制约。目前来看，进口优质肉牛是短期内快速提高母牛存栏量的最优途径之一。其次是通过加强畜牧兽医技术保障，提高母牛繁殖成活率。内培外引，快速实现能繁母牛数量的增加。另外，对饲养能繁母牛的养殖户,通过增加补贴,加大无息贷款、保险优惠力度等措施,提高其饲养积极性。

2. 做好种质资源保护

改良肉牛所占比例是决定牛肉产品品种的重要因素,因此,必须促进肉牛产业的良种化建设,做好种质资源的保护。首先,对于引进的优良品种,要依托吉林省肉牛种业创新工程中心,集合各方科研力量,逐步建立、优化利用引进品种的杂交繁育体系,打造全国优质肉牛种业生产供应基地。其次,吉林省的西门塔尔牛种群质量较高,表现出个体大、长势快、饲料利用率高、屠宰出肉率高等优势。这一产业发展优势必须得到重视,切入点就是做好吉林省优质冻精产品的市场管理与资源保护,防止假冒伪劣冻精试剂流入市场,出现劣币驱逐良币现象,影响肉牛繁育质量。最后,对于延边黄牛、草原红牛等吉林省肉牛的地方品种,必须加以重视保护,建立系谱档案,扩大种群规模。

3. 采用合理的养殖模式

传统的小规模饲养方式,虽然具有饲养成本较低的优势,但是也存在粪污处理等环境治理成本高、疫病防治困难、与龙头企业的利益联结机制难以建立等弊端。考虑到饲料饲草、土地利用等要素资源的承载力,因地制宜,采用合理的养殖模式,也是提高肉牛产业产能的一个重要途径。可以对出现的开办"托牛所"、开展建舍返租、推进链主建设等养殖模式进行试点后推广,实现肉牛养殖的统一经营,统一秸秆饲料供给、粪污资源化利用、兽医防疫服务等,有效规避传统小规模养殖方式的短板。

(二)实施全产业链延伸化发展

全国肉牛产业竞争十分激烈,许多省份的肉牛加工龙头企业面临着前所未有的挑战。对于吉林省的肉牛加工企业而言,这是个挑战,也是一个机遇。

1. 加强牛肉产品的精深加工

要实现牛肉产品增值,需要在产品多元化、精细化加工上下功夫。首

先，在肉牛屠宰方面，吉林省的活牛要争取就地加工转化增值，将利润空间放大，同时避免运输损耗。其次，肉牛产品尽量多元化，除了冰鲜牛肉外，还有皮革加工、保健食品、生物制药等精深加工。牛肉的加工产品也尽量多元化，满足消费者的多样化需求，比如熟食制品、牛肉干等休闲食品、牛肉预制菜品、高档礼品盒等。

2. 拓宽牛肉产品的营销渠道

牛肉产品的销售渠道，可以通过营销模式的创新而不断拓宽。第一，可以开设直营店，定位牛肉消费频率高的中高端人群，可以最大限度保证产品的新鲜度，创建良好的产品口碑。第二，可以借鉴阳澄湖大闸蟹的蟹券营销模式，不仅可以提高消费者的消费时间自由度，还可以让商家提前回笼资金，实现以销定产，同时也为吉林省牛肉产品定位于中高端消费品找到合适的载体。这种营销模式还打通了配送渠道，消费者可以通过电话、网络等渠道与商家沟通，上门自提货物或者利用电商物流，方便快捷而且节约企业的交易成本。第三，餐饮业发展是提高牛肉产品本地终端消费的一个重要突破口。通过加强屠宰加工企业与餐饮企业的关联密切度，使得上下游企业之间建立高频合作关系，不仅解决了餐饮业的货源问题，也为屠宰加工企业打响了品牌，通过抓好"吉牛"餐食品牌和业态建设，实现双赢。第四，通过举办展销会扩大产品影响力，利用电子商务平台、直播带货等形式，提高吉林省牛肉产品的知名度和销量，积极争取国内市场。

（三）整合要素投入支撑产业发展

肉牛产业的发展离不开各个要素资源的投入，在各项政策措施的保障下，土地资源、人力资源、科技支撑等方面的要素配套逐步到位。

1. 做好土地与资金利用规划

首先，做好土地利用规划，保障肉牛产业发展的空间需求。肉牛养殖比起其他养殖项目，需要更多的土地资源配套。在保障粮食安全生产的基础上，整合宅基地、低效或不适宜农业生产的闲置土地作为肉牛产业的设施建设用地。其次，破解资金短缺的瓶颈，通过财政资金撬动社会资本，同时给予信贷、保险优惠措施，多途径提升金融服务便利性。

2. 不断优化秸秆资源利用

"秸秆变肉"工程实施的初衷之一，就是让肉牛产业成为秸秆转化增值的有效载体。随着产能的不断提升，对秸秆的需求量快速扩张，如何优化秸秆资源的利用成为一个重要的课题。为了优化饲料饲草供应，一方面推进种植业结构调整，以国家粮改饲项目补贴为杠杆，增加青贮玉米、苜蓿、燕麦草等优质饲草料供给；另一方面，通过增加大中型秸秆加工机械保有量，改良玉米秸秆收贮作业方式，多途径增加饲料供应渠道，提高秸秆饲料化利用率。

3. 加强人才与技术保障

第一，完善产业人才队伍建设。充分利用吉林省高等院校、龙头企业、行业协会等在肉牛产业相关领域的研究基础，利用相关人才机制激发专业技术人员的积极性；对肉牛生产经营主体开展线上线下职业培训，提高从业人员的专业技术水平。第二，加强畜牧兽医技术保障。依托畜牧兽医行业相关企业、社会组织，鼓励相关专业技术人员、科技特派员为肉牛养殖户提供有偿或义务技术服务，通过提供相关咨询和诊断服务，提高中小养殖户在配种、防疫、诊疗、销售等方面的效率。第三，加强关键性技术的联合攻关。在政府部门、龙头企业、行业协会的协调组织下，通过实地调研，找出肉牛产业的薄弱环节，组织省内外专家形成技术团队，围绕良种繁育、饲料营养、疫病防控、精深加工、废弃物资源化利用等方面，打响关键技术突破的攻坚战。

4. 完善数据信息平台建设

为了加快肉牛产业数字化转型，促进全产业链数据深度融合，吉林省在全国率先建设了"吉牛云"大数据平台，累计登记肉牛349.2万头、养殖主体30.6万户、从业人员100万人以上。通过数据信息平台建设，在肉牛产业布局规划、种质资源创新、质量安全管理、普惠金融服务、健康防疫防控、多渠道交易拓展、科研成果转化等方面，实现精细化养殖和精准化社会

服务，为实现智慧化肉牛养殖奠定基础。此外，疫情防控期间对线下活牛交易影响较大，如果有云平台的参与，将提升交易量，降低交易中的信息不对称程度。

（四）不断提升产品市场竞争力

要实现吉林省肉牛产业的高质量发展，持续提升产品的市场竞争力，是一个必然的途径。

1. 加强肉牛产品的质量控制

保障肉牛产品的特色与质量，是提升市场竞争力的根本和基础。因此，不仅要保证肉牛品种优良，从源头上对产品质量进行精确控制，还要对生产经营过程进行全程质量管控，其内容主要包括生产的投入品管理、生产过程记录、标准化生产、生产技术指导、监督检查、产地环境及独特品质保持等。与此同时，还要对全产业链的各方生产经营主体进行培训和技术指导，不仅树立质量安全至上的理念，还要逐步提升专业技术水平和职业素养。

2. 实现肉牛产业的绿色可持续发展

肉牛产业的一个重要问题就是养殖污染治理，目前的解决思路主要就是粪污的资源化循环利用。结合黑土地保护利用、高标准农田建设，通过加强生物发酵技术研发与应用，重视粪污处理设施化，同时发展种养循环农业，打开有机肥产品的消纳路径。为了提高生产的安全性，通过现代信息技术，建立肉牛产品信息可追溯系统，保存从养殖、屠宰、加工到物流配送、销售的各个环节记录，明确各个环节利益主体责任，当出现质量和安全问题时，可进行追踪调查，尽快发现问题并进行有效控制。

3. 培育肉牛区域品牌

吉林省已经推出了肉牛区域品牌"吉品肉牛"。区域品牌的培育过程，同时也是肉牛产品生产、加工、流通与营销模式的创新与变革的过程。以皓月、犇福、桦牛等龙头企业为领军企业，以吉林省肉牛品牌推介联盟为平台，快速提升肉牛产品的知名度和美誉度，推动吉林省肉牛产业的高质量发展。第一，要加大宣传力度，利用肉牛系列的地理标志产品，糅合历史与文化元素,凸显绿色与安全的产品生产特色,提高消费者对吉林省肉牛产品的认知度。第二,通过线上线下交易平台,迅速让更多的消费者对吉林省肉牛产品获得消费体验,凭借产品的品质,获得消费者的认可。第三,通过肉牛产业发展协会、吉林省肉牛品牌推介联盟等平台,建设区域品牌产业信息平台,建立区域品牌信息披露机制,同时服务消费者查询和生产经营者调研市场。第四,规范区域品牌商标的使用和管理,加大市场监管力度,防止假冒伪劣产品影响区域品牌的美誉度。借助质量检验监督管理部门的权威性,提升区域品牌的社会公众形象。

4. 加强肉牛产业风险管理

肉牛产业风险主要是疫病风险防控、市场风险防控与突发事件风险防控。通过健全完善大数据信息平台,实现对疫病风险和市场价格波动的实时监测与精确预警。健全完善疫病防控体系,做好日常防疫监督监管工作。

参考文献

[1] 吉林省统计局:《吉林省 2021 年国民经济和社会发展统计公报》,2021。

[2] 国家统计局编《中国统计年鉴 2021》,中国统计出版社,2021。

[3] 国家统计局吉林调研总队、吉林省统计局编《吉林统计年鉴 2021》,中国统计出版社,2021。

[4] 王伟:《吉林省肉牛产业取得突破性进展》,《吉林日报》2022 年 6 月 3 日。

[5] 王伟:《吉林省:发展"牛产业",壮大"产业牛"》,《吉林日报》2022 年 10 月 2 日。

[6] 高霞等:《吉林省肉牛产业发展现状及对策研究》,《农业与技术》2021 年第 24 期。

B.24
吉林省"专精特新"中
小企业发展路径研究

肖国东[*]

摘　要： "专精特新"即"专业化、精细化、特色化、新颖化"，是指企业中专注创新、质量效益较好、市场占有率较高的优秀企业。近年来，吉林省"专精特新"中小企业政策不断完善，呈现出企业数量稳步上升、区域分布相对集中、发展潜力较大等特点。但是与发达省区相比，吉林省"专精特新"中小企业存在培育晚、企业少、专利少、领域分布集中等问题。为加快吉林省"专精特新"中小企业发展，应借鉴外省市主要经验，进一步加大梯度培育力度，完善公共服务平台，促进大中小企业融通发展，强化产学研合作机制，提供高效精准金融服务，推动吉林省"专精特新"中小企业高质量发展。

关键词： "专精特新"中小企业　"小巨人"企业　比较优势　吉林省

一　吉林省"专精特新"中小企业发展现状

（一）企业数量稳步上升

2021 年长春生物制品研究所有限责任公司等 197 户企业被认定为吉林

---

* 肖国东，博士，吉林省社会科学院经济研究所副研究员，研究方向为数量经济、产业经济。

省省级"专精特新"中小企业。2021年长春禹衡光学有限公司等35户企业被认定为国家级专精特新"小巨人"企业。无论是国家级还是省级"专精特新"中小企业,均是吉林省重点领域的骨干企业,其领域涵盖了汽车、生物医药及电子信息等优势产业。这些企业都是布局在吉林省产业链上的重点企业,都具有持续的创新能力,呈现出良好的发展势头,很多创新产品国际国内处于领先地位。2022年长春吉大正元信息技术股份有限公司等409户企业被认定为吉林省省级"专精特新"中小企业,比2021年增长了2.3倍。2022年吉林省省级"专精特新"中小企业共计606户。"专精特新"企业数量不断增多,经济增长的新动力作用日益突出。

(二)区域分布相对集中

吉林省"专精特新"中小企业主要分布在长春市和吉林市。长春市市级、省级及国家级的"专精特新"企业分别为374户、259户和40户,在社会层面、行业层面、经济发展层面,已经成为引领全市经济和社会发展最耀眼的"领头羊"和"主力军"。长春市"专精特新"企业涌现出东北地区首家也是目前唯一一家独角兽企业"长光卫星"。同时长春市还有禹衡光学、国药一心等一批"隐形冠军",技术创新能力较强,其产品技术水平在国际国内处于领先地位。在新材料、生物医药、光电信息领域,2021年长春市"专精特新"企业产值分别同比增长16.7%、39.7%、19%,分别高于全市工业14.2个、37.2个、16.5个百分点。长春市科英激光、西诺生物等一批骨干企业产值增长了近1倍。吉林市目前拥有的省级、国家级"专精特新"企业分别为108户、5户。此外,吉林市还梳理出240户优质"种子企业"。

(三)发展潜力较大

2021年吉林省197户省级"专精特新"中小企业年度实现销售收入354亿元,拥有各项专利1475项,制定或参与制定国家国际标准512项。2022年省级"专精特新"中小企业新认定409户。2021~2022年,吉林省省级

"专精特新"中小企业在汽车、石化、农产品加工、医药等重点领域，研发经费达 54.9 亿元，有效发明专利达到 1.02 万项，研发人员达 2.35 万人，成立市级以上企业技术中心 388 个，技术创新能力持续增强。长春市"专精特新"企业 R&D 经费投入平均占比达到 6.21%，高于全社会 R&D 经费投入 4 个百分点，户均拥有研发机构 1.52 个、发明专利 3.48 个、地方以上标准 1.57 个，均远超全市平均水平。

（四）政策体系不断完善

2021 年吉林省启动了《吉林省"专精特新"中小企业培育计划（2021~2025 年）》。2022 年相关培育工作有序展开，其中，《吉林省人民政府关于实施"专精特新"中小企业高质量发展梯度培育工程的意见》《吉林省省级"专精特新"中小企业认定管理暂行办法》相继发布，有力推动了"专精特新"中小企业认定等相关培育工作。此外，金融助力"专精特新"中小企业工作不断推进。吉林省工信厅、吉林省地方金融监管局共同组织推进金融服务"专精特新"企业工作，建立省级信贷政策直达机制，实施专项行动，持续加大对"专精特新"企业的金融支持力度，330 户省级"专精特新"中小企业获得资金支持。为了助力"专精特新"中小企业，吉林银行成立了"专精特新"支行，金融产品中推出了"专精特新"服务专区，已为 126 户企业提供了融资支持。

二 吉林省"专精特新"中小企业发展面临的主要问题

（一）"小巨人"企业数量占比较低

2019~2021 年国家共认定了三批专精特新"小巨人"企业，共计 4762 户，主要集中在浙江省、广东省、山东省。浙江省全国第 1，共有 475 户；广东省第 2，为 433 户；山东省第 3，为 368 户。而吉林省为 35 户，仅占全国比重的 0.73%，不足 1%。在全国 31 个省区市排名中，吉林省专精特新

"小巨人"企业数量排名倒数第6（见图1）。2022年国家发布了第四批专精特新"小巨人"企业名单，共计4357户，其中吉林省为25户，占全国比重的0.57%，也不足1%。在全国31个省区市排名中，吉林省专精特新"小巨人"企业数量排名倒数第9。

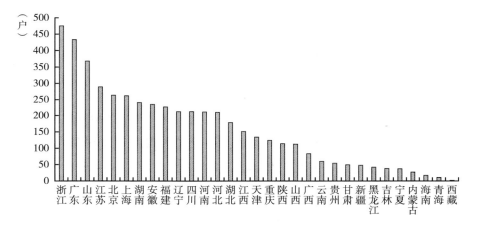

图1　2019~2021年全国各省区市专精特新"小巨人"企业数量

（二）专利数量较少

吉林省专精特新"小巨人"企业专利数量主要集中于少数企业。从企业专利数量看，少数创新能力较强的企业拥有大多数专利，绝大部分企业拥有专利数量较少。吉林省35户专精特新"小巨人"企业共拥有专利数量2704项，企均专利数77项，比全国企均专利水平低11项。其中，企均专利数量低于全国平均水平的有26家。从行业专利数量看，其中汽车和农机产业、医药健康产业、化工产业、冶金产业、农产品加工与食品加工产业的企均专利数量均低于全国平均水平。

（三）行业领域集中于传统制造业

吉林省35户专精特新"小巨人"企业中，占比45.71%的企业主要集

中于汽车、农机等传统制造领域，其中汽车制造领域 9 户、农机制造领域 7 户，而在国家重点培育的战略新兴产业领域势单力薄，难以形成产业的集聚效应。数据研究院发布的《"专精特新"小巨人企业数据分析报告》显示，从行业看，15 个细分行业中，全国机械设备行业上市"小巨人"企业数量多达 73 户，其中主要集中在高级装备制造和机器人相关的智能制造领域，而吉林省高档数控和机器人企业仅 1 户。

（四）专精特新"小巨人"企业上市数量较少

在全国三批专精特新"小巨人"企业中，有 342 户企业在 A 股上市，371 户在新三板挂牌上市。其中，342 户 A 股上市公司主要分布在创业板、科创板。吉林省 35 户专精特新"小巨人"企业中仅有 2 户在深圳 A 股上市，3 户在新三板挂牌，且均在基础层，无一在北交所 IPO 审核或上市辅导之列。吉林省专精特新"小巨人"A 股上市企业占全国比重的 0.58%，吉林省专精特新"小巨人"新三板挂牌上市企业占全国比重的 0.80%。吉林省专精特新"小巨人"企业在利用资本市场直接融资方面与发达地区相比也存在较大差距。

三 外省市"专精特新"中小企业发展的主要经验

（一）梯度培育"专精特新"中小企业

浙江省通过建立"专精特新"企业培育库，推进"专精特新"中小微企业培育工作，浙江省《关于推进中小微企业"专精特新"发展的实施意见》《关于开展"雏鹰行动"培育隐形冠军企业的实施意见》相继发布，系统地提出了中小微企业梯度培育的目标任务和具体工作举措。2020 年浙江省印发了《关于促进中小企业健康发展的实施意见》，提出将培育一批"隐形冠军"和专精特新"小巨人"企业作为壮大市场主体、促进经济高质量发展的重要举措。2022 年浙江省累计认定隐形冠军企业 205 家、隐形冠军培育企业 1069 家。山东省通过建立健全梯度培育体系，对 1 万多家"种子"企业实施"建档入库"精准培育，广泛引导中小企业升规和改制发展。建立山东省"小升规"企业培育库，吸纳近 5000 家"种子"企业入库培育、动态管理、精准帮扶。江苏省通过梯度培育，2022 年已培育 1998 家省级"专精特新"中小企业，其中 80% 以上集中在先进制造业和战略性新兴产业领域。

（二）搭建中小企业公共服务平台

浙江省采用浙江中小企业服务热线"96871"（谐音是"就来帮企业"），在全省建设统一的呼叫平台，为广大中小企业客户提供在线的应答咨询和电话咨询服务。通过成立培育服务机构、完善投融资服务体系、增强平台功能，为中小企业提供专业化的政策咨询、科技创新等各类服务。江苏省建立了企业咨询诊断服务平台，为"专精特新"企业提供银企对接等活动，分类指导、分类培育。2022 年山东省通过成立"专精特新"公共服务平台，专为"专精特新"企业集聚资金和人才等要素资源。

（三）提供高效精准金融服务

北京市印发《进一步完善北京民营和小微企业金融服务体制机制行动方案（2021~2023 年）》，通过为"专精特新"企业发放服务券、组建金融服务团队、实行金融顾问制度、优化金融产品、完善奖补等形式，不断提高金融服务精准性，降低融资成本。重庆市推出"专精特新"中小企业专属信贷产品"专精特新信用贷"，为"专精特新"中小企业提供无抵押、纯信用、低利率融资服务，国家级"小巨人"企业最高可获得 1000 万元的信用贷款，市级"隐形冠军""小巨人""专精特新"企业分别可获得最高 700 万元、500 万元、300 万元的信用贷款。山东省工信厅、省新动能基金公司与中泰证券联合组建上市培育共同体，分"后备潜力圈""重点培育圈""冲刺核心圈"三个圈层为高成长性企业提供全流程资本市场服务。浙江省鼓励各地设立为中小微企业服务的政府性担保机构，构建覆盖全省、服务中

小微企业的政策性担保体系。引导各类创投机构对接小微企业，对小微企业新三板上市、股交中心挂牌，对投资"专精特新"企业的风投机构给予一定比例的补贴。

（四）推动"专精特新"企业上市

北京市通过建立"专精特新"企业上市挂牌服务库，推动信息技术、医药健康等领域的骨干企业上市，同时挖掘优质后备力量。山东省通过建立"专精特新"、瞪羚、独角兽、制造业单项冠军企业等多层次的上市企业培育库，借助基金投资和券商上市辅导资源，集中发力推动上市企业培育库发展，形成对接资本市场能力的"外围潜力圈"、具有优质上市的"后备培育圈"、快速成长能力的"冲刺核心圈"。江苏省针对科创板企业不同的阶段，培育企业上市。按照申报企业、储备企业、"金种子"企业，推动"专精特新"企业上市。对"金种子"企业实行名单制动态管理，并建立科技、工信与金融部门的联动发掘培育"金种子"企业机制。

四 吉林省"专精特新"中小企业发展路径

（一）进一步加大梯度培育力度

推动大众层面的创新型中小企业、重要力量层面的"专精特新"中小企业和骨干力量层面的专精特新"小巨人"企业分类分层、层级递进。打造产品、技术、管理、模式等方面创新能力强、专注细分市场、成长性好的优质中小企业。推动创新型中小企业建设成为优质中小企业的基础力量，推动"专精特新"中小企业建设为优质中小企业的中坚力量，推动专精特新"小巨人"企业建设为优质中小企业的核心力量。建立健全优质中小企业的动态监测管理机制，定期跟踪、精准服务、推动优质中小企业梯度培育、层级递进、高质量发展。

（二）促进大中小企业融通发展

充分发挥大企业在技术、标准、市场等方面的生态主导力和带动提升作用，推动大中小企业融通发展、相互补位。鼓励中小企业与大企业组建创新联盟。支持中小企业做专做精，推动产业链上中下游、大中小企业融通创新，提升创新链发展水平。加快构建国有大企业与中小企业设备共享、产能共享、技术共享等模式，形成融合的数字化创新产业链。建立以产业链为抓手的国有大企业与中小企业之间的创新联结。鼓励中小企业在产业群和产业链中找准位置，发挥分工角色，提高创新研发效率。加强产业链价值链各环节市场信息和市场准入渠道的畅通，加强中小企业与国有大企业、科研院所的创新研发互动，创造中小企业参与创新和分工的机会。优化"专精特新"企业的"雨淋式"创新生态环境。支持企业采用新技术、新工艺，生产"专精特新"产品，通过上项目，实现产业化；通过应用新技术改造提升传统产业，提高自主创新能力，优化产品结构，扩大生产能力。采取服务券、创新券、信息化券等多种形式支持企业"专精特新"发展。对于"专精特新"中小企业，设立中小微专项扶持资金，引导企业开展技术创新"破零翻倍"行动。

（三）强化产学研合作机制

推动"专精特新"企业与高等院校、科研机构联合建立产学研合作机制，强化产学研协同创新，组织关键共性技术研发，加速科技成果转化落地。聚焦核心关键技术，加快产学研合作一体化发展，开展重大项目科技攻关合作。在合作过程中首先要建立完善的成果评价体系，发挥科研人员的主动性。其次要建立全员激励机制，大力培育尊重知识、尊重人才的社会环境。此外，面向"专精特新"企业，构建产学研合作数据库平台，完善科技服务、市场咨询等中介服务体系，为"专精特新"企业提供项目合作的人才、市场、技术及资金等资源，健全风险共担机制，推动产学研发展。

（四）提升金融服务水平

加强金融平台合作，为"专精特新"企业构建投融资、重组并购、基金债券等综合服务体系，并提供多元化综合服务方案。强化辅导培训，帮助企业管理层建立对金融服务实体的认识，有效对接多层次的资本市场。充分整合优质资源，为"专精特新"企业提供投资机构、券商、律所、会计师事务所、产业链上下游等资源，有效形成"资源链、服务链、资金链"平台。通过社会化参与，引导投融资机构为"专精特新"企业提供增值服务。鼓励吉林省股权交易中心推动"专精特新"企业发展，深化股权交易中心、上市公司和"专精特新"产业园区的对接和联动，形成"线下培训课程+上市公司走访+交易所走访+产业园区实践交流"的"专精特新"培育体系。

参考文献

[1] 戴艳红：《德国隐形冠军对我国专精特新小巨人企业的启示》，《现代商贸工业》2022 年第 22 期。
[2] 陆岷峰：《"专精特新"群体生态分析：中小企业高质量发展路径研究》，《武汉商学院学报》2022 年第 4 期。
[3] 杨洁、刘碧云：《江苏省科技型中小企业"专精特新"发展机制分析》，《河南科技》2022 年第 7 期。

B.25
吉林省现代服务业集聚区发展对策研究

赵　奚*

摘　要： 合理布局和有效开发现代服务业集聚区，对培育区域经济发展新的增长极具有重要意义。围绕吉林省现代服务业集聚区建设与发展情况研究，提出吉林省现代服务业集聚区内部存在企业规模偏小、信息化能力较弱、产业链不完整、创新水平不高、资源短缺显著，外部面临环境严峻、政策支持力度有限、资源整合不佳、公共服务平台不完善、基础设施建设不完备等问题。应通过加强省内地区间统筹规划、创新集聚区体制机制、加大集聚区政策支持力度、加强产业联动、加快集聚区平台建设，全面推进现代服务业集聚区高质量建设。

关键词： 现代服务业集聚区　平台建设　吉林省

一　吉林省现代服务业集聚区发展现状

（一）集聚区类型日趋完整

吉林省现代服务业集聚区整体上从零散到规整，发展趋势良好。从2013年开展第一批集聚区认定工作，截至2022年6月共认定7批，累计认定集聚区82家，涵盖9个领域，包括现代物流园16家、科技创业园16家、

---

* 赵奚，技术经济学博士，吉林省社会科学院，研究方向为产业经济。

产品交易市场 13 家、休闲旅游服务集聚区 8 家、文化创意园 6 家、电子商务产业园 6 家、服务外包基地 6 家、综合性生产服务集聚区 6 家、商务综合服务区 5 家（见图1）。目前，吉林省现代服务业集聚区类型日趋完善，辐射效应进一步增强。

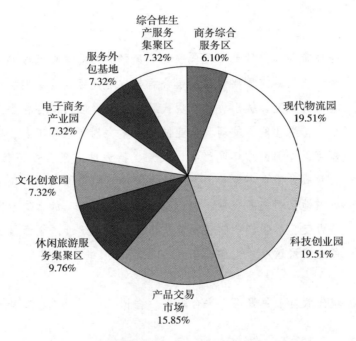

图 1　2022 年吉林省现代服务业集聚区类型

（二）集聚区地区分布全面覆盖

吉林省 82 个省级现代服务业集聚区覆盖 10 个城市，其中长春市 43 家、吉林市 11 家、延边朝鲜族自治州 7 家、通化市 5 家、白山市 5 家、四平市 3 家、松原市 3 家、白城市 3 家、辽源市 1 家、长白山管委会 1 家（见图2）。各地区依托主导产业、资源禀赋以及区域优势等方面条件形成了各具特色的集聚区类型。长春市围绕中部创新城市建设和汽车产业发展，注重生产性服务业领域集聚区的建设；吉林市依据城市发展水平主要发展提高民生质量的生活性服务业集聚区；延边、白山、长白山管委会借助长白山旅游资源优势，集中开发休闲旅游集聚区；通化市、白城市依托特色资源发展农产品交易中心；白城市洮南洮宝大学生创业园利用当地优质杂粮杂豆资源，进行电商销售；松原市利用区位优势和交通便利条件，重点建设物流园区；四平市现有文创产业集聚区、成品油大宗商品贸易物流产业园集聚区；辽源市依托主导产业袜业建设电子商务园区。

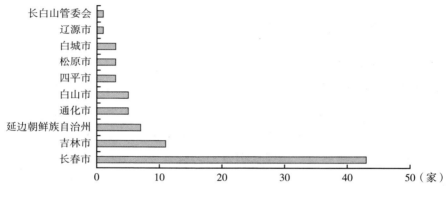

图 2　2022 年吉林省现代服务业集聚区地区分布

（三）集聚区创新引领作用不断增强

近年来，一批创新创意型集聚区通过共享资源、延伸服务等方式，积极帮助区内企业联动各方资源，引导科技成果转移转化，逐步发挥创新引领作用。截至 2022 年上半年，全省现代服务业集聚区在建项目达到 101 个，总投资 46 亿元，已完成投资 26 亿元。吉林省高新创业孵化产业园致力于打造从项目初选到产业化发展一体化孵化服务体系，构建了从"众创空间—孵化器—加速器—产业园区"的完善链条，支持科技型中小企业技术创新。成功举办七届青年科技创新创业大赛，吸引了在校大学生、青年科技人才和留学归国人员等不同群体，涉及数字经济、健康经济、服务经济等多个领域的众多项目。园区在孵企业先后获得国家部委及省直相关部门"首批国家

级大学生科技创业见习基地""国家小型微型企业创新示范基地""吉林省创业孵化示范基地""吉林省科技企业孵化器"等称号。吉林省广告产业园作为国家广告产业试点园区,努力搭建智能化、生态化的"品牌吉林双创平台",通过核心企业的引领与吸附力,集聚品牌营销、产品研发人才及机构,区域特色产品与支柱产业相结合,打造以客户为导向的一站式品牌管理、时效营销服务,实现了"产品—人才—品牌"的深入互动,扩大了吉林产品、吉林品牌的知名度和影响力。

(四)集聚区发展环境持续优化

为加快推进吉林省服务业平台载体建设,2011年省政府在《关于促进服务业跨越发展的实施意见》(吉政办发〔2011〕19号)中提出"推进服务业集聚发展,制定服务业集聚区标准,对有集聚化趋势的服务业企业集中区进行认定",2013年吉林省在借鉴浙江、江苏等地经验的基础上,制定了《吉林省省级现代服务业集聚区认定管理暂行办法》(吉发改服务〔2013〕331号),并于2017年进行了修订,适当提高了集聚区认定门槛。自2013年至今,分7批认定了82个省级现代服务业集聚区,并对集聚区内新的服务业企业免征3年房产税及城镇土地使用税,同等条件下重大项目优先推荐申报国家服务业发展引导资金。目前,在已认定的集聚区基础上评选出十大省级现代服务业集聚区,在全省服务业发展大会上进行通报表彰,进一步提高集聚区示范带头作用。

二 吉林省现代服务业集聚区存在的问题

(一)从集聚区看主要存在的问题

1.企业规模偏小

企业主体规模偏小是吉林省级现代服务业集聚区发展的一个共性问题。集聚区内中小企业多、大企业少,规模以上企业比重低,能够在一定范围内起到带动和示范作用的大企业更少。在全省 82 个现代服务业集聚区中，传统业态偏重的现代物流园、产品交易市场有 29 个，大部分以个体工商户为主。集聚区内入驻企业较多，但由于多数为个体工商业户，没有采取统一收银，其交易额也不能纳入统计核算口径。而知识密集、科技含量高的科技创业园、电子商务产业园中基本以小微企业为主，规模以上企业较少。

2. 产业链不完整

部分集聚区配套产业与主导产业发展匹配度不高，集聚区内产业集聚功能不够完善，一定程度上制约了集聚区规模和能级的提高。集聚区过多重视硬件设施环境建设，导致集聚区内产业关联度较低、协调性较差，缺少带动性，产业供应链的形成与创新缓慢，制约了集聚区发展水平的提高。长春人力资源服务产业园在一定程度上形成了全链条产业布局，但业态细分领域建设不够，尤其是大数据等新业态人力资源服务企业引进培育力度不够。产业融合度不够。吉林省国家广告产业园科技+文化创意融合度欠佳，尤其是在开发和孵化影视短视频的制作方面缺少技术层面的开发和使用，云上展示和销售领域的软件技术问题缺少相关企业和创业者的孵化和产业链条的发展。

3. 创新水平不高

集聚区内大部分企业规模小、缺少创新人才及企业家创新动力不足，导致集聚区科技创新困难重重。技术研发周期、投资回报期较长，而又缺乏政策扶持，增加了公司的经营成本。而各地区平台建设刚刚起步，尚未建立有效的共享机制。部分中小企业创新驱动力不足，外界科技资源匮乏，缺少技术转移、成果转化的资源和渠道。大部分服务业集聚区还尚处在探索发展过程中，创新性、差异化发展研究不够深入，内部建设和招商进展不快，集聚效应不足。集聚区内的企业没有自主研发的产品，竞争力低下，市场发展前景渺茫。

4. 资源短缺显著

吉林省现代服务业集聚区发展普遍存在着资金、高素质人才以及土地供给短缺的问题。第一，受制于资金的持续支持不足，前景渺茫，发展停滞不前。当前多数集聚区内入驻企业受疫情影响，回款较慢，资金压力较大，企

业缺少抵押物，在金融机构融资存在困难，多数企业缺少流动资金。国有银行贷款要求条件苛刻，民营银行贷款利息过高，企业负担重。第二，吉林省现代服务业集聚区发展过程中最主要的制约因素是缺乏人才。信息技术、研发、设计、创意、国际贸易、现代物流和金融服务等方面人才紧缺，文化、旅游、科技、教育、医疗、人力资源、司法、广告等多行业均存在中青年骨干力量流失的问题。劳动力短缺。集聚区的发展同样面临雇工难问题，人力成本高，严重时甚至雇不到人，极大地制约了企业的发展。第三，吉林省部分规划完善的集聚区用地困难和土地性质问题成为部分集聚区发展的瓶颈。由于受证照办理以及土地交付和土地使用等历史遗留问题影响，很多土地还没有交付完毕，严重影响了集聚区的建设，致使集聚区发展错失了很多发展良机。

（二）从行业发展环境看存在的问题

1. 面临的环境严峻

受多轮疫情影响，集聚区内企业恢复迟缓。为防控新冠疫情，受疫情影响严重的集聚区数量较多，特别是受入境管制措施影响的休闲旅游及边贸类集聚区，多个集聚区内的边贸企业处于暂时停业状态。如生产性服务类集聚区以及交易市场等半数以上集聚区受订单下降、资金短缺以及人工成本过高影响严重，恢复缓慢，多数集聚区营业收入下降严重。

2. 政策支持力度有限

目前针对省级现代服务业集聚区的政策缺乏系统性和延续性，长期可持续发展受到约束。受疫情影响，部分集聚区营收明显下滑，正处于恢复期，目前，针对服务业集聚区的专项扶持政策出台不足。集聚区内部优惠政策吸引力不足。目前各集聚区的优惠政策主要为房租减免、税收奖励、引才奖励等，不具有吸引力，还需根据园区情况进一步完善。政策落实不到位，靠地方层面推进难度极大，使现代服务业聚集区无法迈向国际化。

3. 公共服务平台不完善

集聚区成立了专门的组织机构，但缺少专人从事规划、招商、协调和管理。集聚区为园区内企业提供的服务多为物业管理、信息发布和管理人员的培训等，专业化的信息服务灵活性较差，在融资、市场对接、中介服务、人才引进等领域明显不足，导致集聚区整体公共服务效率低下，制约了发展水平的提高。集聚区内缺少融资指导等必要的引导扶助机制，集聚区对入驻企业基本信息、知识产权、财务数据等相关资料的统计缺少必要的数据分析。缺少技术服务平台、法律服务平台、投融资服务平台建设。现有的公共技术平台很难满足对不同类型企业的差别化需求和企业服务规模化及服务定制化的要求。

4. 基础设施建设不完备

公共交通问题需要解决。吉林省现代服务业集聚区有很多园区涉及产品交易业务，但地理位置较远，交通不便，距离公交、地铁站点远，而集聚区就业人数比较多，需要政府解决公交线路和公交站点问题。道路交通基础设施需要改善。还有相当一部分产品交易市场门前道路规划不合理，导致交通堵塞现象严重。

三 吉林省现代服务业集聚区发展的对策建议

（一）加强政策支撑，注重招商引资

第一，加强政策支撑。由省发改委统筹，充分发挥省直行业主管部门作用，各行业主管部门分别制定支持政策推动本领域服务业集聚区建设，促进各服务业行业集聚化发展。对现有集聚区重点项目优先给予税收减免，减轻企业经营成本。

第二，注重招商引资。根据服务业集聚区的不同特点吸引关联性较强企业，通过协同效应形成整体效益。着重引进金融服务等高端领域的大企业、大项目进驻园区，形成产业集聚的高地。

（二）加强省内统筹规划，提升发展质量

第一，加强省内地区间统筹规划。加强高位统筹。从省级层面对各地集

聚区发展方向进行支持引导，促进区域内资源整合，对不同行业领域的集聚区在条件设置上要有个性化区分，避免同一区域内产生同质化竞争。引导和督促各集聚区抓紧编制完善产业发展规划和空间布局规划，细化集聚区与各地区现代服务业规划在产业和空间上的对接，进一步明确功能定位，促进资源有效配置和集约利用。完善区域布局。坚持"统筹规划、合理布局、突出特色、错位发展"的原则，依托省服务业发展研究院对各地区发展条件、区位优势和产业特征进行科学分析，实现区域联动，均衡空间布局。突出区域特色。结合吉林省"一主六双"产业空间布局，突出地区业态和优势特色。

第二，提升发展质量。推进现有服务业集聚区高质量发展。建设现代服务业集聚示范区。对现有省级现代服务业集聚区发展水平进行评估，进行动态管理，制定进入、退出机制。对发展规模大、产业优势明显、集聚效应突出的集聚区推动打造成集聚示范区，对示范区加大政策、资金支持力度，进一步提高示范带动作用。对排名在末尾的集聚区撤销其认定资格。建设产业融合发展引领区。依托制造业优势推动集聚区向生产性服务业倾斜。结合国家推动先进制造业和现代服务业融合发展政策措施，加强服务业集聚区对制造业的配套服务功能，对符合两业融合方向的集聚区进行优先认定。

第三，建设品牌集聚区。充分挖掘和发挥科技、文化、旅游、健康和制造业优势，依托龙头企业和人才，重点扶持一批具有发展潜力、有良好成长性的集聚区创立品牌，进行服务业集聚区品牌评选活动，并给予一定的政策扶持。

（三）注重人才培养，加大资金支持力度

第一，注重人才培养。在集聚区建立人才工作服务站，帮助解决各种实际困难和问题。推进多层次多门类人才市场和中介服务建设，形成功能完善、服务优质的人才市场体系。搭建人才培养体系。将服务业人才培训列入全省重点人才培养计划，开展现代服务业人才培养和培训，为服务业集聚

发展提供人力资源保障；鼓励服务业集聚区与科研院所合作，充分发挥社会力量在人才培训方面的主导作用。

第二，加大资金支持力度。扩大省级服务业发展专项资金规模，资金用途中明确用于支持服务业集聚区发展的资金额度，各行业管理部门重点推动的服务业集聚区，符合条件的给予资金奖励。细化资金扶持的管理办法。针对集聚区建设与发展制定长期支持政策，取消一次性奖补，根据发展的不同时期分别给予不同额度的补贴，促进集聚区的可持续发展。对于经过评估撤销认定的服务业集聚区可以停止奖补。争取实现重点扶持产业、创新业态政策上的突破。借鉴上海、山东等地的经验做法，在城市配送、无车承运平台建设等方面制定更优惠的支持政策。

（四）创新体制机制，搭建公共服务平台

第一，创新体制机制。探索由地方政府主导，以政府派出机构或下辖平台公司管理运营，依托现有各级产业园区建设一批服务业集聚区，通过较高的组织、协调能力和公共配套设施，进一步提升集聚区在组织管理、规范运营、招商引资等方面的能力，为服务业企业提供更好的发展环境。创新开发运营模式。采用联合开发机制，注重市场化运作，鼓励外资、民资和各类社会资本参与开发建设，吸引各类社会资本和经济主体参与集聚区的建设发展，不断提高集聚区开发建设、经营管理的市场化和专业化水平。

第二，搭建公共服务平台。搭建政产学研用创一体化创新平台。以市场为导向、以企业为主体、以政策为引导，构建现代服务业集聚区政产学研用创一体化平台，为集聚区发展提供支撑。打造公共服务平台。以满足区内服务业企业共性需求为导向，建设集多个领域于一体的综合性公共服务平台。打造招商引资平台。做好集聚区运行、统计、分析、宣传等服务工作，积极引进高集聚强辐射的企业和项目。按照服务业集聚区的特点，吸引关联性较强企业产生协同效应，形成整体效益，加强服务业集聚区整体营销。

参考文献

［1］〔德〕阿尔弗雷德·韦伯:《工业区位论》,商务印书馆,2009。

［2］刘溢海、李雄诒:《发展经济学》,上海财经大学出版社,2007。

［3］姜长云、张晓敏:《服务业集聚发展的机理和国际经验》,《经济研究参考》2014年第42期。

［4］韩锋、张永庆:《生产性服务业集聚重构区域空间的驱动力及作用机制分析》,《当代经济管理》2017年第8期。

［5］何骏:《探索中国生产性服务业集聚区的发展之路——中国生产性服务业集聚区的创新系统与重点模式研究》,《当代经济管理》2009年第4期。

Abstract

In 2022, the international environment is becoming more complicated and severe due to the deepened Ukrainian crisis, raised interest rates by the Federal Reserve, fluctuating exchange rates of many countries, and mounting global inflationary pressure. Moreover, sporadic COVID-19 outbreaks frequently occur in China, leading to unexpected emergencies. Because of the weak market expectation, it is hard to revitalize the consumption of bulk commodities and services and release their market potential, and difficulties in investment and financing intensified, which pose multiple challenges for the economic development of Jilin Province. Guided by the report to the 20th National Congress and the high-quality development strategy, the Blue Book of Jilin Province objectively describes the current situation of economic and social development in Jilin Province, scientifically analyzes the prominent problems and underlying reasons in its development, profoundly studies the internal and external environments it is facing and the new development pattern, forecasts its economic development trend in 2023, and explores the paths and countermeasures to achieve the high-quality development in Jilin Province.

In 2022, a new round of COVID-19 outbreak in Jilin Province suddenly aggravated the downward pressure on its economy. According to the central policy requirements, the provincial Party committee and the provincial government formulated a series of policies and measures, including the "43 Measures to Stabilize Growth", the "29 Measures to Promote Consumption Recovery and Potential Release" and the "10 Measures for Financial Support for Pandemic Prevention and Control as well as Economic and Social Development", in an effort to comprehensively and accurately stabilize economic development and

吉林蓝皮书

guarantee people's basic livelihood. In the first three quarters, the policy produced good results gradually, leading to a more solid foundation and new drivers for economic growth. The province's economy has recovered steadily and continued to improve. In 2022, the agricultural production in Jilin Province was stable with improved quality, and the province will see a bumper harvest of grains again. It is estimated that the output will exceed last year.

According to the report, in 2023, despite the grim international economic situation, China will continue to deploy and implement a package of policies to stabilize the economy, the production and operation of enterprises will rebound and steadily improve, and consumption recovery will continue to be a main driver of economic growth, thus contributing to its economic recovery. China will remain the largest growth engine in the world, and a new development pattern will gradually take shape. Jilin Province faces both opportunities and challenges in economic and social development. The key work is to continuously tap consumption potential, optimize investment structure, stabilize industrial chains and supply chains, improve business environment, and increase the vitality of market players, so as to facilitate the high-quality economic development in Jilin Province and boost the dynamism and reliability of the domestic economy.

Keywords: Economic Situation; Social Development; Jilin Province

Contents

I General Report

Abstract : A new round of epidemic outbreaks in Jilin Province has intensified the downward pressure on the economy in this year. The provincial Party Committee and provincial government formulated and promulgated series of policy measures in accordance with the the policy requirements of the central government, including " 43 guidelines for making sure steady growth " " 29 guidelines for promoting the recovery of consumption and the release of potential " " 10 guidelines for financial support for preventing and controling epidemic and developing the economy and social " . The series of policy measures stabilize economic development and ensure basic people's livelihood. The policy effect is gradually showing, the stable foundation has been strengthened, new driving force for growth is accumulating, the whole province's economy is stability recovery continued to improve. However, " Steady growth " still faces many challenges because of the economic development environment becoming significantly more complex, severe and uncertain. Under the background of normal epidemic prevention and control, Jilin Province should further release the policy synergy, continuously tap the consumption potential, optimize the investment structure, stabilize the industrial

chain and supply chain, enhance the vitality of market players, promote the high-quality development of Jilin Province's economy, and enhance the internal power and reliability of the domestic big cycle.

Keywords: Economic Situation; Economic Operation; Steady Growth; Jilin Province

II　Economic Operation

Abstract: Since 2022, the agricultural and rural economy of Jilin Province has been stable and progressive, withstanding the impact of various uncertainties, and major projects have been launched or smoothly advanced, and the total agricultural economy is expected to reach more than 310 billion yuan, and the total grain output is expected to reach more than 42. 5 million tons, providing a stronger guarantee for national food security and the "five security" in Northeast China, and also laying a good foundation for the medium-and long-term agricultural and rural development of Jilin Province. On this basis, this paper pays attention to deep-seated problems such as the law of agricultural and rural economic development, and puts forward corresponding countermeasures and suggestions.

Keywords: Agricultural and Rural Modernization; Food Security; Climate Change; Farmers' Income

Abstract: From January to September 2022, affected by the complex situation, the industrial operation of Jilin Province was seriously affected. Since

June, the decline in industrial growth has narrowed month by month, showing a trend of stabilization and recovery. Eight key industries played an important supporting role, and industrial investment remained at a low growth level, accounting for a decline in the proportion of provincial investment. Among the 31 major industrial products, the output of 15 products has achieved positive growth, the sales rate of major industrial products has increased month by month, and the growth rate of main business income and profit of industrial enterprises has declined compared with the same period last year. On the whole, the heavy industry in Jilin Province has declined significantly and fluctuated greatly; The growth of industrial investment is weak and effective support is insufficient; The key industries are mixed, and the accumulation of new industrial kinetic energy is insufficient; The growth of small and micro enterprises has declined significantly, and the survival pressure has increased dramatically. Looking at the current global situation, the risks of the world economy and finance against globalization are rising, and the supply chain of the manufacturing industry is accelerating its restructuring; Digital, green and sustainable manufacturing has become a development trend; China's industrial growth is generally stable and slowing down; The industrial operation of Jilin Province is expected to achieve positive growth throughout the year. Facing the complex and severe international and domestic situation, based on its own development foundation, Jilin Province should do everything possible to expand effective investment and optimize the investment structure, focus on key industries and emerging industries and consolidate the foundation for industrial transformation and upgrading, expand opening up and strengthen regional cooperation to promote industrial ecological innovation and development, continue to optimize the business environment, and solve problems for small and micro market players.

Keywords: Industrial Economic; Investment; Business Environment; Jilin Province

吉林蓝皮书

B.4 Analysis on the Development Situation of Jilin Province's

Service Industry and Research on Countermeasures in 2022

Ji Minghui / 056

Abstract: In 2022, Jilin Province overcomes difficulties, coordinates epidemic prevention and economic development, the service industry recovers better than expected. The financial industry, e-commerce industry, culture and tourism and other advantageous service industries show strong supporting roles. The transportation industry, trade service industry and other service industries seriously affected by the epidemic recover strongly. In combination with the current difficulties of the provincial service industry and the development trend of the service industry, Jilin Province should anchor the high-quality development goals and requirements of the service industry, and continue to do a good job in implementing corresponding policies, deepening reform, promoting innovation, promoting digital transformation, and attracting and motivating talents.

Keywords: Service Industry; Digitization Transformation; Jilin Province

B.5 Analysis of the Consumption Situation and

Countermeasures in Jilin Province in 2022 *Tian Zhenxing* / 069

Abstract: In 2021, the consumer market in Jilin Province recovered rapidly, and the total retail sales of social consumer goods hit a record high. In 2022, the total consumption decreased due to the influence of domestic and international economic environment. Overall, although the decline in the total retail sales of social consumer goods has began to slow down and the consumer market has recovered gradually, especially the new forms of consumption, however, there are still many factors restraining the consumption recovery such as insufficient effective supply, small population size, low household income, poor infrastructure, and lack of innovation in financial regulation etc. As a consequence, Jilin Province needs to take effective measures to deal with the new trend of consumption in2023.

Keywords: Consumption Upgrade; Consumption Situation; Consumption Environment; Jilin Province ·

B.6   Analysis of the Investment Situation in 2022

and Propose Countermeasures for 2023

in Jilin Province　　　　　　　*Zhang He*, *Wang Jingyi* / 081

Abstract: In 2022, investment in Jilin Province showed a stable and positive development trend. Key industries in the province, such as the automobile industry, construction industry and the real estate industry, resumed growth, the construction of major projects was carried out smoothly, and the overall investment layout was transformed to digitally, achieving a good start of the "14th Five-Year Plan". On the whole, the economic and environmental pressure facing the whole province is relatively large, the pulling effect of industrial investment needs to be further developed, the investment in strategic new industries is slightly insufficient, and the vitality of private investment needs to be strengthened. Looking forward to the future, Jilin Province will continue to strengthen the clear orientation of project construction, continuously improve the investment environment, promote the organic integration of investment subjects, and promote the concentration of investment in key industries and leading enterprises, as well as to Changchun and Jilin. In order to further improve investment efficiency and continuously release growth momentum, this report puts forward countermeasures and suggestions to optimize investment development in Jilin Province: actively expand effective investment and promote the optimization of the investment structure; enhance private investment confidence and stimulate the vitality of the private economy; promote the green transformation of investment and release the momentum of sustainable development; and deepen trade and investment. Cooperate to attract global resource agglomeration; strengthen policy guarantees to provide a stable

吉林蓝皮书

investment environment.

Keywords: Effective Investment; Private Investment; Investment Structure; Investment Layout

B.7　Analysis and Prospect of Foreign Trade Situation in Jilin Province in 2022　　*Shao Bing* / 094

Abstract: At present, century-old changes are compounded by the world epidemic, global inflation is exceeding expectations, the foundation of the world economic recovery is fragile, demand growth is slow, the spillover effects of geopolitical conflicts continues, affecting international trade flows, economic and trade frictions among major economies are intensifying, trade protectionism is on the rise, "economic nationalism" is rising, the security of the industrial chain supply chain is facing challenges, and the foreign trade situation is complex, severe, and uncertain. At the same time, it should be noted that China's long-term economic trend has not changed, providing favorable conditions for maintaining stability and improving quality of foreign trade. Various policies for stabilizing foreign trade have continued to take effect, stimulating the resilience and vitality of the foreign trade industry. RCEP has taken effect, and the continued release of dividends has brought opportunities for the development of foreign trade. Since 2022, Jilin Province has insisted on taking multiple measures at the same time, focusing on the promotion and upgrading of foreign trade, and fully promoting the development of foreign trade. At the same time, Jilin's foreign trade development also faces difficulties and challenges such as high freight costs, poor logistics and personnel flow, large fluctuations in raw material prices, and reduced overseas demand. Under the new situation, Jilin Province should further strengthen the production and operation guarantee of foreign trade enterprises, improve the export scale efficiency, optimize the structure of imported goods, accelerate the upgrading of business model, optimize the trade mode structure, diversify the order to expand the market, promote the facilitation of trade clearance, strengthen financial and credit protection policy support, and make every effort to promote the development of foreign trade in the province to improve the quality and increase.

Keywords: Foreign Trade; Foreign Trade Policy; Trade Protectionism; Jilin Province

Ⅲ   Industrial Upgrading

B.8   Research on Automobile Industry of Jilin to Maintain
Competitive Advantage under the New Situation

Cui Jianfeng / 109

Abstract: In recent years, the automobile industry of Jilin Province has formed some advantages in terms of independent brand construction, technological innovation, industrial chain layout, etc., although its scale advantage has declined under the background of the depression of the automobile market. In the future, China's automobile market will gradually become saturated, new energy vehicles and self owned brand passenger vehicles will become important growth points, and electrification, intelligence, networking and sharing will become the key to industrial development. The Twentieth National Congress of the Communist Party of China proposed to unswervingly develop the real economy. Under this background, the automobile industry of Jilin Province should meet the industrial development trend and maintain the industrial competitive advantage by accelerating the enrichment of its own brand passenger vehicle product system, expanding the production and marketing scale of new energy vehicles, promoting the development of intelligent connected vehicles, cultivating modern automobile service industry, improving the new industrial support system, and improving the industrial development guarantee capability, Lead the development of manufacturing industry and real economy in Jilin Province.

Keywords: New Energyvehicle; Self Owned Brand; Technological Innovation; Industrial Chain; Intelligent Connected Vehicle

B . 9 Suggestions for the Development of "New Tourism"
in Jilin Province
Liu Yao / 123

Abstract: "New Tourism" is a key area for Jilin Province to promote
industrial transformation and upgrading and to accumulate new competitive
advantages. It will provide strong support for orderly advancing "one master and
six pairs" industrial layout and leading the high-quality development of the
industry. We should give play to the leading role of "new tourism" in the
transformation and upgrading of traditional tourism, and achieve the goal of
becoming a "trillion level" pillar industry during the "14th Five-Year Plan"
period. We need to deeply understand the rich connotation of "new tourism", to
clarify the new development trend of "new tourism" will face in the new era. By
means of paralleling "increasing supply" and "destocking", promoting digital
technology empowerment, strengthening tourism consumption guidance,
improving the new media marketing matrix, and improving the professionalism of
the talent team, the tourism industry in Jilin Province can be improved in quality
and efficiency, and achieve high-quality development.

Keywords: New Tourism; Digital Technology; New Media; Destocking

B . 10 Countermeasures and Suggestions for the Steady
and Healthy Development of Real Estate Industry
in Jilin Province
Wang Jialei / 137

Abstract: The real estate industry is an important industry for the economic
development of Jilin Province. The steady and healthy development of the real
estate industry plays a key role in the economic growth of Jilin Province, and in
"improving people's livelihood and improving people's quality of life". To
promote the steady and healthy development of the real estate industry in Jilin
Province, we can reduce the real estate inventory, develop the housing rental

market, implement and improve existing policies, and boost market confidence.

Keywords: Real Estate; Real Estate Market; Real Estate Inventory; Rescue Fund

B.11   Research on the Low Carbon Transformation Path
          of Jilin Province under the Background
          of "Double Carbon"   *Xiu Jing, Li Tan* / 148

Abstract: Under the background of "double carbon" goal, the core of achieving high-quality economic growth lies in improving the low-carbon transformation ability of Jilin Province. At present, Jilin Province's technological progress is the fastest, faster than Northeast China and the national average level, but it is biased towards energy use and carbon emissions, which is not conducive to low-carbon transition. The carbon constraint policy during the "14th Five-Year Plan" will weaken the effect of technological progress on the improvement of energy-saving and low-carbon total factor productivity. Jilin Province should make full use of administrative, market and public participation environmental regulation policies and measures, actively play the coordination role of market and policy, and promote the low-carbon transformation of Jilin Province.

Keywords: "Double Carbon"; Low-carbon Transformation; Jilin Province

B.12   Research on the Development Countermeasure
          of Agricultural Comprehensive Service System
          in Jilin Province   *Ding Dong* / 160

Abstract: A sound comprehensive agricultural service system can improve agricultural production efficiency, improve management, improve supervision

measures, ensure food security, and play a positive role in accelerating poverty alleviation and agricultural modernization. At present, Jilin Province is carrying out agricultural socialized service according to local conditions, and constantly improving the informatization level of agricultural comprehensive service and the service level of agricultural science and technology. But there are also some problems such as the limited management level of agricultural comprehensive service, so the quality of professional personnel is not up to the requirements and the degree of agricultural professional service is not outstanding. By putting forward some countermeasures, such as building a "one-stop" service platform, improving the construction of the three systems of modern agriculture, strengthening policy support and coordinated management, and setting up high-level agricultural comprehensive service team, this paper aims to improve the efficient agricultural comprehensive service system of Jilin Province, and promote the construction of new countryside and the development of modern agriculture.

Keywords: Agricultural Integrated Service; Technological Innovation; Service System; Jilin Province

Ⅳ Regional Development

B.13 Research on the Development Path of County

Urbanization in Jilin Province   *Li Ping* / 171

Abstract: With the increasingly frequent intra provincial migration of population in China, county urbanization is an inevitable choice for current and future population mobility as an important carrier of urban-rural integration. Promoting the process of county urbanization is conducive to promoting the development of county economy and accelerating the pace of rural revitalization. On the basis of in-depth analysis of the current situation of county urbanization in Jilin Province, this report focuses on exploring the problems and difficulties that still exist in the development of county urbanization in Jilin Province. On this basis, it focuses on scientifically grasping the functional orientation, guiding the direction of county development by classification, strengthening industrial support, enhancing the ability of county employment absorption, improving the infrastructure system, consolidating the basic support for county operation, and increasing the supply of public services in the county, Four aspects of building a livable and employable environment put forward a feasible path to promote the rapid and healthy development of county urbanization in Jilin Province, with a view to accelerating the formation of a pattern of coordinated development of high-quality development and new urbanization in Jilin Province.

Keywords: County Urbanization; Characteristic Industries; Urban-rural Integration; Infrastructure; Jilin Province

B . 14   Jilin Province to Accelerate the Construction
of Characteristic Town Research   *Xu Jia /* 183

Abstract: Characteristic towns are related to the process of urban and rural integration and the development of new county urbanization, which is an important node and the key to the implementation of rural revitalization strategy. Jilin Province is in the special period of stepping into the new journey of socialist modernization with Chinese characteristics, we must pay attention to the rural node, speed up the planning and layout of characteristic towns, build characteristic towns with industrial advantages, rich culture, strong carrying capacity and good environment according to regional characteristics, promote the transfer of urban advanced productive forces to rural areas, accelerate the flow of high-quality rural products and services to urban areas, form the "growth pole" of rural revitalization, and drive the province's rural revitalization strategy to take greater steps.

Keywords: Characteristic Town; Urbanization Development; Rural Revitalization; Jilin Province

吉林蓝皮书

B.15   Research on the Path of the First City Driving

the Regional High-quality Development

of Jilin Province   *Liu Lian* / 197

Abstract: In 2019, the Jilin Provincial People's Government issued the "one main, six double" industrial spatial layout plan, in which it is clear to build a "Changchun Economic Circle" with Changchun as the main development city, radiating and driving Jilin, Siping, Liaoyuan and Songyuan. In 2021, the Jilin Provincial Party Committee and the provincial government reviewed and passed the "Decision of the CPC Jilin Provincial Party Committee on the Comprehensive Implementation of the 'one main, six double' high-quality development strategy", The "one main industry and six double" industrial spatial layout planning has been formally promoted to the level of high-quality development strategy. Changchun, which is responsible for "one main industry", will give full play to the role of its first city as a radiation driver, and drive the high-quality development of other regions by effectively integrating and scientifically planning the characteristic industries in the region.

Keywords: The First City; Changchun Metropolitan Area; Regional Development

B.16   Research on Countermeasures for Comprehensively

Promoting Urban Renewal Actions in Jilin Province

Wang Tianxin / 212

Abstract: Since 2021, Jilin Province has accelerated the transformation of old residential areas, focused on improving municipal facilities, and promoted the integration of urban renewal with cultural inheritance and ecological construction, and relevant work has made positive progress, but there are still problems and deficiencies in stock space transformation and waterlogging control. In the future, it is necessary to further activate and utilize the existing space, continue to make improvements and upgrades in infrastructure construction, characteristic scene construction, multi-subject co-governance, etc., and comprehensively promote the urban renewal action in Jilin Province to high-quality and sustainable development.

Keywords: Urban Renewal; Stock Renovation; Infrastructure; Jilin Province

V People's Livelihood Security

B.17 Research on the Current Situation and Countermeasures
of College Students' Employment in Jilin Province

Han Jiajun / 224

Abstract: Affected by the epidemic, the overall employment market and the employment situation in Jilin Province have undergone tremendous changes. To cope with the severe employment situation, fresh graduates need the active promotion and support of all sectors of society. The employment of college students and the recruitment of employers are facing new situations and characteristics. In order to promote the employment of fresh graduates, the Jilin provincial government, universities and enterprises are working together to actively play a "combined fist" in employment. In the future, college students' employment will still face problems such as the imbalance between supply and demand of the labor market, the reduction of the efficiency of labor market allocation, and the highlighting of structural contradictions. To further promote stable employment, the government should adhere to the "four hand operation" to escort graduates to find jobs, colleges and universities should "pull ahead and push back" to serve high-quality employment of college students, and enterprises should "customize training" to attract outstanding college students for employment, Students should "actively compete" for suitable jobs.

Keywords: Fresh Graduates; Employment; Jilin Province

吉林蓝皮书

B.18 Research on the Construction of Emergency

Management System of Jilin Province　　　*Wang Haoyi* / 237

Abstract: Emergency Management is an integral part to our governance system and governance capabilities. The report to the 20th National Congress of the Communist Party of China has incorporate the National Emergency Management System into the National Security System, raised higher requirements for fend off and defuse major risks, timely handle all kinds of disasters and accidents, protect people's lives and property, maintain social stability. And also pointed out the further direction of the Emergency Management in the future. For several years, the Emergency Management System of Jilin has been gradually improved, And dealing with a series of challenges, such as natural disasters, industrial accidents, Public health emergency etc. This report base on the current situation of Emergency Management System in Jilin Province, Put forward the main challenges faced by emergency management in the new era, And try to bring forth corresponding suggestions.

Keywords: Emergency Management; Emergency Support; Emergency System Construction

B.19 Research on the Construction of Elderly Friendly

Community in Jilin Province　　　*Quan Longjie* / 250

Abstract: Population aging has become one of the most important population problems faced by Jilin Province. Accelerating the construction of elderly friendly communities is a new foothold for Jilin Province to implement the national strategy of actively coping with population aging. In recent years, around the construction of national demonstration elderly friendly communities, Jilin Province has begun to explore the construction of elderly friendly communities. At present, certain achievements have been made in planning guidance, the construction of demonstration communities, the supply of community elderly care services, etc. , but it is still facing the problem such as "getting old before getting rich", lack of supporting policy support, insufficient government investment in community elderly care services, the weak foundation of building elderly friendly communities in rural areas. To accelerate the construction of the elderly friendly community in Jilin Province, we need to fully absorb the advanced experience of other provinces and cities, strengthen policy guidance, carry out overall planning and design, build a multi subject participation model, establish and improve a long-term dynamic evaluation mechanism, build a safe and comfortable elderly friendly space, build a community elderly service network, create a humanistic environment that respects and cares for the elderly, coordinate urban and rural development, and complement the shortcomings of rural elderly care services.

Keywords: Elderly Friendly Community; Aging; Community Elderly Care; Elderly Care Service

Abstract: In recent years, the marital behavior of young adults has received much attention. After the release of the seventh census data, the fertility policy has been significantly adjusted to the "three-child policy", and the closely related marriage issue should also attract attention. In this paper, we study the current situation and factors influencing the marriage behavior of Jilin residents, and find that the decreasing number of marriages is mainly influenced by the aging of the population, the changing economic situation and the increasing cost of marriage in Jilin Province; the increasing age of first marriage is mainly due to the significant increase in the average years of education; the divorce rate in Jilin Province is higher than the national average, which is to some extent influenced by the outflow of population. These data show the changes in the concept of life, quality of life and attitudes of Jilin residents. This paper proposes countermeasures to

improve the marital environment in Jilin Province in response to these characteristics.

Keywords: Marriage Behavior; Marriage Environment; Marriage Custom Reform

B.21 Research on the Perfection and Innovation
of Rural Public Legal Service Supply System
in Jilin Province   *Wang Zhaohui*, *Xing Yizhe* / 278

Abstract: In recent years, Jilin Province has steadily promoted the construction of publicv legal service system with Jilin characteristics, a five-level public legal service system from province to village has been established and improced, constantly improved the supply level of public legal services in rural areas, and promoted the comprehensive revitalization of rural areas in Jilin province through the supply of legal services in rich content and various forms. However, with the economy entering a new stage of development, the continuous progress of urbanization, the increasingly hollowing out of rural areas, the frequent occurrence of new contradictions and disputes, and the increasingly apparent differentiated demand and personalized characteristics of rural legal services, resulting in the supply of rural public legal services in the allocation of resources, overall integration, security mechanism and other aspects of the deficiencies. In this regard, we should effectively improve and constantly innovate the public legal service supply system of Jilin Province, integrate the public legal service resource allocation, coordinate the public legal service management, improve the public legal service guarantee ability, standardize the public legal service products, and strengthen the construction of public legal service team.

Keywords: Rural; Public Legal Service; Supply System

VI   Special Topics

Abstract: The food security strategy is "the great one in the country". In China, there is not only profound historical logic, scientific theoretical logic, but also rich practical logic. The world today is undergoing great changes not seen in a century, in the face of the global food crisis that cannot be ignored, we must continue to ensure food supply capacity and firmly grasp the initiative of food security. To this end, the General Secretary Xi Jinping has repeatedly emphasized the food security strategy, put forward a national food security strategy that is based on our own interests, domestic interests, production capacity, moderate imports, and scientific and technological support, formed a systematic view of food security, and pointed out the direction for guiding China to do a good job in food security in the new era. This paper discusses the value implication of food security strategy from the historical perspective and theoretical dimension, analyzes the basic conditions of Jilin Province's food security strategy, studies the overall thinking of Jilin Province's food security strategy, and on this basis, puts forward the main path of Jilin Province's food security strategy, hoping to provide a reference research perspective and countermeasures for better food security strategy.

Keywords: Food Security Strategy; Grain Supply; Jilin Province

Abstract: The development of beef cattle industry is an important measure

for Jilin Province to deeply implement the strategy of rural revitalization. Since the implementation of the ten million beef cattle project, remarkable results have been achieved in terms of industrial scale, project construction, industrial park construction, the formation of agglomeration pattern, and the strengthening of policy measures. However, the restrictions of traditional breeding methods, the insufficient extension of the industrial chain, the insufficient support of supporting industries, the need to improve market competitiveness, and the impact of the COVID-19 have hindered the rapid and sustainable development of the beef cattle industry in Jilin Province. In view of these problems, it is suggested to realize high-quality development of the beef cattle industry by gradually increasing the production capacity of the beef cattle industry, implementing the extension of the whole industrial chain, integrating elements to support industrial development, and constantly improving the market competitiveness of products.

Keywords: Ten Million Beef Cattle Project; Whole Industrial Chain; Market Competitiveness; Jilin Province

B.24 Research on the Development Path of "Specialized Fine
Special New" Small and Medium-sized Enterprises
in Jilin Province *Xiao Guodong* / 316

Abstract: "Specialized fine special new" is "professional, fine, special, novel", refers to the enterprise focus on innovation, good quality and efficiency, the market share is higher. In recent years, the policy of "specialized fine special new" small and medium-sized enterprises in Jilin Province has been continuously improved, showing a steady increase in the number of enterprises, relatively concentrated regional distribution, and great development potential. However, compared with the developed provinces and regions, there are some problems such as late cultivation, fewer enterprises, fewer patents and concentrated field distribution in Jilin Province. In order to accelerate the "specialized fine special new" smes in Jilin Province, we should learn from the main experience of other provinces and cities, further strengthen the gradient cultivation, improve the public service platform, promote the integrated development of large, small and medium-sized enterprises, strengthen the cooperation mechanism of industry-university-research, provide efficient and precise financial services, and promote the high-quality development of "Specialized fine special new" smes in Jilin Province.

Keywords: Specialized Fine Special New Small and Medium-sized Enterprises; "Little Giant" Businesses; Comparative Advantage; Jilin Province

B . 25   Study on the Development Countermeasures
of Modern Service Industry Cluster in Jilin Province

Zhao Xi / 325

Abstract: Rational layout and effective development of modern service industry clusters is of great significance for fostering new growth in regional economic development. Based on the research on the construction and development of modern service industry cluster in Jilin Province, it is proposed that there are some internal problems in the modern service industry cluster in Jilin Province. The high-quality construction of modern service industry cluster should be comprehensively promoted by strengthening the overall planning of the provincial inland area, innovating the system and mechanism of the cluster, increasing the policy support for the cluster, strengthening the industrial linkage, and accelerating the platform construction of the cluster.

Keywords: Modern Service Industry Cluster; Platform Construction; Jilin Province

社会科学文献出版社

皮 书

智库成果出版与传播平台

❖ 皮书定义 ❖

皮书是对中国与世界发展状况和热点问题进行年度监测，以专业的角度、专家的视野和实证研究方法，针对某一领域或区域现状与发展态势展开分析和预测，具备前沿性、原创性、实证性、连续性、时效性等特点的公开出版物，由一系列权威研究报告组成。

❖ 皮书作者 ❖

皮书系列报告作者以国内外一流研究机构、知名高校等重点智库的研究人员为主，多为相关领域一流专家学者，他们的观点代表了当下学界对中国与世界的现实和未来最高水平的解读与分析。截至 2022 年底，皮书研创机构逾千家，报告作者累计超过 10 万人。

❖ 皮书荣誉 ❖

皮书作为中国社会科学院基础理论研究与应用对策研究融合发展的代表性成果，不仅是哲学社会科学工作者服务中国特色社会主义现代化建设的重要成果，更是助力中国特色新型智库建设、构建中国特色哲学社会科学"三大体系"的重要平台。皮书系列先后被列入"十二五""十三五""十四五"时期国家重点出版物出版专项规划项目；2013~2023 年，重点皮书列入中国社会科学院国家哲学社会科学创新工程项目。

皮书网

（网址：www.pishu.cn）

发布皮书研创资讯，传播皮书精彩内容
引领皮书出版潮流，打造皮书服务平台

栏目设置

◆ 关于皮书
何谓皮书、皮书分类、皮书大事记、
皮书荣誉、皮书出版第一人、皮书编辑部

◆ 最新资讯
通知公告、新闻动态、媒体聚焦、
网站专题、视频直播、下载专区

◆ 皮书研创
皮书规范、皮书选题、皮书出版、
皮书研究、研创团队

◆ 皮书评奖评价
指标体系、皮书评价、皮书评奖

◆ 皮书研究院理事会
理事会章程、理事单位、个人理事、高级
研究员、理事会秘书处、入会指南

所获荣誉

◆ 2008 年、2011 年、2014 年，皮书网均
在全国新闻出版业网站荣誉评选中获得
"最具商业价值网站"称号；

◆ 2012 年，获得"出版业网站百强"称号。

网库合一

2014年，皮书网与皮书数据库端口合
一，实现资源共享，搭建智库成果融合创
新平台。

皮书网

"皮书说"
微信公众号

皮书微博

权威报告·连续出版·独家资源

皮书数据库
ANNUAL REPORT(YEARBOOK)
DATABASE

分析解读当下中国发展变迁的高端智库平台

所获荣誉

- 2020年，入选全国新闻出版深度融合发展创新案例
- 2019年，入选国家新闻出版署数字出版精品遴选推荐计划
- 2016年，入选"十三五"国家重点电子出版物出版规划骨干工程
- 2013年，荣获"中国出版政府奖·网络出版物奖"提名奖
- 连续多年荣获中国数字出版博览会"数字出版·优秀品牌"奖

皮书数据库

"社科数托邦"
微信公众号

成为用户

登录网址www.pishu.com.cn访问皮书数据库网站或下载皮书数据库APP，通过手机号码验证或邮箱验证即可成为皮书数据库用户。

用户福利

- 已注册用户购书后可免费获赠100元皮书数据库充值卡。刮开充值卡涂层获取充值密码，登录并进入"会员中心"—"在线充值"—"充值卡充值"，充值成功即可购买和查看数据库内容。
- 用户福利最终解释权归社会科学文献出版社所有。

社会科学文献出版社 皮书系列
SOCIAL SCIENCES ACADEMIC PRESS (CHINA)

卡号：595269647429
密码：

数据库服务热线：400-008-6695
数据库服务QQ：2475522410
数据库服务邮箱：database@ssap.cn
图书销售热线：010-59367070/7028
图书服务QQ：1265056568
图书服务邮箱：duzhe@ssap.cn

S 基本子库
SUB DATABASE

中国社会发展数据库（下设 12 个专题子库）

紧扣人口、政治、外交、法律、教育、医疗卫生、资源环境等 12 个社会发展领域的前沿和热点，全面整合专业著作、智库报告、学术资讯、调研数据等类型资源，帮助用户追踪中国社会发展动态、研究社会发展战略与政策、了解社会热点问题、分析社会发展趋势。

中国经济发展数据库（下设 12 专题子库）

内容涵盖宏观经济、产业经济、工业经济、农业经济、财政金融、房地产经济、城市经济、商业贸易等 12 个重点经济领域，为把握经济运行态势、洞察经济发展规律、研判经济发展趋势、进行经济调控决策提供参考和依据。

中国行业发展数据库（下设 17 个专题子库）

以中国国民经济行业分类为依据，覆盖金融业、旅游业、交通运输业、能源矿产业、制造业等 100 多个行业，跟踪分析国民经济相关行业市场运行状况和政策导向，汇集行业发展前沿资讯，为投资、从业及各种经济决策提供理论支撑和实践指导。

中国区域发展数据库（下设 4 个专题子库）

对中国特定区域内的经济、社会、文化等领域现状与发展情况进行深度分析和预测，涉及省级行政区、城市群、城市、农村等不同维度，研究层级至县及县以下行政区，为学者研究地方经济社会宏观态势、经验模式、发展案例提供支撑，为地方政府决策提供参考。

中国文化传媒数据库（下设 18 个专题子库）

内容覆盖文化产业、新闻传播、电影娱乐、文学艺术、群众文化、图书情报等 18 个重点研究领域，聚焦文化传媒领域发展前沿、热点话题、行业实践，服务用户的教学科研、文化投资、企业规划等需要。

世界经济与国际关系数据库（下设 6 个专题子库）

整合世界经济、国际政治、世界文化与科技、全球性问题、国际组织与国际法、区域研究 6 大领域研究成果，对世界经济形势、国际形势进行连续性深度分析，对年度热点问题进行专题解读，为研判全球发展趋势提供事实和数据支持。